中国语言规划三论

李宇明 著

2015年·北京

图书在版编目(CIP)数据

中国语言规划三论/李宇明著.—北京:商务印书馆,2015
ISBN 978-7-100-11622-0

Ⅰ.①中… Ⅱ.①李… Ⅲ.①语言规划—中国—文集 Ⅳ.①H002-53

中国版本图书馆 CIP 数据核字(2015)第 233821 号

所有权利保留。
未经许可,不得以任何方式使用。

中国语言规划三论

李宇明 著

商 务 印 书 馆 出 版
(北京王府井大街36号 邮政编码100710)
商 务 印 书 馆 发 行
北 京 冠 中 印 刷 厂 印 刷
ISBN 978-7-100-11622-0

2015年10月第1版 开本 880×1230 1/32
2015年10月北京第1次印刷 印张 14 3/8

定价:36.00元

目 录

序··陈章太

语言规划理论··1
  提升国家语言能力的若干思考························3
  语言也是"硬实力"····································17
  认识语言的经济学属性······························31
  语言的文化职能的规划······························43
  论语言生活的层级···································54
  领域语言规划试论···································73
  中国外语规划的若干思考····························91
  语言规划学的学科构想······························104

语言文字工作··121
  全面认识语言性质　科学做好语言文字工作······123
  科学保护各民族语言文字····························136
  国家通用文字政策论································141
  论中国语言资源有声数据库的建设··················169
  信息化对辞书的重大影响····························184
  纪念《统一国语办法案》颁布一百周年············195
  语言文字标准六十年································213

语言生活状况··223
  中国语言生活的时代特征····························225
  双言双语生活与双言双语政策······················246

汉语的层级变化······252
　　语言生活需要用法调节······269
　　了解　包容　优化
　　　　——关于简繁汉字的点滴思考······274
　　形译与字母词······278
　　字母词与国家的改革开放······283

语言教育与传播······289
　　什么力量在推动语言传播？······291
　　当代中国：汉语国际教育必须重视的事体······298
　　汉语传播的国际形象问题······308
　　孔子学院语言教育一议······323
　　海外华语教学漫议······337
　　两岸携手　共建华文教育规范体系······350
　　语文教育之七维度······353

短文杂记······367
　　唤起全社会的语言意识
　　　　——序《中国语言生活状况报告（2013）》······369
　　重视语言生活的研究
　　　　——序周庆生《语言生活与语言政策》······374
　　到田野去　做田野派
　　　　——《中国新发现语言研究丛书》的启迪······378
　　地名是珍贵的文化资源
　　　　——序戴红亮《西双版纳傣语地名研究》······383
　　天光云影共徘徊
　　　　——序杨永林《常用标志英文译法手册》······386

法律语言的若干思考 ······ 389
重视隐性语言政策研究
　　——序李英姿《美国语言政策研究》 ······ 392
撰写一部中国语言规划史
　　——序黄晓蕾《民国时期语言政策研究》 ······ 395
我们需要研究世界
　　——序王辉《澳大利亚语言政策研究》 ······ 398
应重视新闻发言人语言研究
　　——在"新闻发言人语言学术研讨会"上的发言 ······ 402
语言服务与语言消费
　　——序屈哨兵等《广告语言谱系研究》 ······ 405
构建中华语言信息化大平台
　　——序江荻、龙从军《藏文字符研究》 ······ 409
语言能力需要终身培育
　　——序李君《大学语文教材研究（1978—2008）》 ··· 412
加强公民写字教育 ······ 416
重视汉字教学
　　——序吴应辉《汉语国际传播研究理论与方法》 ······ 420
商务汉语及其教学问题
　　——序王惠玲、卢惠惠主编《语言学理论与商务汉语教学研究》 ······ 423
流响出疏桐
　　——序郭熙《华语研究录》 ······ 426
提升中华语言文化的国际魅力 ······ 430
南洋华语：汉语国际传播的历史先遣队
　　——序吴英成《汉语国际传播——新加坡视角》 ··· 434

成功的语言传播
　　——序王建勤等《全球文化竞争背景下的汉语国际传播研究》·············436
一变学路　一新学风
　　——序赵蓉晖主编《外语战略研究丛书》············439
"知识富豪"的社会义务
　　——序《新编语言的故事》·················441

后　记··············444

序

我与宇明教授相交多年，可以说是忘年交吧，也可称作事业朋友或工作同志。在他大作《中国语言规划三论》即将付梓时，要我为之作序，实在不好推辞，写下了这篇短文，权作本书序言。

同宇明交往，我们会感到他为人、做事、科研、生活等都显露着一个"实"字。他是一位学者型、事业型和平民化的领导，他的人品、学问俱佳。他学识淹博，视野开阔，观念前沿，用力甚勤，讲求实效，成果丰硕。他的治学大致分为两个时期：在华中师大时期，着力于现代汉语、语言理论和儿童语言研究，在这些方面颇有建树；本世纪初，调任教育部、国家语委和北京语言大学领导职务时期，学术方向随之转向语言规划理论、实践研究与探索，在这个广阔领域纵横驰骋，取得了显著成就。在学术研究方面，发表了较多论文，出版了多部著作，为关乎国家安全、社会发展和大众利益的语言文字工作发展和语言规划学科建设发挥积极作用。

本书收录2009年以来作者发表的有关语言规划的文章。其中论文29篇，分为"语言规划理论""语言文字工作""语言生活状况""语言教育与传播"4个专题。还收录序言、短文等22篇。这些文章都有一些语言规划的闪光点，作者把这些"碎片儿"的思想汇集为"短文杂记"专题，编进书中，为本书增彩。

这部著作中的多数文章我都读过，获益良多。我认为书中有不

少新论和亮点,主要特点有三:

一、重视语言生活实际问题研究,显示本书的"现实品格"。所谓"现实品格",是指文章所讨论的问题,都是当今中国语言生活中的实际问题,也是中国语言文字工作中需要处理的实际问题。比如语言关系问题与语言保护问题,语言规划中的文化功能问题,简繁汉字的关系问题,语言与经济的关系、语言服务问题,语言能力问题,中华语言的国际传播问题等。

这些研究之所以具有"现实品格",主要是作者与一批学者同道合力,将"语言生活"作为语言规划研究的起点,将构建和谐语言生活作为研究的目标和己任,对语言生活中的一切问题都保持着学术的敏感性。这种下接地气、胸怀家国的研究,被学界同人称为"语言生活派"。

二、体现学术研究与管理工作相结合,致力于建立学术与管理之间的"旋转门"。作者曾较长时间处在语言文字的管理岗位,本职需要思考、处理现实语言问题,他充分利用业余时间围绕这些问题进行研究,逐渐有了相关的学术积累。我觉得,宇明教授深知,管理者要力所能及地对其所管理的领域、对象、内容等做些研究,这有诸多利端:其一,管理者知学术研究之艰辛,工作中更懂得尊重规律、尊重学术、尊重学人、尊重学见;其二,用研究的态度对待工作,利于保持工作热情。工作就是学术实践,或收集数据,或检验决策;其三,利于提升工作效率和工作质量。可将学术成果及时转化为工作实践,发挥学术的咨政之功;其四,独特的学术身份,理论与实践紧密结合的研究品质,最有可能提出新观点、新理念,开辟新领域,做出新学问。这种"旋转门"是个人"脑内旋转门",所以作者还努力为国家语委建立多种类型的智库,拆除管、学之藩篱,建造两界之"旋转门",改变"官者恒官、学者恒学"

的局面，建立官学之间的"旋转门"。

三、着力语言规划理论研究与创新，为建立"语言规划学"做理论准备。中国语言规划经验的百年积累，特别是经过"语言生活派"的十几年努力，"语言规划学"呼之欲出。此前作者的研究，主要集中在语言关系处理、语言文字规范标准、语言信息化、中国语言规划史等方面，提出语言规划的核心目标是构建和谐的语言生活。近些年来，以"语言生活"作为基本概念来思考问题，研究语言生活的宏观、中观、微观各个层面（见《语言生活的层级》），研究语言生活的新特点、新问题、新走向，研究语言的经济学意义（见《认识语言的经济学属性》），研究与"世界一体化、文化多元化、时代信息化"形势相适应的语言规划理念和国家的语言能力、个人的语言能力。在语言规划的实践中，从语言的"工具功能"规划向"社会功能"规划推进（见《语言的文化职能的规划》），从关注普通话、汉语方言向"地域普通话"和"大华语"推进（见《汉语的层级变化》），从汉语国际教学向汉语国际形象塑造、探究语言传播的力量方面推进，从汉语生活规划向外语生活规划推进，从内地的语言规划向大中华地区语言规划协调推进，从研究中国语言规划史向研究世界各国语言规划史推进，并重视从语言冲突与语言和谐的角度看待语言生活与语言规划。而且，此期建立语言规划学的意识明显增强，试图把语言规划研究从宏观社会语言学中分离出来独立成学，把语言规划学定位于研究语言功能的学问，与其他的语言学分支形成研究对象的互补（见《语言规划学的学科构想》）。当然，语言规划涉及方面很广，国内外学界已有不少研究，要建立理论体系更加成熟、完备、严谨并具有中国特色的语言规划学，还有

| 序

一些问题需做深入研究，宇明教授完全能够完成相关的研究，以实现他的宏愿！我们热切期盼早日读到他的佳作！

陈 章 太

2015年4月21日

于北京寓所永春斋

语言规划理论

提升国家语言能力的若干思考

语言也是"硬实力"

认识语言的经济学属性

语言的文化职能的规划

论语言生活的层级

领域语言规划试论

中国外语规划的若干思考

语言规划学的学科构想

提升国家语言能力的若干思考*

世界诸国的语言规划，具体情况千差万别，但目标却大致相同：第一，按照国家意志管理语言生活；第二，满足国家处理事务的语言需求。在我国，第一个目标可以具体表述为"构建和谐语言生活"，第二个目标可以表述为"提升国家语言能力"。

"国家语言能力"是一个新提出的概念，指的是国家处理海内外各种事务所需要的语言能力，其中也包括国家发展所需要的语言能力。国家语言能力的外延应当非常广泛，囿于学力目前笔者还很难确切圈定，但可以从五个方面来描画其轮廓：一、语种能力；二、国家主要语言的国内外地位；三、公民语言能力；四、拥有现代语言技术的能力；五、国家语言生活管理水平。

一 我国的语言能力现状

若不从国家语言能力的角度考察，不少人一定会认为我国是一

---

* 本文根据在首都师范大学（2010年11月23日）、"天津语测中心2010年工作总结暨'十二五'规划会议"（2011年1月15日）上所做的学术报告整理而成。本文的一些内容曾经在南开大学"语言学科'十二五'战略规划研究专家联席会"（2010年11月19日）、教育部语言文字应用研究所（2010年12月28日）报告过。本文的整理与发表得到了石锋、马庆株、周建设、刘贤俊等先生的鼓励和支持。本文的一些数据和观点，曾受益于张西平、张曙光、周庆生、鲁子问、王建勤、文秋芳、王克非、赵蓉晖、张日培等先生。特此致谢！

个语言大国：我国拥有100余种语言[1]，30余种文字；汉语使用人口超过10亿，是世界第一大语种；学习外语的人数约有3亿；2010年我国已经拥有网民4.57亿，其中手机网民3.03亿[2]；汉语在东亚、东南亚有着广泛影响，国际上学习汉语的人数已逾千万；联合国等一些国际组织，将汉语作为工作语言。但是，如果从国家的需要看，从与一些发达国家的对比看，我国的语言能力还比较低下。这一判断的根据主要有四：

（一）语种能力不足

国家的语种能力，包括国家能够掌握多少种语言，每一种语言有多少人才，语种和人才的布局是否合理等。最近，联合国教科文组织声称世界语言有7000多种，由于划分语言的标准还有争论，且语言和方言的界限不很清楚，这一数据的可信度尚须检验。不过说世界语言有5000种以上，应该是可以接受的。

美国是移民国家，据其2000年人口普查资料可知，美国拥有语种数量达到380种。据说，美国具有处理500种语言（或方言）的能力，能够为公民开设200多门语言课程。作为对"9·11"事件的深刻反省，2006年美国提出了旨在维护国家安全的"关键语言"战略，将阿拉伯语、汉语、朝鲜语、俄语、印地语、日语、波斯语、土耳其语等定为与美国国家安全密切相关的语言，几年来经认真实施，培训了大批关键语言的外语人才。[3] 美国期望，在世界任何

---

[1] 中国语言的数目，这里只是个约数，确切数量，尚待进一步的学术探讨。
[2] 截至2014年6月底，我国已经拥有6.32亿网民，其中手机网民5.27亿。
[3] 参见王建勤《美国"关键语言"战略与我国国家安全语言战略》，《云南师大学报》2010年第2期。

一个地方发生事件,他们都能得到合适的语言支持。

我国是外语学习大国,但是就语种能力来看却是个外语资源开发利用的小国,其主要表现是:

第一,掌握的语种少。国家能掌握的外语种类有多少,尚无统计数据,估计不会超过100种,不到美国语种能力的1/5,不到世界语言的1/50。能够开设的外语课程不超过50种,经常可用的外语只有10余种。

第二,语种人才分布不合理。在大约3亿外语学习者中,99%都是英语学习者,其他为日语、俄语、德语、法语、西班牙语、阿拉伯语等。可以说除英语外,所有语种都人才不足。我国与亚洲、非洲的关系十分密切,牵涉到国家的睦边战略、资源战略和反恐战略,但是亚非语言一直是我国外语人才培养的短板。从另一方面看,我国教授的外语一般都是标准语,其实像汉语有很多方言一样,很多外语也有变体,比如英语的变体有英国英语、美国英语、澳洲英语、南亚次大陆英语等。处理国际事务,只有标准语是不够的,往往还需要懂得外语的各种变体。比如我国海军在亚丁湾护航,就需要听懂索马里海盗讲的阿拉伯方言。

第三,缺乏"复合型"外语人才。复合型外语人才有两类:一类是"多外语"复合型人才,一类是"专业+外语"复合型人才。很多国际组织,中国都是会费大国,但是中国公民能够在这些组织中工作的却不多,原因是多方面的,外语不流畅、不具备"多外语"能力是主要原因。比如在联合国教科文组织中工作,至少需要英语、法语两门外语。中国走向世界,需要各领域的精英人才同时具有较好的外语能力,能够在各领域用外语自由讨论问题、提供服务,这是争取国家话语权的必由之路。而这种"专业+外语"的复合型外语人才，更是不足。[1]

（二）国家主要语言的国际影响力小

中国的主要语言不仅包括国家通用语言——普通话，还包括一些少数民族语言，比如藏语、蒙古语、维吾尔语、哈萨克语、朝鲜语、彝语、壮语、傣语等。

首先看国家通用语言的国际影响力。国家通用语言对外代表国家行使语言职责，但是国际组织却很少使用。汉语是联合国工作语言之一，但事实上并没有多少会员国使用，"有其名无其实"。汉语在联合国之外的国际组织里甚至"既无名也无实"。许多国际会议，基本上不把汉语作为会议语言。在国际贸易、教育、科技等领域，汉语也几乎没有什么地位，中国学者在国外发表论文也要翻译成外文。由于历史原因，在一些国家和地区，华人比较集中，比如新加坡、马来西亚、印度尼西亚等，但即使在这些国家，汉语也处于弱势，其强势语言是英语和马来语（印尼语）。

语言的国际影响力，首先表现在多边外交、重要的国际会议、国际经贸科教的交流中，其次表现在外语学习中，即有多少人把它作为外语来学习。近些年，"汉语热"的话题常现报端，孔子学院、孔子课堂在世界上建了几百所，汉语国际教育有了前所未有的发展，世界上很多国家都看好中国，学习汉语。但是就实际数据来

【1】 北京外国语大学文秋芳教授曾经告诉笔者这样一些材料：《中国青年报》2010年7月8日载文《人才短板阻碍中国企业走出去》："全国范围内，能熟练运用外语和法律知识与国外客户洽谈业务、签订合同的人才仅有2000个左右；熟知国际法、国际贸易法和WTO规则的律师更是稀缺，即便在最前端的上海，5000多名律师中只有约50名具备这样的素质和能力。"中国新闻网2010年5月17日刊登的《人才缺乏制约了中国旅游业走出去》指出，中国有5万家旅游企业，由于缺乏懂外语的高级旅游管理人才，目前只有15家踏出国门。凤凰卫视曾经报道我国与俄罗斯2005年联合军演时，两国指挥员之间的交流只能依靠翻译进行。双方交际出现困难，影响作战的顺利进行。

看,世界上将汉语作为第二语言学习的人数,远赶不上将英语、德语、法语等作为第二语言学习的人数。

需要引起注意的是,除了汉语之外,国际上也有不少人愿意学习藏语、维吾尔语等少数民族语言,但是少数民族语言的国际教育问题,并没有引起国人的足够重视,教育主导权也没有掌握在国人手中。语言教学要通过课文来实现,课文里面有文化、有观念,少数民族语言的国际教育,是国人的责任,同时也关系到中华语言的国际影响力,关系到国际上能否正确、全面地认识中国。

(三)国内语言状况也有值得思虑之处

国内语言生活总体上看还是和谐的,与现代社会发展相适应的,但也有需要改善、值得思虑的地方。

首先是语言统一的任务还很艰巨。普通话是国家主要的信息载体,但是在很多地方,特别是农村和少数民族地区,还有很多人没有掌握普通话,缺乏用普通话获取各种信息的能力。当今社会已经进入信息时代,信息时代最大的不平等是信息不平等,是一部分人被"信息边缘化"。比如说教育,农村教育和城市教育差别很大,其主要原因不是农村子弟天生愚昧,而是不能享有与城市子弟一样的优质教育资源。进而思之,普通话对中国公民而言,已经不只是信息载体问题,还是人权问题,是社会公平问题。如果不能掌握普通话,将来就不能很好地参与国家事务的管理,没有办法进入很多行业工作,比如播音员、教师等职业。还应看到,在香港和澳门这两个特别行政区,普通话的传播还有大量的工作需要做,而且,香港、澳门和台湾,文字上与内地还存在着简繁差异。清末以来,国人努力推进的语言统一运动,虽然已经有100多年的历史,但是任务仍很艰巨,其艰巨性不在内地的城市,不在内地的东部地区,而在一些特殊地区。

其次，国家处理国内事务的语言能力并不充足。现在政府公务人员、大众语言服务人员，基本上都是用国家通用语言处理国内事务。但是农村地区方言流行，粤方言、闽南方言、客家方言等还是港澳台地区的重要交际工具；不懂方言，国家的很多事务没法处理。而我国目前已经有至少8%—10%的孩子一出生就只会讲普通话，不会讲方言，他们逐渐失去了方言能力，"双言人才"存在危机。在民族聚居地区，不懂少数民族语言也不能很好处理民族事务。现在已经有不少少数民族子弟不会说母语，汉族人学习少数民族语言的主动性更是不足，民汉双语人才存在危机。[1]

（四）现代语言技术方面的问题严重

人类从有语言那一天起，一直试图通过发展语言技术来扩大语言的使用。最早的语言技术，大约就是将两手合成喇叭状放在嘴巴上起扩音作用的"土广播"。文字是语言发展史上最为重要的语言技术，有了文字之后，语言技术开始成套成系统地发展起来，"文房四宝"是语言技术的产物，后来又发明了印刷术。之后又有了电报、电话、录音、传真、广播、电视、通信卫星等各种各样的语言技术。

现代语言技术是以计算机为基础诞生的信息技术。20世纪40年代计算机产生，当时是为计算服务的。到了20世纪50年代，人们就试图用计算机来解决语言翻译问题。到了20世纪60年代，很多科学家认为机器翻译几乎是不可能的，很多国家都陆续放弃了机器翻译研究。到了20世纪70年代，一些西方人士说汉字要灭亡了，因为难

【1】赵晓敏、邹玉华《民族地区法庭审判中少数民族语言使用问题》[《中国语言生活状况报告2009》（上编），商务印书馆2010年]指出了我国双语法官严重不足、翻译人才队伍断档流失等问题，可以做此"背书"。

以进入计算机。计算机从键盘输入到屏幕显示，先天都不是为汉语汉字设计的，中国跟西方比整整失去了一个键盘时代。后来，我们用编码技术来解决汉字输入问题，用点阵技术解决汉字的屏幕显示问题。到了手机的数字键盘输入，汉语反而比西语优越；一块手机屏幕可以容纳六七十个汉字，显示的信息量远超西语。现代语言技术在手机上第一次显示了汉语汉字的优越性。

现代语言技术决定着国家信息化的水平，决定着国家的信息安全，制约着国家的"信息红利"。中国的网民数量、手机数量、汉语汉字、民族语言文字的信息处理等，决定了中国信息化有着光辉的前景。但是我们在这一领域拥有的自主知识产权却很少，特别是中国语言文字的技术标准相当滞后。在语言信息化之前，语文知识属于人文范畴，而今已经可以转化为工业标准。计算机之间、手机之间能够交换信息，是因为有共同的语言文字技术标准，包括字库标准、编码标准、传输标准等一系列标准，语言文字知识是这些标准的基础。在只有"人际交际"的时代，只提语言文字规范化就足够了；但是在出现了"人机交际""机际交际"的时代，必须实现语言文字的标准化。而当前我们对于语言文字标准化的认识、采取的措施、取得的成效都很不到位。

此外，信息领域的知识产权，还缺少明确且适合信息时代的法律保护，人才培养体系也不合理，"文者恒文，理者恒理"，计算语言学处境尴尬。我国对于现代语言技术的创造力、控制力和使用能力，都不甚理想。

二　提升国家语言能力的举措

以上即兴性列举的情况，已可以表明我国的语言能力与已经走入世界舞台中央的中国地位很不相称,不能满足中国发展的新需求。国家语言能力已为当论之事,当务之急。提升国家语言能力,目前应当从以下几个方面入手:

(一)尽快制定中国外语规划

20世纪60年代,我国曾经制定过《外语教育七年规划纲要》,当时起到了一定的作用。但是除此之外,国家似乎忽视了对外语的规划,导致外语语种布局的严重不合理。在二十世纪五六十年代主要是学俄语,那是被意识形态左右的。改革开放之后,英语成为我国的"唯一外语",非通用语种人才奇缺,亚非语言人才奇缺。2010年颁布的《国家中长期教育改革和发展规划纲要》,提出要"培养各种外语人才",字虽然只有八个,但是很有针对性。

今天制定外语规划,必须首先做好两个方面的调查:第一是国家外语需求调查,包括国内外语生活需求和国外外语需求,也许还要加上一个大国应尽的语言研究的国际义务。第二是我国外语人才现状调查,包括各语种人才的数量、语言水平和发挥作用等情况,也包括外语人才的培养能力、外语研究能力等。这两个方面的调查最好能够制度化,或委托专门的机构定期进行外语专项调查,或在人口普查中列入有关项目。

在需求与现状调查的基础上,才能有效地进行外语规划。外语规划主要是语种需求规划和人才规划。语种需求可以分为四类考虑:第一类是国际事务中通用的语种,可称"通用语种";第二类是国家利益的特需语种,比如周边国家的语种、重要资源地区的语种、合作关系特别密切国家的语言、"假想敌"国家和地区的语言等,可称"特需语种";第三类是紧急情况下(如反恐、缉毒、维和、救灾等)需要使用的语种,可称"应急语种",其人才具有储备性质;第四类是科学研究(包括语言学研究)所需要的语种,可称"学术语种"。

这四类语种有交叉,但在人才数量、人才来源、人才政策等方面会有不少差异。外语规划必须根据语种需求来做外语人才规划,建立外语人才数据库。外语人才主要靠自己培养,因此首先要做外语教育规划,包括外语专业人才规划和公民外语能力的规划。同时还要注意通过其他途径增加国家的外语能力,例如外国来华工作和学习人员的语言资源利用;我国有30多种跨境语言,这些语言就国家语言能力的角度看,可以发挥外语的作用,这些民族语言人才可以经过培训转化为外语人才;甚至也可以考虑开发海外的语言人才资源等。

此外,还要有外语研究规划,凡是对中国有用的外语,都应当有人去研究,一个走向世界的民族,必须重视对世界的研究。当前,要重视全世界200余个国家和地区的官方语言研究,重视亚非语言的研究,特别是我国跨境语言的研究。要鼓励学者到田野去调查语言,到国外去学习语言。

(二)科学制定中华语言国际传播战略

汉语的国际教育过去称为"对外汉语教学",那时是把外国朋友请进来学习汉语,但需要学习汉语的人不一定都有条件来中国,应当在他们的本土开展汉语教育,中国的老师要"走出去"。比"走出去"还要长久的,是汉语国际教育的"本土化",即培养外国的汉语教师,编写适应国外学习的汉语教材和教辅材料,教给学生在本土进行汉语交际的能力等等。

制定中华语言国际传播战略,必须认识语言传播的科学规律,特别是需要研究一种语言为什么能够从一个群体传播到另一群体,从一个地区传播到另一地区,是什么力量推动语言传播的?要通过研究阿拉伯语、拉丁语、法语、德语、俄语、西班牙语、葡萄牙语等向世界传播的历程,来发现语言传播规律。同时要研究世界各国的语言政策,特别是外语政策,研究世界各国与中华文化的联系和对中华文化的兴趣，探讨在各个国家传播中华语言的最佳途径。

历史上，很多语言的传播是伴随着宗教、殖民、侵略、掠夺进行的。中华民族是热爱和平的民族，是崇尚和睦的民族，汉语的传播是带着中国人民对世界的友好情谊传播的，同时也具有维护人类文化多样性的功能，所以同历史上很多语言的国际传播会有很大的不同。汉语能够吸引很多外国人的学习兴趣，主要在于"现代中国"对他们的吸引力，学习者通过学习汉语能够了解现代中国，进而获取经济红利和文化红利。"现代中国"也许就是汉语传播的最重要的动因。当然，中华语言的国际传播不仅是汉语，还包括民族语言。我们过去研究语言学习规律较多，研究语言传播规律较少。怎样制定中华语言的国际传播战略，对我们来说还是一个具有学术挑战力的课题。

（三）全面加强公民的语言能力

公民语言能力之和，便构成了国家语言能力的基础。正在制订、即将发布的《国家中长期语言文字事业改革和发展规划纲要》[1]，有很多亮点，其中最大的亮点就是提出了公民语言能力的发展问题。语言能力是人的三种基本能力之一，提升公民语言能力是我国由人力资源大国向人力资源强国发展道路上的必务之业。过去，国家语委的工作主要是在社会层面，现在深入到面向人人的语言能力发展，这是很大的跨度。

公民语言能力的发展，关键是建立公民语言能力标准。我国公民应该具备什么样的语言能力，还没有明确要求，但是已经有了很好的实践基础。比如高考有外语考试，表明中国的高中毕业生起码

---

[1]《国家中长期语言文字事业改革和发展规划纲要》2012年颁布。

应该掌握一门外语；我国在学前教育和义务教育阶段，就把普通话作为教学语言，这就是说中国公民除了掌握少数民族语言、汉语方言之外，还应该掌握国家通用语言。这种教育实践，已经蕴含着对中国公民的语言能力的要求：汉族人在掌握汉语方言的基础上还要掌握普通话，同时还鼓励懂得一门外语。少数民族在传承自己母语的基础上，还要学习国家通用语言，同时也要学习一门外语。这实际上已经形成了"汉族双言双语""少数民族三语"[1]的事实标准。教学中对汉语文、民族语文、外文的课程要求，其实已经包含着具体语言的能力标准。因此可以说，我国基础教育的实践，已经形成了"语种能力"和"具体语言能力"的事实标准，在这样的事实标准上，制定公民的语言能力标准已经没有多少技术难度。如果把"汉族双言双语""少数民族三语"这种教育实践上升为国家标准，国家的语言能力就有了基本保证。

（四）努力发展现代语言技术

发展现代语言技术是提升国家语言能力的重要举措。当前"智慧地球"的理念已经提出，因现代语言技术构造起来的虚拟语言生活，丰富、活跃而且精彩，对现实语言生活的影响更加深刻、广泛而且强烈。互联网正在面临着两个突破性进展：一是物联网，一是云计算。物联网就是对生活中所有事物的数据都通过芯片记录下来，实现物质世界的数字化、网络化，是物物相连的互联网络，是"智慧地球"的基础。[2]由于物联网的应用涌现出大量数据，每

---

[1] 有些少数民族，其母语也是本民族的方言，因为民族共同语还没有形成或没有很好形成，如藏族、壮族、苗族等。此处只是个粗略的说法。
[2] 2011年1月18日，商务印书馆举办了"2011年中青年语言学者沙龙"，主题是"虚拟语言生活"。哈尔滨工业大学李生教授应邀作了《智慧地球、物联网与云计算》的学术报告。他指出：我国很多省都在建物联网，比如2009年11月底，国务院正式批准同意支持无锡建设国家传感网创新示范区。

个单位的计算机服务器的运算能力、信息储存能力已经不能适应，必须建立专门的数据中心来管理数据。这种大规模的数据集成和管理，就叫作云计算。云计算是以互联网为中心的虚拟计算。

万事贵在得风气之先。我们必须思考物联网和云计算对语言技术和语言文字事业提出了什么新的机遇与挑战。当然，云计算和物联网究竟会怎么发展，尚难定论，就如同当年无法预测互联网会发展到今天这样。早年，美国军方为防止数据丢失，把数据分别存放，并将存放这些数据的不同地方的计算机连接起来，形成了一个小的计算机网络。后来计算机网络发展为互联网，开始商业化，那是在20世纪90年代，在美国前总统克林顿修建信息高速公路的带动下，全世界掀起了"修路热"。当时人们并不知道互联网会发展成什么样，甚至将互联网想象成电视点播网。

人类20世纪最大的发明创造是"互联网"，因为互联网真正让地球成为一个"村子"，把每一个人的智慧系联起来，叠合起来。互联网不仅是一种技术，它改变了我们的生活方式、工作方式乃至生存方式。可以预见，随着物联网和云计算的发展，随着"智慧地球"理念的现实化，我们的生活方式、生存方式和工作方式一定会有更大改变。这个时代有很多特点，最大的特点是谁掌握了信息技术谁就掌握了世界。

（五）提高国家语言生活管理水平

国家语言生活的管理水平，是国家语言能力的重要保证。语言规划的水平和语言生活管理机构的执行力，直接影响着国家语言生活的管理水平。语言规划当前的关键是理念，最重要的理念有三：

第一，提倡"多言多语"生活。中国的现代教育是从清朝末年开始的，一百多年来的外语教育、普通话（国语）教育，终于使多数汉族人能够讲方言，也能够讲普通话；使很多少数民族同胞能够讲母语，也能够讲国家通用语言；使很多中国人能够讲母语，也能够讲外语。从"单言单语"生活走向"多言多语"生活，是中国社会的进步，是语言生活的进步。今天，我国还有不少"单言单语"人，应当尽量将他们培养为"多言多语"人。

第二，语言资源理念。不仅把语言当作交际工具，不仅看到语言带来的各种社会问题，而且还应当把语言看作资源，要保护国家的语言资源，尽力开发利用语言资源。普通话、汉语各方言、各少数民族语言乃至外语都是可以开发利用的语言资源。近期是口头语言消逝的关键期，全世界估计在100年内有90%以上的语言将要消亡，人类语言面临着前所未有的流失危险。我国的情况也不乐观，特别是我国城市化率已经达到50%、城市化进程仍在快速发展，中国的"语言地图"近期将面临大幅度改写，若不采取有效措施，国家的语言资源将大面积流失。

第三，语言生活和谐。语言生活是社会生活的重要内容，语言生活和谐既是社会和谐的象征，也是促进社会和谐的重要因素。和谐的语言生活，就是主体性与多样性的辩证统一，即国家通用语言在高层次交际中发挥主要作用，而汉语方言、民族语言、外国语言也都是中国语言生活中不可缺少的元素，发挥着不可缺少的作用，通过语言规划应当使它们各安其位，各展其长，各得其所，相辅相成。

语言生活分散在各行业、各领域，对语言生活的管理需要统筹协调。而当今的管理存在着"政出多门、协调不力"的情况。比如国家通用语言文字，国家语委负责国内管理与推广，国家汉办负责汉语的国际传播，国家侨办负责海外华语教育；再如外语，中小学外语教育、大学外语教育、研究生外语教育分属教育部的三个司局管理，科技名词的翻译属于国家名词委，新华社在外语翻译方面也具有一定权威性，国家的外语生活管理和宏观的外语政策，没有明确的责任单位，出现"政府缺位"现象；少数民族语言文字的管理分属国家和地方两层次，在国家层次上又分属国家民委、国家语委等单位；语言文字标准化、信息化工作，国家语委、国家民委、工业和信息化部、国家标准委等都有职责。此外，外交部、文化部、广电总局、新闻出版总署、工商总局、公安部、民政部、国家旅游局等部门，都是语言文字工作"大户"，负有在本行业落实国家语言文字政策的重要职责。要管理好如此复杂的语言生活，必须有一个直属国务院、对各行业的语言文字应用具有较好协调能力的语言管理部门。否则"政出多门、协调不力"的局面不可能有根本改观，语言生活的管理水平也难以适应国家的发展。

"国家语言能力"既是语言规划的新概念，也是看待语言的国家功用、处理语言关系、审视语言生活中的各种争论、开拓语言文字工作领域的新视角。提升国家语言能力的最近目标，应该是"世界任何地方发生事件，我国都能得到合适的语言支持"；远大的目标是：在国家发展中充分获取政治、经济、外交、军事、文化、教育、科技等方方面面的"语言红利"。

[原载《南开语言学刊》2011年第1期（总第17期）]

语言也是"硬实力"*

"语言是软实力"的命题已有共识,而"语言是硬实力"的提法过去还不多见。"软实力"涉及文化和精神层面,"硬实力"则涉及经济和物质层面。本题主旨就是呼吁研究语言与经济的关系,研究语言对社会的经济贡献度,在语言规划中考虑语言经济问题,在经济规划中自觉促进语言产业的发展,最大限度地获取语言红利。

一 语言是资源

语言是一个多棱体,从不同的角度,给它不同的光线,可以看到不同的景观。

景观之一:语言是问题

一百多年来,我国的语言规划主要是为了解决语言问题。语言问题至少有如下三个方面:

1. 交际障碍的问题,这是最大的语言问题。由于方言和民族

---

* 本文根据作者在上海市语言文字工作者协会2011年年会的讲话速记稿整理。2011年5月24日,作者也曾以此为题在山东大学做过学术报告。贺宏志先生曾经为本文提供过一些数据,作者特此致谢。

语言的分歧，民族与国家的交际不畅通。全世界有6000种到7000种语言，世界范围的交际产生问题更多。一百多年来，我国的语言规划，主要解决的就是语言沟通问题。我国55个少数民族，在历史演进中选择了主体民族的共同语——普通话作为国家通用语言。为了国际的沟通，我们学习外语，通过外语来和世界交际；当然世界人民也学习汉语和其他中华语言，通过学习中华语言了解中国，与中国人民沟通。

2．语言沟通的成本问题。语言沟通是有成本的，有时候成本还很高，学习普通话，学习另外一种语言，都要付出成本。

3．语言压力。在促进语言沟通的过程中，有一些语言强大起来，使用的空间比较大；有一些语言和方言的空间慢慢萎缩，甚至出现濒危。这可能会给说这些语言或方言的人带来文化压力。这种压力也是语言问题。

解决语言问题，仍是国家当今的重要语言文字工作，也是我们走向世界的一项重要任务。

景观之二：语言是权利

语言权利是公民的重要权利。现在，公民的维权意识在增强，维护语言权利的意识也在增强。比如说政府用什么语言发布信息，电台、电视台用什么样的语言播音，大众服务领域用什么样的语言向公众提供服务，都涉及公民的语言权利。有时候为语言权利问题会产生些小摩擦，有时候会出现大问题，比如广州亚运会筹备之时，有人提议增加点普通话播音，就在广州产生了比较大的问题。

不仅公民有语言权利，社会也有语言权利，比如中国在世界上的话语权问题，就属于社会语言权利问题。当前，对语言权利的学术研究还很不够，如何维护语言权利将成为当代社会的重要问题。

景观之三：语言是资源

语言资源的理念这些年广受关注，广为传播，成为国家制定语言政策的重要理念之一。语言资源大致包括三类：

1. 自然语言资源。我国的自然语言资源分三类：第一类是汉语及其方言，也包括汉字（简体字和繁体字）；第二类是少数民族语言文字；第三类是外国语言文字。

外语也是我们的语言资源，这是必须强调的。外语产自外国，但绝非外我之物。外语能力是个人的重要的语言能力，也是国家语言能力的重要组成部分。随着我国开放程度的不断加深，全球化进程的加快，目前我们的国家利益已经越出了国界。可以说，世界上任何一个地方都可能存在着中国的国家利益，因此，世界上任何一种语言都有理由成为我们国家应当掌握的语言。但目前连涉及我国资源命脉的很多外国语言都没有掌握。比如中国从安哥拉进口大量的石油，但对安哥拉的语言状况并不熟悉；中印边界是重要的战略地区，青藏铁路正在向中印边界延伸，但掌握中印边界一带语言的人才少之又少；最近我国和缅甸建立了全面战略合作伙伴关系，以利于我们建立能源进口的新通道，但是我国没有多少人懂缅甸的语言。历史发展到今天，我们一定要把外国语言文字看作国家的语言资源，充分地开发它，利用它。

2. 衍生语言资源。这是指对自然语言进行研究和加工处理而形成的语言资源，包括语言知识及其在各个方面的应用。此类资源主要是语言知识、语言产品和语言技术。语言知识是语言资源，比如说教科书和辞典等。语言产品，比如手机、网络词典、书法艺术品等等。语言技术是很重要的语言资源。中国的高新产业能有今天的水平，得力于中国现代语言技术的发展。如果没有现代语言技术，就不可能有这么多的网民和手机用户，不可能在云计算和物联网等新兴领域走在前列。

3. 公民的语言能力。要把自然语言资源和衍生语言资源用起来，关键因素就是人。必须把公民语言能力纳入语言资源的范畴中。公民的语言能力首先是自然语言能力，如果公民没有自然语言能力的话，民族语言就不可能传承，外语就不可能有人学习，一切都无从谈起。当前我国公民的语言能力究竟是高，还是低，意见分歧。有人说现在公民的语言能力提高了，因为新中国建立之初，我们是一个文盲成堆的国家，现在文盲基本上扫除了，大家都能读书看报了，公民语言能力不是提高了吗？有人说现在公民的语言能力降低了，而且低得不像样子，学生都不会写字了。过去，学校的工友写字都像模像样，现在连资深文化单位送出的锦旗上都有错别字，把"捍"写成"撼"。看来公民语言能力是高还是低，需要有一个比较标准。从全民的范围看，应该承认1949年以来我国人民受教育的程度提高了，文盲减少了，大家的语言水平总体上是提高了。但是精英分子的文化水平就可能不如过去了，一般学生应该具备的一些语言文字传统、必须掌握的语言能力可能就降低了。如何提高公民的语言能力，已经成为当今议论和思考的大问题。

大家知道，过去国家语言文字工作的主要任务是推广普通话、文字改革、制定和推行汉语拼音方案；后来根据形势的要求不断与时俱进，国家语言文字工作的任务逐渐发展为语言工作的法制化和语言文字的规范化、标准化和信息化，简称"四化"。将提高公民的语言能力列为国家语言文字工作的重要任务之一，显然具有重要的时代意义。当然，讨论公民的语言能力，不能仅仅停留在认字多少、字写得美观与否、背了多少诗词古文这些层面上，还必须考虑语种能力和现代语言技术的应用能力。要研究公民应该掌握几种语言，每一种语言应该达到什么水平；还要研究公民应该掌握哪些最基本的现代语言技术，比如键盘输入、收发电子邮件、网络搜索等。

公民的语言能力加合起来，就是国家的语言能力。有人认为，"国家语言能力"的概念不好理解，建议叫"国家语言实力"。我认为,"实力"和"能力"是两个不同的概念。"实力"是对外而言的,有炫耀和示强的意味;"能力"是处理事情、解决问题的实际水平,不存在炫耀的意思,只是一种自我要求。因此,我觉得"国家语言实力"不如"国家语言能力"妥当。所谓国家语言能力,就是国家处理海内外各种事务时能否得到及时的、合适的语言支援。比如说汶川地震、玉树地震,那么多救援队上去了,但因语言问题而不能顺利跟当地灾民沟通。中国是一个自然灾害多发的国家,为减灾防灾,我们做了很多预案,就是没做语言沟通方面的预案。救灾队员、心理工作者、医务工作者、志愿者,在奔赴灾区时不能拿到一本合用的语言词典或者语言手册,把救灾迫切需要的用语用灾区方言或民族语言表示出来,比如"腿压折了""脑袋撞破了""感冒了""用什么药"该怎么说,等等。除了救灾之外,还有反恐、维和等活动,都需要语言支援。这些语言支援,显然涉及公民语言能力和国家语言能力。

二 语言是经济资源

资源是可利用、有价值,能产生效益的。语言有什么使用价值,能产生什么效益?

1. 语言是语言的资源。语言学研究的对象就是语言,如果没有语言,语言学工作者就失业了,所以它首先是语言的资源,这在学界应是共识,不需赘述。

2. 语言是文化的资源。语言是文化最为重要的组成部分,同时也是文化最为重要的载体。就汉文化来说,它深深扎根在汉语汉字里。一个字、一个词往往就牵动民族之心。因为汉语汉字绝对不仅仅是符号,中华文化离开了汉语汉字,就无处扎根。那么进一步问,方言和少数民族语言文字,是不是我们的文化资源?肯定是。

中华文化有很多是保存在方言和少数民族的语言文字里，特别是口语文化。从文化的载体形式可以把文化分为三类：第一类是实物文化，包括建筑、服饰、雕塑以及地下出土的文物等等；第二类是文献文化，这是由浩如烟海的文献所保存的文化；第三类是依赖口语所保存的文化。我国历来重视文献文化和实物文化，比较忽视口语文化，而其实口语文化更古老、最丰富，也最不容易保存。随着方言的流逝，随着民族语言的流逝，这些文化就永远消逝了。国家语委正在建设的"中国语言资源有声数据库"，就是要用现代语言技术保存现实的语言面貌及口语文化。

3. 语言是经济的资源。语言不仅具有工具属性（交际工具）和文化属性，而且还具有经济属性。特别是信息化时代的到来，凸现了语言的经济属性。信息化程度发展越高，越能体现语言的经济效益。信息化把语言知识及其应用，已经变为工业标准，变为语言技术产品，形成了各种专利，比如语言文字的各种规范标准，各种语言知识库，计算机字库，各种键盘输入法，各种处理语言文字的软件等等。专利能够换取红利，比如通过手机数字键盘输入中文，相关的技术专利在外国人手中，我们每消费一台具有中文输入功能的手机，就要交给国外手机厂商几美元的专利。当能够赚取"语言红利"的语言产业和语言职业形成一定的规模，"语言经济"作为一个术语便应运而生。"语言经济学"作为一门新兴的交叉学科，正在孕育产生的过程中，在国际上有十年左右的历史，我国的山东大学已经建立了语言经济学的博士点，召开过语言经济学的学术会议。

语言问题的解决，语言权利的维护，语言资源的保护开发，都需要成本投入，有经济问题；解决语言问题，维护语言权利，保护和开发语言资源，也能产出效益，其中有社会效益，也有经济效益，也有经济问题。看来，语言与经济是有关系的，"语言经济"

的概念是成立的。

三 语言产业

语言的经济活动，需要语言产业的支撑。语言产业是以语言为主要操作对象，主要利用语言赚取红利的产业。

（一）语言产业的业态

2008年12月，在国家语委指导下，商务印书馆成立了"中国语言资源开发应用中心"。2010年9月，北京市语委建立了"北京语言产业研究中心"。根据该中心的研究，语言产业大致包括如下业态：

1．语言教育和语言测试。这是很大的语言产业，"新东方"就是一个突出的例子。学外语、考托福都需要付出真金白银，语言教育、语言考试等，是最为传统的语言产业。

2．语言翻译。语言翻译是蓬勃发展的语言产业。我国语言翻译的规模巨大，在世界语言翻译市场中占有较大份额。

3．语言出版。哪一些出版属于语言出版，目前还较难界定，但辞书肯定是语言出版物。一本好的辞书，可以为出版社带来巨大收益。亚马逊公司宣称，从今年4月份开始，该公司电子书籍的出版已经超过了纸质图书，比例是 105：100。电纸书时代的到来，给我国的出版业、特别是教材出版商带来了挑战和发展机遇，可以想象未来三五年，学生再也不需要背着沉重的书包去上学了，全部教材、教辅都装进一部电纸书里。做好与电纸书相关的语言文字工作，成了国家语委当前考虑的重要内容之一。我们希望同有志于做电纸书的企业，一起制定教育领域电纸书的语言文字标准。当然，卫生健康标准对使用电纸书的学生来说，也十分重要，不可忽视。

4．语言艺术。如同其他文化产业一样，书法、相声、影视话剧、播音主持等语言艺术，都能够产生经济效益，都能够形成产业。

5．语言康复。聋哑人、老年痴呆症患者、语言发展迟缓的儿童，以及唇裂、声带术后患者等，都需要语言能力康复，这方面的需求是巨大的。

6．语言创意。广告策划、商标设计是最重要的语言创意，一个好的广告主要在于文案，文案创作在广告业里占有很大比重。还有其他与语言文字有关的创意产业，比如台湾的王心如女士，将古汉字与珠宝设计结合起来，做得非常漂亮，使原来的珠宝增值很多，伴随着珠宝传播汉字文化。

7．语言工程。计算机语言处理，离不开各种语言工程。百度、谷歌、搜狗的搜索引擎，北大方正的字库等都是语言工程，其经济效益也是巨大的。

8．语言会展。把语言产品、语言技术拿来做博览会，国际上早有先例，可惜我国还没有起步。我们是把很多语言产品、语言软件，放到别的博览会里去了。语言会展也是一种语言产业。

以上八个方面，还只是举例性质的。到底语言产业有多少业态，尚需深入研究。

（二）语言的经济贡献度

语言产业的产值有多少？还没有见到这方面的数据。瑞士经济学家弗朗斯瓦·格林（François Grin）最近指出，语言在瑞士国民生产总值中的贡献度是10%。瑞士有德语、法语、意大利语、罗曼山地语四种语言，瑞士公民一般都能够掌握三种语言，综合院校的大学生需要掌握四种语言。瑞士还是联合国、欧盟以及很多国际组织总部的所在地，有许多语言资源可以利用。瑞士经济的发展，语言在里面占了很大的比重。10%的说法可靠与否，由经济学家去判断，但是瑞士的经济发展跟它丰富的语言资源巨大有关系。

在我国，语言对经济的贡献度是多少？现在还无人计算。当然语言经济有直接和间接之分，直接的语言经济可能比较少。语言的特点是具有弥散性，它产生的经济效益渗透在各行各业，因此我国国民生产总值统计的时候没有专门计算语言的贡献。因为语言经济不好计算，需要经济学发展到一定程度，人类的"语言觉悟"达到一定高度，第三产业发展到一定水平的时候，才会引起人们的注意，才有可能建立语言经济学。

四　语言与职业

有产业就有职业，有语言产业就有语言职业。语言跟职业的关系，可以从三个方面考察：（一）语言职业；（二）职业中的语言；（三）语言能力与国民收入。

（一）语言职业

语言职业还是一个较为生疏的概念，其内涵其外延也都需要在研究中界定。但就感觉而言，下列人员从事的应当是语言职业：计算机速录师、翻译（笔译、口译）、语言工程师、播音员、讲解员、话务员、语言教师、辞书编撰者、书法家、语言类节目演员、配音演员、语言代码设计者（比如说盲文、聋哑手语、电报、旗语、灯语、密码等的设计者）等。语言职业当然需要别的因素介入——任何一个职业都需要别的因素介入——重要的是，语言在职业要素中占多大比重时，才能够成为语言职业，这需要经济学的界定。

（二）职业中的语言

绝大多数职业都需要语言能力，没有语言能力的介入，许多职业的职工素质就不能达标。对于语言能力，如果说第一产业、第二产业的需要可能少一些，那么语言能力在第三产业中则占有举足轻重的地位。南京大学李现乐的博士学位论文《语言服务和服务语言——语言经济视角下的语言应用研究》，用不少篇幅讨论语言消费问题，发现语言在一些职业中作用十分巨大。

就当前我们的感性认识来说，需要较强语言能力的职业有很多，例如：

1．导购、导游、导医等"导××"的职业。广州大学屈哨兵先生，对语言服务颇有研究，他曾经讨论过"导"字号职业的语言能力问题。

2．医生和律师，需要较强的语言能力。英国李嵬教授告诉笔者，在英国，有两个专业的学生要用较多时间学习应用语言学，一是医学院，二是法学院。医生看病、告诉病人医嘱，需要很好的语言交际能力。法学院的学生毕业后做律师或是法官，更是需要很好的语言能力。

3．广告文案创作人、新闻发言人、教师、作家、记者、编辑、文秘、话剧演员等等，语言在他们职业生涯里占有重要的地位。

4．公务员。公务员是执行公务的，公务的执行需要较好的语言能力。可以观察一下，凡是优秀的干部，语言能力一般都比较好。国家公务员考试，现在已经比较重视语言能力方面的检测。

现在大学生就业，用人单位也都注意考察语言能力，语言能力甚至比专业能力更管用。深圳的童山东先生，是从事职业教育研究的专家，他多次到人才招聘市场进行调研，通过对用人单位招聘要求的分析，发现对应聘者的语言能力要求是第一位的。

语言能力包括母语能力和外语能力，甚至也包括运用计算机进行信息交换的能力。语言能力是人才构成的重要因素，是人才培养的重要方面。我国正在从人力资源大国向人力资源强国迈进，在这个迈进过程中，语言能力显然是不容忽视的。

据我了解，上海市等地语委多年来一直帮助公安、司法、旅游、商务等不同行业、不同领域提升普通话水平，提高语言能力。应当研究不同行业、不同领域对从业人员的语言能力需求，与行业主管部门共同制定各自的语言能力标准，使之成为各自对职工的基本要求，成为挑选新职工的一个入门条件。如果语委能够帮助各个行业、各个领域把这项工作做好了，语言文字工作就会得到社会的支持，整个社会的生产力也会有很大提高。语言是不是生产力？这个问题曾经引发过争论，这里我无意也不必介入这一争论。但通过上述分析，能够得出这个结论：语言是硬实力。

（三）语言能力与国民收入

国内外大量的研究证明，语言能力和收入成正相关。会两种语言的人比会一种语言的人收入要高，找工作要容易。如果再会计算机编程，就业就更有优势。

语言经济学最初就是从研究语言与收入的关系方面起步的，多年来也一直是语言经济学的主要研究方向。比如：从实证经济学角度对移民的外语能力与其收入之间的关系的研究；少数族裔使用多数族裔的语言，可以在多大程度上为其带来经济上的好处；跨国公司在劳动力属地的语言政策；发展中国家外文翻译工作的经济效益，等等。我国山东大学、南京大学、广州大学、首都师范大学的一些学者，也在关心语言能力与收入的关系、语言服务与企业竞争力的关系等。

五　结束语

语言从不同的角度看有不同的景观。"语言经济"提供语言规划的一个新视角。从经济学这个视角看语言规划，至少给我们三个启示：

（一）要充分认识到语言对国民经济的贡献度，适时制订和出台振兴语言产业和语言职业的行动计划，促进语言产业各业态的健康发展。

（二）应当全面树立语言规划的经济学意识，做好相关的成本和收益分析。比如推广普通话，给国家不仅创造了巨大的社会价值，而且也创造了巨大的经济价值。如果国家没有推广普通话，在印刷、广播、教育、科技等领域使用数以百计的语言和方言，那将会付出多大的成本！所以，推广普通话的经济效益，是无法用数字表示的。

（三）应当进一步树立语言资源意识。语言是软实力，也是硬实力。要善待我们的语言资源，善待汉民族共同语，善待各民族的语言，也要善待汉语方言。要善待语言学人才和语言人才，努力提升公民的语言能力，提升国家的语言能力。

主要参考文献

薄守生 2008 《语言规划的经济学分析》，《制度经济学研究》第2期。

蔡　辉 2009 《语言经济学：发展与回顾》，《外语研究》第4期。

陈章太 2009 《语言资源与语言问题》，《云南师范大学学报（哲学社会科学版）》第4期。

郭友旭 2010 《语言权利的法理》，云南大学出版社。

江桂英 2010 《中国英语教育：语言经济学的视角》，厦门大学出版社。

李现乐 2010 《语言资源与语言经济研究》,《经济问题》第9期。

李现乐 2011 《语言服务与服务语言——语言经济视角下的语言应用研究》,南京大学博士学位论文。

李宇明 2008 《当今人类三大语言话题》,《云南师范大学学报(哲学社会科学版)》第4期。

李宇明 2010a 《中国语言规划论》,商务印书馆。

李宇明 2010b 《中国语言规划续论》,商务印书馆。

林 勇、宋金芳 2004 《语言经济学评述》,《经济学动态》第3期。

刘国辉、张卫国 2009 《语言经济学在中国的发展：2009(首届)中国语言经济学论坛综述》,[EB/OL]. http://weiguozhang.blog.sohu.com/138597516.html,2010-04-07/2010-05-12。

刘建达 1989 《试论语言中的经济现象》,《山东外语教学》第3期。

鲁宾斯坦 2004 《经济学和语言》,钱勇、周翼译,上海财经大学出版社。

骆裴娅 2009 《经济语言学视域下的广告语言》,《重庆工学院学报(社会科学版)》第4期。

马慈君 2010 《语言经济学视野下的大学英语教育》,《云南民族大学学报(哲学社会科学版)》第1期。

宁继鸣 2006 《汉语国际推广：关于孔子学院的经济学分析与建议》,山东大学博士论文。

屈哨兵 2007 《语言服务研究论纲》,《江汉大学学报》第6期。

宋金芳、林 勇 2004 《语言经济学的政策分析及其借鉴》,《华南师范大学学报(社会科学版)》第6期。

汪丁丁 2001 《语言的经济学分析》,《社会学研究》第6期。

王世凯 2010 《略论我国语言资源的开发与利用》,《云南师范大学学报(哲学社会科学版)》第5期。

王振顶 2009 《汉语国际传播的语言经济学研究》,《云南师范大学学报（对外汉语教学与研究版）》第6期。

徐大明 2010 《有关语言经济的七个问题》,《云南师范大学学报（哲学社会科学版）》第5期。

许其潮 1999 《语言经济学：一门新兴的边缘学科》,《外国语》第4期。

杨依山 2007 《语言经济学理论框架初探》,《山东社会科学》第10期。

袁俏玲 2007 《英语语言消费探析》,《外语与外语教学》第6期。

张卫国、刘国辉、陈屹立 2007 《语言与收入分配关系研究评述》,《经济学动态》第7期。

张卫国 2008 《语言的经济学分析：一个初步框架》,山东大学博士学位论文。

张忻 2008 《语言的经济学与大学英语教育》,《中南大学学报（社会科学版）》第3期。

[原载《华中师大学报》2011年第5期,《新华文摘》2011年第23期]
全文转载

认识语言的经济学属性[*]

现代语言规划十分关注的三个概念是语言意识、语言政策和语言实践。语言意识也称语言意识形态,是指社会对语言的认识和态度,是语言政策和语言实践的思想基础,有什么样的语言意识,才可能有什么样的语言政策,产生什么样的语言实践。在当今社会的语言意识中,必须意识到语言的经济学属性,从而在制定语言政策时自觉进行经济学的考量,并制定出在经济活动中能够充分发挥语言作用的政策。

一 语言是经济活动中不可缺少的要素

人类的经济活动与语言密不可分,而且在某些领域,语言和语言知识已经成为重要的经济资源。这可以从以下几个方面来看:

首先,语言能力是劳动力的重要构成要素。语言是人的本质属性之一,是人类最为重要的交际工具和思维工具,语言能力与劳动能力总体上呈正相关。比如:1. 由于各种病理原因而失去语言能力的人,如失语症患者、聋哑人等,是劳动水平相对较低、适应性

---

[*] 本文原是《语言产业导论》的序言,这次发表在内容上做了一些补充。

较差的弱劳动力。2．文盲只有口语能力，没有书面语能力，在脑力劳动在人类的经济活动中的比例逐渐上升的时代，文盲已经成为质量较低的劳动力，很多经济活动都无缘参与。3．人的语种能力总体上看与收入相关，具有单语能力的人，与具有双语能力、三语能力的人相比，其经济收入总体上要低。

在一些特殊的劳动阶层和经济领域，语言能力的地位会更加重要。比如工程设计、广告策划、劳动管理等，文盲等没有书面语言能力者，是无法承担的；语言艺术家、电视节目主持人、导游、导购、公司售后服务人员等，都需要较高的语言能力；同声传译、国际组织雇员等工作领域，与单语人无缘。

在以体力劳动为主、社会分工较粗的时代，对劳动者的语言能力要求不高；但是到了信息化时代，社会分工急剧加细，脑力劳动的比重急剧加大，跨地区、跨国家的经济活动急剧增多，劳动者培养的时间越来越长，语言能力在劳动力构成中的比重也急剧增大。在每年大学毕业季的用人单位的招人要求中，虽不见得出现语言能力的字眼，但是仔细分析，关于语言能力的要求其实成了用人单位的主要考虑因素。语言能力在今天已经成为劳动力的重要构成要素，教育部门和劳动培训机构对此应有清醒认识。

其次，经济活动需要通过语言来组织进行。语言是信息最为重要的载体，人类的生活须臾离不开语言，离开语言社会就将崩溃；经济活动是人类社会生活的重要部分，经济活动需要通过语言才能组织起来。正因如此，许多经济学家、语言学家都比较重视经济学术语的规范，重视经济学文本的修辞，并由此形成了最早的经济语言学。经济语言学主要关心的是经济活动中语言使用的得体与效率，当然也试图利用经济学规律来解释语言现象。

再次，语言和语言知识已经成为重要的经济资源。在一些特殊的经济活动领域，语言及其知识甚至具有"生产资料"的性质。

比如语言教育活动，语言知识、语言教育方法是教师的资本，通过语言知识的传授和语言训练，学生获得语言知识，并内化出语言能力。语言教育活动还需要有一系列的保障和评估系统，例如语言教学设施、教科书、工具书、各种录放语言的设备、衡量学生学习水平的考试活动及有关证书等，这些保障和评估系统，都涉及语言教育的经济问题。当然，语言教育有事业和产业之分，语言教育事业需要成本投入，涉及经济问题；语言教育产业则主要是经济活动。

再如语言文字艺术活动，其基本凭借是语言和文字，其成果是语言文字艺术产品。语言文字艺术可以粗分为语言艺术和文字艺术，小说、诗歌、话剧、相声、评书等是语言艺术，它们通过对语言的艺术运用形成艺术语言。艺术语言一般都是有声语言，或可以成为有声语言，并可以同其他方式结合形成戏曲、电影等综合艺术。文字艺术最为典型的是书法。除此之外，还有其他文字艺术，如将文字变形而形成的别有韵味的"文字图画""文字雕塑"；如用文字或汉语拼音设计的商标、图案等等；如将金银珠宝镂雕成文字形状，或是将文字及其变形刻附在金银珠宝上。语言文字艺术不仅具有艺术价值，而且也往往具有较高的经济价值，形成附加值很高的语言文字艺术产业。

最值得关注的是，现代语言技术的发展所形成的现代语言经济。"语言技术"这一概念提出的时间不长，但语言技术已经有悠久的发展历史。文字的创制是古代最为重要的语言技术，口头语言借此打破了时间和空间的限制，可以传后达远。之后的笔墨纸砚、印刷术、打字机、电报、电话、传真、留声机、录音机、广播等等，都是至今仍用的最为重要的语言技术。现代语言技术是用计算机处理语言文字所形成的一系列技术，它使语言知识及其应用有可能成为工业标准，成为语言技术产品，形成各种专利，比如语言文字的各种规范标准，各种语言数据库，各种键盘输入法，各种处理语言文字的软件和计算机字库等等。现代语言技术使人类语言知识成为十分重要的经济资源。

二 语言对社会的经济贡献

但是，由于语言与人、与经济活动的关系太密切，密切到人们很少关注语言的经济学意义。正如空气、阳光是人类片刻不能离开的，然而在人类相当长的历史长河里，它们都没有成为商品；只有到了空气污染严重、阳光常被遮蔽之地，它们才可能具有商品价值，例如现在的一些楼盘推销商，会将楼盘所在地的空气质量、房间的向阳状况等包装为卖点，空气和阳光在这里具有了商品意义。

语言的经济学属性较早引起人们的有意识关注，是语言能力与个人收入之间的关系。随着国际经济一体化进程的不断加快，人口流动的半径加长、规模加大、频率提高，移民成为当今社会的重要现象，并引发出一系列问题。国外很多研究发现，移民的语言能力同其就业状况、经济收入水平呈正相关。此类研究开垦了语言经济学的处女地。20世纪末期，信息化浪潮奔涌而起，狂飙突进，语言是计算机处理的主要对象，语言信息化是信息化的基础，语言、语言知识、语言技术等等，成为高新经济的重要资源和重要增长点，许多信息产业都可以视为语言产业。

人口流动和信息化，是促进语言经济发展的两大驱动力，也是促使人们关注语言的经济学属性的两个重要方面。当今世界，促进语言经济发展的这两大驱动力更加强劲，人口流动几乎成为社会常态，信息化以加速度的态势发展，可以预见，语言对社会的经济贡献将会持续加大，语言的经济学属性将会不断彰显，因此，社会语言意识中必有语言经济的一席之地。

当带着语言经济的眼光来观照人类生活时，蓦然发现语言经济对人类社会是如此的重要。日内瓦大学弗朗斯瓦·格林（François Grin）教授的研究表明，瑞士语言的多样性，为瑞士每年创造500亿瑞郎的收入，约占瑞士国内生产总值的10%。

世界许多国家都开始注意语言产业的发展，并不断有相关的报告问世。据报道，美国的命名产业1999年的年产值就达到了150亿美元。有人估计，全世界翻译市场年产值可达1万亿元人民币；全球英语教育市场，除大学和政府培训机构外，约有600亿美元的规模。《2009年欧盟语言行业市场规模报告》是笔者见到的当前最为全面的语言行业状况报告。该报告指出：2008年欧盟成员国的语言市场总产值达84亿欧元，其中语言技术领域的产值为5.68亿欧元，电影字幕和配音领域为6.33亿欧元，语言教学领域为16亿欧元，会议组织中的多语言服务为1.43亿欧元。该报告预测，欧盟2015年语言行业的实际产值可达到200亿欧元。

我国正处在人口大流动时期，上亿农村人口向城市流动，劳动力国外输出渐成规模，学生出国留学人数与日俱增，境外回内地、海外来中国的学习者、投资者、工作者也逐渐增多。我国语言教育产业、语言翻译产业拥有强大活力，据统计，仅英语学习市场年产值已超过100亿元人民币，翻译市场年产值约120亿元人民币。我国信息化的发展日新月异，2012年网民即将突破5亿，手机用户9亿，其中手机上网用户3.5亿[1]；信息产品的社会普及率速度惊人，语言信息产业具有巨大的发展潜力。

由于语言经济学刚刚兴起，人们对语言经济的业态状况还不怎么了解，语言经济的数据采集系统尚无建立，甚至缺乏有效的语言经济计算方法，因此，还无法对语言经济进行全面而科学的统计。

【1】截至2014年6月底，我国已经拥有6.32亿网民，其中手机网民5.27亿。

但是仅上面的事例已经颇具魅力，由此已可窥见语言经济的巨大社会意义，感受到认识语言的经济学属性的巨大社会意义。

三 促进我国的语言经济学研究

与语言经济的社会实践相比，我国对语言经济的认识显然滞后。但是近些年来，学界、业界和政界已开始关注语言经济问题，呈现出良好的发展势头。

山东大学黄少安教授是我国语言经济学研究的首倡者，他率先招收语言经济学的博士研究生，他的团队连续召开中国语言经济学论坛，并成立了语言经济研究中心。2012年3月2日，黄少安、苏剑、张卫国三位发表的《语言经济学与中国的语言产业战略》，基本上代表了我国学界在语言经济方面的认识。南京大学中国语言战略研究中心徐大明教授，带领他的团队在研究语言政策、语言国情的同时，开展了语言经济学的理论与实践研究，成果引人注目。广州大学屈哨兵教授对语言服务保持着浓厚的研究兴趣，今年初还举办了"语言服务研究高级论坛"。

国家语委是专司语言事务的国家部门，近些年来在工作实践中发现语言经济问题十分重要，认识到语言不仅是国家的"软实力"，而且也是"硬实力"。国家语委全力支持山东大学、南京大学、广州大学等高校的语言经济学研究，还于2008年12月29日支持商务印书馆成立了"中国语言资源开发应用中心"，中心的宗旨是"致力于把语言及语言知识转化为生产力和文化商品"。《国家语委"十二五"科研规划2011年项目指南》，首次把"语言经济与语言产业发展战略研究"列为重要的科研方向，表明语言经济问题已经开始进入国家的语言规划。在2010年、2011年北京市"两会"上，北京市人大代表贺宏志先生连续提出《关于发展我市语言产业的建议》和《加强语言文化建设，促进语言产业发展》的建议，语言经济的话题首次提到了地方人民代表大会的议坛上。

2010年9月28日，在国家语委支持下，北京市语言文字工作委员会的研究基地——"北京语言产业研究中心"，在首都师范大学揭牌成立。这本来是一个平常的日子，但在中国语言规划史上也许会不平常，因为这是我国第一个以"语言产业"为专门研究对象的科研机构。该中心建立伊始，就着手调研北京语言产业的发展状况，建立北京语言产业数据库，思考语言产业的发展政策；据说还筹划举办我国第一届语言产业论坛，编辑出版《语言产业研究通讯》，翻译《2009年欧盟语言行业市场规模报告》，出版《北京语言产业的发展及政策研究》等。理论与实践并重，引进与创新同举，近期与长远共谋。令人欣喜的是，在北京语言产业研究中心成立仅一年多的时间里，就撰写了我国第一部专门研究语言产业的著作《语言产业导论》。

《语言产业导论》虽不能说字字珠玑，但却处处闪光。特别是关于语言产业的分类、语言产业的要素分析、语言产业的业态梳理及其案例征引等，读起来引人入胜，不忍释卷。这部著作给人许多新理念、新知识、新数据，而且能够引发读者许多质疑与思考，诸如：语言真能生钱吗？语言产业真的存在吗？哪些职业是语言职业？怎样统计语言对社会的经济贡献度？哪些消费属于语言消费？语言消费与语言产业、语言职业的发展有何关系？个人如何收取语言收益？国家如何赚取语言红利？……只提供知识的著作，培养的是被动消费型的读者，只能给社会以精神填充；而能够引发质疑与思考的著作，培养的是主动创造型的读者，能够促进社会的精神再生产，甚至引发社会行动。

尽管有如上的进展，但我国的语言经济学研究还处在起步阶段，研究工作需要一个案例一个案例地收集，一步一步地前进。不

过宏观上看,语言经济学的研究应当完成两项基本任务:

第一,研究语言对社会的经济贡献度。这需要有一个科学的研究框架,需要广泛搜集与语言相关的经济领域的数据,通过大数据的统计分析得出结论。当前的最大困难是,我们还没有一个有效的计算语言经济的方法,哪些产业属于语言产业?如何计算语言产业的经济效益?在非语言产业中语言是否能够产生经济效益?如果能够产生经济效益的话,如何计算非语言产业中因语言而产生的经济效益?当然,当前也无法从国家现有的统计数据中得到语言经济方面的数据,因为统计口径中没有语言经济。

第二,研究语言政策的成本及其产生的经济效益,探讨促进语言经济发展的政策环境和各种举措。过去对语言政策的评估,主要侧重于社会效益;当认识到语言的经济学属性之后,还应当对语言政策进行经济学的评估。比如我国民族地区的双语教育,从语言经济学的角度看,需要多大的经济投入?这一政策将为民族地区的经济发展带来多大效益?掌握双语的学生的经济收入将会比单语学生有多大提高?进而可以改善多少民族家庭的经济状况?再如,我国有一系列促进经济发展的政策,对这些政策应当进行语言经济学的考察,看看是否有利于促进语言经济的发展,应当做哪些必要的政策补充,或是在这些政策环境中设计出促进语言经济发展的各种举措。

四 结束语

在当今社会,不包含语言的经济学属性的意识,不是与时代契合的语言意识。在语言经济可能影响到10%的经济生活的今天,社会必须树立清晰的语言经济意识,仔细观察语言经济活动,全面收集语言经济数据,认识语言经济的运行规律,发展语言产业,培育语言职业，促进语言消费，使国家和个人充分赚取语言红利。

最后我想引用林毅夫先生的一段话："这些年来我在各种场合经常讲中国经济现象是经济学研究的一个大金矿，研究中国的经济问题有可能产生一批世界级的经济学大师。我的信念源自经济理论的作用在于解释经济现象，其贡献的大小由所解释的现象的重要性决定。……经济学成为一门独立的社会科学以来，世界级的经济学家大多先后产生于作为世界经济中心的英国和美国。中国的经济规模很有可能在21世纪30年代超过美国，中国将有可能逐渐成为一个新的领导经济学思潮的国际中心。如果我的乐观预测是正确的，中国经济学界的第一个诺贝尔经济学奖获得者，最有可能是来自于从事制度经济学研究的经济学家。"[1]如果林毅夫先生的推断是正确的话，我国在语言经济学的研究上也完全有可能后起居上，因为我国有十分丰厚的语言经济学研究资源。

主要参考文献

薄守生 2008 《语言规划的经济学分析》，《制度经济学研究》第2期。

蔡　辉 2009 《语言经济学：发展与回顾》，《外语研究》第4期。

陈章太 2009 《语言资源与语言问题》，《云南师范大学学报（哲学社会科学版）》第4期。

贺宏志、陈　鹏主编 2012 《语言产业导论》，首都师范大学出版社。

黄少安、苏　剑、张卫国 2012 《语言经济学与中国的语言产业战略》，《光明日报》2012年3月2日。

---

[1] 林毅夫《"当代制度分析前沿系列"总序》，见鲁宾斯坦（2004）。

江桂英 2010 《中国英语教育：语言经济学的视角》，厦门大学出版社。

李现乐 2010 《语言资源与语言经济研究》，《经济问题》第9期。

李现乐 2011 《语言服务与服务语言——语言经济视角下的语言应用研究》，南京大学博士学位论文。

李宇明 2010a 《中国语言规划论》，商务印书馆。

李宇明 2010b 《中国语言规划续论》，商务印书馆。

李宇明 2011 《语言也是"硬实力"》，《华中师大学报》第5期（《新华文摘》2011年第23期全文转载）。

林 勇、宋金芳 2004 《语言经济学评述》，《经济学动态》第3期。

刘国辉、张卫国 2009 《语言经济学在中国的发展：2009（首届）中国语言经济学论坛综述》http://weiguozhang.blog.sohu.com/138597516.html，2010-04-07/2010-05-12。

刘建达 1989 《试论语言中的经济现象》，《山东外语教学》第3期。

鲁宾斯坦 2004 《经济学和语言》，钱勇、周翼译，上海财经大学出版社。

马慈君 2010 《语言经济学视野下的大学英语教育》，《云南民族大学学报（哲学社会科学版）》第1期。

宁继鸣 2006 《汉语国际推广：关于孔子学院的经济学分析与建议》，山东大学博士论文。

屈哨兵 2007 《语言服务研究论纲》，《江汉大学学报》第6期。

宋金芳、林 勇 2004 《语言经济学的政策分析及其借鉴》，《华南师范大学学报（社会科学版）》第6期。

汪丁丁 2001 《语言的经济学分析》，《社会学研究》第6期。

王世凯 2010 《略论我国语言资源的开发与利用》，《云南师范大学学报（哲学社会科学版）》第5期。

王振顶 2009 《汉语国际传播的语言经济学研究》，《云南师范大学学报（对外汉语教学与研究版）》第6期。

徐大明 2010 《有关语言经济的七个问题》，《云南师范大学学报（哲学社会科学版）》第5期。

许其潮 1999 《语言经济学：一门新兴的边缘学科》，《外国语》第4期。

杨依山 2007 《语言经济学理论框架初探》，《山东社会科学》第10期。

张卫国、刘国辉、陈屹立 2007 《语言与收入分配关系研究评述》，《经济学动态》第7期。

张卫国 2008 《语言的经济学分析：一个初步框架》，山东大学博士学位论文。

张忻 2008 《语言的经济学与大学英语教育》，《中南大学学报（社会科学版）》第3期。

Coulmas, F. 1992 *Language and Economy*. Oxford: Blackwell Publishers Ltd.

Grin, F. 1994 The economics of language: Match or mismatch? *International Political Science Review*, 15, 27–44.

Grin, F. 1996 The economics of language: Survey, assessment, and prospects, *International Journal of the Sociology of Language*, 121, 17-44.

Grin, F. 2000 European research on the economics of language. Homepage of Languages and the Economy: Canada in an International Perspective, 11/13/2000.

Grin, F. 2003 Language planning and economics. *Current Issues in Language Planning*, 1, 1- 66.

McManus 1985 Labor market costs of language disparity: An interpretation of Hispanic earnings differences, *The American*

Economic Review, 4, 818-827.

Mettewie, L. & L. van Mensel 2009 Multilingualism at all costs: Language use and language needs in business in Brussels, *Sociolinguistica 23: Language Choice in European Companies*.

Vaillan-court F. 1982 The economics of language and language planning. *Language Problems and Language Planning*, 2, 162-178.

［原载《语言文字应用》2012年第3期］

语言的文化职能的规划[*]

语言生活的治理，本质上就是规划语言的社会职能，使各种语言及其变体能够各得其所，各尽其能，减少冲突，和谐相处。我国既往的语言规划，关注点主要在语言的交际领域，统一语言，规范文字，开展双语教育和外语教育，有效地解决了语言众多、方言分歧所带来的严重的交际障碍。

当国家通用语言普及到一定幅度并形成较大的普及惯性时，就会使少数民族语言和汉语方言具有挤压感，易于产生语言矛盾，甚至发生语言冲突。此时，语言规划的天平就需要向文化偏移，更自觉地关注语言的文化职能。

本文就是在这样的认识基础上，把语言的社会职能再分析为工具职能和文化职能，考察百余年来语言规划的特点，提出规划语言文化职能的若干观念。最后提醒人们，我国可能正在进入语言矛盾的多发期，应关注语言矛盾和语言冲突问题。

一 语言的社会职能

人类虽然须臾不能离开语言，人类关于语言的研究虽然已经

---

[*] 本文是为徐大明、吴志杰主编的《语言资源与语言规划丛书》（外语教学与研究出版社，2012年12月）写的序言。后稍做修改，以《和谐语言生活 减缓语言冲突》为题，发表在《中国教育报》（2013年1月4日第4版）和《语言文字报》（2013年1月30日第2版）。如今发表，做了较多的修改、充实。

有数千年的历史,但是,人类对于语言的认识仍然不深入不全面,以至于至今还难以给语言下一个较为圆满的定义。以索绪尔为代表的结构主义语言学派,认识到语言是具有组合关系与聚合关系的符号系统,开启了研究语言形式构造的历史篇章。但是,语言不是独立于人和人类社会的"客观之物",语言规划关注的应当是语言与人、语言与社会的关系。

从语言的社会职能上考察,可以把语言描述为:语言(包括文字)是人类最为重要的交际工具和思维工具,是人类文化最为重要的组成部分和最为重要的载体,而且常常具有民族身份认同、情感依存的作用。

仔细分析这一描述,会发现它把语言(也包括文字)的社会职能分作了"工具"和"文化"两大范畴,而且这两大范畴的职能又都有显性和隐性两种形态。显性和隐性是相对的,显性形态一般来说可以直接观察和体验,隐性形态则往往需要间接感悟或用特殊方法推论得到。就工具范畴看,语言作为显性的工具是用于社会交际,作为隐性的工具是用于思维。就文化范畴看,语言既是文化最为重要的组成部分,同时也是文化最为重要的承载者,这是语言的显性文化职能;语言的隐性文化职能是起到身份认同、情感依存的作用,就如同人的"文化名片"。语言社会职能的范畴及其显隐形态,可如下表示意:

	显性	隐性
工具范畴	A	B
文化范畴	C	D

表中,A表示"语言是人类最为重要的交际工具";
B表示"语言是人类最为重要的思维工具";

C表示"语言是人类文化最为重要的组成部分和最为重要的载体";

D表示"语言常常具有民族身份认同、情感依存的作用,就像是'文化名片'"。

全面认识语言的社会职能,对于语言规划来说具有重要的意义。它能够使规划者理性地认识:已经做了哪些语言规划,下一步还应做哪些语言规划;语言的隐性社会职能虽然不能直接规划,但在做语言显性社会职能规划时,必须考虑到它对语言的隐性社会职能的影响,甚至可以探索如何自觉地通过对显性的规划来影响语言的隐性社会职能。

二 语言规划重心的移动

中国现代语言规划起自清末,其中1911年清朝学部中央教育会议议决《统一国语办法案》,是中国语言规划起始期的标志性事件。自此以来,一百余年,我国语言规划的进程或速或缓,或顺或困,但代代接力,积跬步而至千里,也做了许多可圈可点的事情,其中最为重要的是:

第一,统一语言。

制定并且逐渐完善了汉民族共同语的标准,并将这一标准在全民族推广,逐步消减了因汉语方言的严重分歧而产生的交际障碍。而且,普通话作为国家通用语言也在全国逐步推行,56个民族可以借此沟通,逐步消减因语言众多带来的交际障碍。

第二,整改文字。

对汉字进行了简化和大规模的整理,制定并完善了标点符号,形成了以《通用规范汉字表》为代表的规范汉字体系。同时,也为一些少数民族设计了文字,为一些少数民族进行了文字整理或文字改革。当年还为汉字和少数民族文字全力配置了印刷设备。近几十年来，专心于进行面向计算机的国际编码，使中华语言文字及其出版印刷进入了电子时代。

第三，制定了《汉语拼音方案》。

在利玛窦以来的各种拼音法案的基础上，继续探索汉语拼音的各种方法，最终制定了《汉语拼音方案》。《汉语拼音方案》的制定与推行，使国家通用语言文字有了优越的拼写工具和注音工具，并极大地方便了国家通用语言文字的国际交往和信息化。

第四，开展外语教育。

积极开展外语教育，以期跨越国家发展中的外语鸿沟。通过培养各种外语人才，使国家能够与世界对话，更好地了解世界和走向世界。

这些语言规划，保证了国家政令畅通，为各民族、各地区甚至为海内外的相互交流提供了方便，为国家的信息化奠定了基础，为建设中华民族共有的精神家园做出了贡献。从语言社会职能的角度来考察，会发现这些语言规划主要是改善语言的显性工具职能，是为了畅通社会交际以及"人—机交际""机—机交际"。虽然这些语言规划也兼及语言的文化职能，而且其结果也必然会影响到语言的其他社会职能。

侧重于从显性工具的角度规划语言，是由历史上的语言国情决定的，也是语言规划的早期必走之路。当今之时，一方面，普通话作为国家通用语言，已经成为不胫而走的强势语言，全国已有70%左右的人口能够使用；另一方面，文化大发展大繁荣已是响彻大江南北的时代强音。故而语言规划也应当以时以势逐渐调适：

其一，国家通用语言文字的工作重心，应由"大力推广"向"规范使用"转变。规范使用是在普通话推广的基础上提出的更高的工作要求，而且，普通话也会在规范使用中更扎实地推广。这种转变，意味着要更加关注语言文字规范标准（特别是语言文字应用规范）的建设，要更加关注社会语言文字规范意识的提升，要更加关注公民语言应用能力的培育。

其二，语言规划在继续关注语言工具职能的同时，要更多关注语言的文化职能。

三 语言文化职能的规划

语言的第一职能是交际。一个失去了交际职能的语言，也就不再成为思维工具；其文化职能虽不会完全消失，但也是化石性质的，只能存古而不能再创造新文化。满语就是这样一种情况。正因为语言的第一职能是交际，所以对语言交际职能的规划是语言规划的首要任务。

语言的工具功能规划其实也不可避免地会牵涉到语言的文化职能，这是由语言的性质和语言使用的特点决定的。如此，语言文化职能的规划可以看作是语言工具职能规划的逻辑延伸，同时也是对语言工具职能规划的补充、校正。在做语言的工具职能规划时，如果多一个文化的视角，多一重文化的关照，很多问题就可能看得更清楚，从而使语言规划做得更稳妥，更易推行，少留后遗症。比如：

汉字简化中的"一对多"（一个简化字对应多个繁体字）问题；

推广普通话与方言维护的关系；

已有民族文字的拉丁化改革；

推行国家通用语言文字与"科学保护各民族语言文字的关系"等。

语言规划所处理的棘手问题、所遗留的后遗症，多数都与语言的文化职能相关。这充分说明在语言工具职能规划中考虑语言的文化职能,或者对语言的文化职能进行专门规划的重要性和必要性。

怎样规划语言的文化职能,在国内外语言规划的理论和实践中还都是正在探讨的话题,罕前车可鉴,少前事可师。中国有悠久的语言生活管理传统,有多姿多彩的语言国情,又有现实的迫切需要,有条件、也必须在语言的文化职能规划领域进行探讨,做出贡献。规划语言的文化职能,在理念上需要考虑以下几点:

第一,要坚持"语言平等"的理念。

语言平等是民族平等的宪法精神、人人平等的普世理念在语言政策、语言观念上的体现。语言平等,就是要尊重中国领土上各民族的语言文字,也要珍重各民族的方言,同时还要平心对待外国语言文字。语言平等,其实是对使用这些语言文字的人的尊重,是对创造和使用这些语言文字的民族社团的尊重,是对这些语言文字所负载的文化的"尊重"与"宽容"。因此,语言平等也是一种文化理念,一种社会伦理。

第二,要具有"语言资源"意识。

中华民族的语言文字(包括方言土语),贮存着中华民族的历史进程和"文化基因",镌刻着"我是谁?我从哪里来?"的文化身世说明书,滋养着弥足珍贵的非物质文化遗产。

语言不仅是文化的资源,也是经济的资源。利用语言、语言知识、语言技术从事的经济活动,在知识经济时代、信息化时代的地位越来越重要,并形成了多种业态的语言产业。许多文化产业、教育产业、信息产业,从另一角度看都是语言产业,都为社会贡献着"语言红利"。

为了"文化基因"的保存,为了最大限度地获取"语言红利",对中华各民族的语言文字,必须科学卫护它,传承研究它,开发利用它。

第三，要理性规划"语言功能"。

各种语言的地位是平等的，但这种平等是社会身份的平等、政治身份的平等、语言身份的平等，而不是在语言生活中所发挥的作用的平等，亦即不是语言功能的平等。

由于历史上各种各样的原因，各种语言的发育状态是有差异的，比如使用人口的多少，有无方言分歧，有无民族共同语，有无文字，拥有多少文献资料等等，故而所能发挥的语言职能也是有差异的。有些语言只能用于家庭和社区的日常交际，有些语言还可以用于教育；能够用于教育的语言，有些能够用于小学教育，有的还能够用于中学教育，有的还能够用于高等教育；有些语言可以用于大众服务；有些语言可以用于新闻出版、广播电视和科研活动；有些语言可以用于公务活动；有些语言可以作为族际交际语，甚至国际交际语，等等。

应当谨慎而全面地研究各种语言的发育状态，研究各种语言可以在哪些社会领域发挥作用，继而在"语言平等"理念的基础上，根据语言的发育状态，进行合理有序的语言功能规划，让各种语言在语言生活中充分发挥应当发挥的作用。

第四，要遵循"自愿自责，国家扶助"的方针。

民族区域自治制度是中国的基本政治制度之一，宪法规定"各民族都有使用和发展自己的语言文字的自由"，各民族如何规划自己的语言，民族自治地方如何规划自己的语言生活，应当按照本民族本地方的意愿进行决策，这就是"自愿"的方针。

国家不能越俎代庖，越俎代庖常常会出现动机与效果的反差，好心未必办得了好事，好事也未必能办得好。当然，各民族、各民族自治地方要为自己的语言决策负责，这就是"自责"的方针。

语言规划的制定和实施，是长期的社会工程，非一时所能完成，甚至也非一个地方、一个民族所能胜任。民族、民族自治地方在规划其语言生活时,在实施其语言决策时,如果需要国家帮助,国家就应依法提供智力、财力等方面的援助与扶持。在一个多民族的大家庭中,"国家扶助"是异常必要的。

四 减缓语言冲突

中国是多民族、多语言、多方言、多文字的国度,拥有丰厚的语言文字资源,但也存在着或显或隐、或锐或缓的各种各样的语言矛盾。对这些语言矛盾认识不足,处理不当,就可能激化矛盾,甚至发生语言冲突,语言财富变成"社会问题"。

语言矛盾是社会矛盾的一种,也是表现社会矛盾的一种方式,甚至在某种情况下还是宜于表现社会矛盾的一种方式。语言矛盾可以分为两类:

一类是由语言问题引发的矛盾,比如当年的巴基斯坦,由于拒绝东巴基斯坦提出的"双国语"诉求而引发了语言冲突,语言冲突不断激化,演化为大规模的流血事件,最终导致东西巴基斯坦的分裂。

一类是由社会矛盾转化而成的语言矛盾,比如比利时不断发生的政府危机,看似由法语区、弗莱芒语区、德语区等不同社区的语言矛盾引发,其实语言矛盾是表象,本质上是不同社区的社会矛盾。

在现实语言生活中,这两类语言矛盾常常相互交织,相互转化,相互促发。例如最近爆发的乌克兰危机,既有深刻的社会矛盾、国际矛盾的集聚,也伴随着操乌克兰语者与操俄语者的语言矛盾。在处理乌克兰危机的对策上,乌克兰当局、克里米亚当局、乌克兰东部一些地区的当权者、俄罗斯等有关方面,在使用政治、军事、外交、经济等手段的同时,也都不忘使用语言手段,或以语言问题为口实来介入冲突,或通过宣示不同的语言政策来缝合矛盾或激化矛盾。

近些年，中国的各项改革都进入"深水期"，语言矛盾易于由少增多、由隐转显、由缓变锐，许多社会矛盾也可能用语言矛盾的方式表现出来，因此中国可能已经进入了语言矛盾容易激化、甚至容易形成语言冲突的时期。前些年发生在广州的"撑粤语"事件，上海数年来关于"保护方言"的呼吁与行动，有关民族地区"双语教育"的观点相左的持续讨论，因"字母词"而引发的学界一波波争论，高考改革中如何对待外语科目的热议等等，都是"语言矛盾多发期"的征兆或者表现，都具有语言矛盾与社会矛盾相互交织，相互转化，相互促发的特点。

在这一新的历史时期，科学地进行语言规划，特别是重视对语言文化职能的规划，特别是重视从语言的隐性文化职能上着眼而进行语言规划，就显得特别重要。这就需要在"推广和规范使用国家通用语言文字"之时，还要"科学保护各民族语言文字""培养各种外语人才"；这就需要深入了解语言国情，工作做到心中有数，规划做到实事求是；这就需要着力研究语言冲突的机理，透彻剖析国内外语言冲突的案例，制定预防、处理语言冲突的方略，建立解决语言矛盾、语言冲突的有效机制；这就需要密切关注语言舆情，了解社会的语言心理及舆论动向，见微知著，提高对语言冲突的防范应对能力。

当然从根本上来说，还是要提高全社会的语言意识，树立科学的语言观，特别是树立科学的语言规范观和语言发展观。要处理好中华各语言、各方言之间的关系，处理好本土汉语与域外汉语的关系，处理好母语与外语的关系，处理好现实空间和虚拟空间的语言生活的关系，把握好中华语言国际传播的路向与火候，构建和谐的语言生活。并通过语言生活的和谐促进社会生活和谐，为建设"美丽中国"做出贡献。

主要参考文献

伯纳德·斯波斯基 2011 《语言政策——社会语言学中的重要论题》(张治国译),商务印书馆。

戴曼纯、刘润清等 2012 《国外语言规划的理论与实践研究》,外语教学与研究出版社。

戴红亮 2012 《台湾语言文字政策》,九州出版社。

戴庆厦 2010 《中国少数民族语言使用现状及其演变研究》,民族出版社。

丹尼斯·埃杰 2012 《语言规划与语言政策的驱动过程》(吴志杰译),外语教学与研究出版社。

韩 震 2013 《全球化时代的文化认同与国家认同》,北京师范大学出版社。

何俊芳、周庆生 2010 《语言冲突研究》,中央民族大学出版社。

贺宏志、陈 鹏 2013 《语言产业引论》,语文出版社。

黄晓蕾 2013 《民国时期语言政策研究》,中国社会科学出版社。

国家民委文宣司编 2009 《构建和谐语言生活》,民族出版社。

郭 熙 2012 《华语研究录》,商务印书馆。

李英姿 2013 《美国语言政策研究》,南开大学出版社。

李宇明 2008 《语言学概论》(第2版),高等教育出版社。

鲁子问等 2012 《外语政策研究》,北京大学出版社。

罗伯特·卡普兰、小查理德·巴尔道夫 2014 《太平洋地区的语言规划和语言教育规划》(梁道华译),外语教学与研究出版社。

苏·赖特 2012 《语言政策与语言规划——从民族主义到全球化》(陈新仁译),商务印书馆。

田小琳 2012 《香港语言生活研究论集》,人民教育出版社。

王 辉 2010 《澳大利亚语言政策研究》,中国社会科学出版社。

吴元华 2008 《务实的决策——新加坡政府华语文政策研究》,当代世界出版社。

周明朗 2014 《跨境语言关系动力学》,《双语教育研究》第1期（创刊号）。

周庆生 2009 《中国语言人类学百年文选》,知识产权出版社。

张振兴 2013 《方言研究与社会应用》,商务印书馆。

Li Yuming, Li Wei(Eds.) 2013 *The Language Situation in China*(*Volume 1*), Walter de Gruyter GmbH, Berlin/Boston and the Commercial Press, Beijing, China（李宇明、李嵬主编《中国语言生活状况》第一卷,德古意特出版社（德国柏林）、商务印书馆（中国北京）联合出版）。

Li Yuming, Li Wei(Eds.) 2014 *The Language Situation in China*(*Volume 2*), Walter de Gruyter GmbH, Berlin/Boston and the Commercial, Press, Beijing, China（李宇明、李嵬主编《中国语言生活状况》第二卷,德古意特出版社（德国柏林）、商务印书馆（中国北京）联合出版）。

Li Wei 2014 Applied Linguistics（李嵬《应用语言学》）, John Wiley & Sons, Ltd.

[原载《民族翻译》2014年第3期]

论语言生活的层级[*]

对语言生活的有效引导和科学管理，制定合适的语言规划，必须对语言生活进行细密的观察，透彻的把握。语言生活丰富多彩，纷纭复杂，为便于观察分析，将其划分为不同的层级是很有必要的。就我国语言生活状况和语言生活的管理体制而言，可以将语言生活划分为宏观、中观和微观三个层级。本文将分别讨论这三个层级的语言生活特点，讨论与之相应的语言规划问题。

一　宏观语言生活

宏观语言生活是指与国家直接相关、需要国家直接规划的语言生活，主要包括两个方面：（一）国家层面的语言生活。（二）超国家层面的语言生活。

（一）国家层面的语言生活

国家层面的语言生活也可以称为国家语言生活，是语言与国家

---

[*] 本文内容曾经以《科学管理语言生活》为题，分别在"第七届全国语言文字应用学术研讨会"（2011年10月23日，湘潭）、北京外国语大学语言研究所召开的"首届语言管理、文化认同及社会秩序学术论坛"（2011年11月4日，北京）、"第九届城市语言调查国际学术研讨会"（2011年11月20日，厦门）和"2012年度全国语言文字工作会议"（2012年2月17日，北京）等会议上做过报告。

关系的现实展现。具体说来，主要包括以下内容：

1. 保障国家语言交际的通畅

语言是人类最为重要的交际工具，社会须臾不能离开。国家的管理，公民的生活、学习和生产，都要求语言交际的畅通。为保证国家语言交际的畅通，特别是要保证高层次、跨地区、跨民族、大范围交际的快捷通畅，必须大力推广和规范使用国家通用语言文字。与此同时，还必须充分尊重那些不懂普通话的人群，为他们保留合适的语言交际空间，并尽可能为他们提供民族语、汉语方言、外语等方面的语言服务。

2. 不断提升国家的语言能力

国家管理及海外事务的处理，都需要有可用且可靠的各种语言的人才，也就是说国家必须具有足够的语言能力。许多国家，特别是国际事务繁多的国家，无不重视国家语言能力的蓄养，近些年来也不断看到一些国家因语言能力不足而造成国家损失、丢失国家利益的案例。公民语言能力是国家语言能力的基础，注意提升公民的语言能力，有利于提升国家的语言能力。但是，公民语言能力的提升主要是市场机制在发挥作用，语言学习的成本投入与语言利益获取的比值，影响着公民的语种学习选择。中国公民愿意学习国家通用语言、愿意学习英语等较有影响的外语，是因为这些语言的"学习效益"高。而国家所需要的语言人才是多种多样的，仅凭公民自由的语种选择并不能满足国家需求。必须认识到，国家语言能力的提升需要采用一定的"计划经济"手段。

3. 通过语言促进文化传承和文化认同，维护国家的团结统一

语言并不仅仅是交际工具，它还具有文化的属性。语言（包括文字）既是文化的有机组成部分，又是文化纵向传承、横向传播的最为重要的载体。在一般情况下，语言还是民族的"图腾"，具有文化认同的重要作用。在多方言的民族中，在多民族的国家中，在

领土尚未统一的国度里,妥善处理民族共同语与方言的关系,妥善处理各民族语言间的关系,特别是妥善处理国家通用语言文字与少数民族语言文字的关系,至关重要。实践表明,培养双言双语人,实行双言双语制度,提倡主体性与多样性辩证统一的语言秩序,构建和谐的语言生活等,是促进文化传承、有效处理语言矛盾、维护国家团结统一的重要方略。

4. 获取语言的经济红利

语言与经济的关系十分密切。劳动者的语言文字水平直接关系到社会生产力的水平,因此,扫除文盲是世界各国追求的教育目标。语言教育、培训和语言翻译等,是社会较早认识的语言产业;而随着计算机和互联网的发展,一批与信息技术相关的语言产业迅速兴起,并为社会带来了巨大的经济效益。过去,人们常把语言看作国家的软实力,而今语言已经进入国家的硬实力范畴。建立语言经济学,促进语言职业和语言产业的发展,最大限度地获取语言的经济红利,已经成为国家语言生活的重要内容。

5. 向社会提供语言服务

随着国人活动半径的加大,人口流动规模和频率的增加,交通、通信和大众传媒的质变性的发展,教育、科技、特别是现代语言技术的普及,人们对语言服务的需求越来越迫切,需求的内容越来越多样,对语言服务质量的要求越来越高。语言教学是最为基本、最为重要的语言服务,母语教学、民族地区的双语教学和外语教学的质量,直接关系到公民的收入水平和生活品位。对社会团体和公民的语言生活给予指导、对他们遇到的语言方面的困难给予援助、对他们进行语言技术方面的支持等,已是重要的语言服务内容。政府是社会公共产品的主要提供者,向社会提供语言服务是政府的职责。当然,语言服务不一定完全由政府提供,也不一定都是免费的。

国家层面的语言生活主要通过三种方式来管理：1．制定语言政策；2．制定语言文字规范标准；3．采取各种举措。

1．制定语言政策

语言政策是用法律、法规、规章等方式体现出来的国家语言意识。国家语言意识与国家的意识形态密切相关，也与国家的历史文化传统、特别是语言规划的历史传统密切相关。现实语言生活既是语言政策的实施对象，也是语言政策不断调适的依据。语言意识的发展变化，语言生活的发展变化，都会促使语言政策做出与之相应的发展变化。当前我国语言政策的核心理念，是"大力推广和规范使用国家通用语言文字，科学保护各民族语言文字"。"大力推广和规范使用国家通用语言文字"，是对现行语言政策的高度概括，"科学保护各民族语言文字"，包含有新世纪国家语言意识的新发展。

2．制定语言文字规范标准

语言文字规范标准是语言研究成果的物化，是对符合语言发展规律和运用规律的语言现象的肯定，是对语言歧异现象的科学选择。语言文字规范标准是语言本体规划的重要内容，其目标是保证语言文字的健康发展，保障语言文字运用的高效有序。在过去，语言文字规范标准主要是面向人的，而随着计算机语言处理的进展和互联网的普及，语言文字规范标准更重要的是要面向计算机，并发展成为工业标准的一部分。语言文字的标准化工作如何满足信息时代的要求，仍是国家语言规划的新课题。

3．采取各种举措

语言政策和语言规范标准，需要一系列行之有效的举措才能贯彻落实，才能将纸面上的内容转化为语言实践。这些举措包括语言文字工作的机构设置及工作体制、工作机制的设计，一些波及面广、影响深远的重要行动，如广播电视和新闻出版的语言管理制度、辞书编纂资格审查制度、普通话水平的培训测试制度、城市语言文字评估制度、"中国语言资源有声数据库"的建设等等。

（二）超国家层面的语言生活

超国家层面的语言生活也可称为国际语言生活，主要有两方面的内容：1．国际社会的语言交际；2．国际社会共同面临的语言问题。

1．国际社会的语言交际

国际社会的语言交际，不仅存在国与国的双边交往中，更重要的是在国际多边关系中。世界有6000多种语言，只有极少数语言用于国际组织（包括跨国的地区组织）和各种国际会议。国际组织和国际会议，多是选取一些语言作为官方语言或工作语言，如联合国的官方语言是阿拉伯语、汉语、英语、法语、俄语、西班牙语，秘书处日常使用的工作语言是英语和法语；奥林匹克运动会的官方工作语言是英语、法语和主办国语言；一些跨国的地区组织则将所有成员国的语言作为工作语言，如欧盟。由于国际合作交流的需要，还会产生一些新的国际组织，召开新的国际会议，它们的工作语言需要新规划。值得注意的是，互联网是新发展起来的"国际社会"，需要建立互联网的合理的语言文字秩序。

2．国际社会共同面临的语言问题

国际社会面临一些共同的语言问题，需要国际社会共同解决。当前讨论较多的全球性语言问题有：在全球化背景下语言霸权及维护语言多样性的问题；世界性的语言濒危问题；移民、少数族裔等弱势群体的语言权利问题等。

国际语言生活对走上世界舞台的开放的中国影响巨大，应该也必须纳入国家语言规划的视野。我国须对国际语言生活进行全面深入的了解，履行语言方面的国际义务，力所能及地向国际社会提供语言方面的公共产品，不断增加影响力。有两方面的问题应当积极考虑、积极谋划：

1）履行语言"原生地"的责任和义务

汉语在国际语言生活中已经具有一定的地位，而且这种地位还在不断提升。作为汉语的原生地，中国有责任有义务向国际社会提供汉语服务，保证国际组织、国际会议的汉语运用；支持汉语国际教育，满足世界不断增长的汉语学习需求；与世界华人社区一同做好华语发展规划，保持华人社区的语言沟通，促进华语的健康发展，协调汉语国际传播的步伐；汉字在东亚具有特殊的地位，也应重视汉字使用国的相互沟通，特别是推进汉字计算机编码的国际标准化工作。

此外，中国还有上百种少数民族语言，国际上对其中的一些语言有学习和研究的兴趣，我国也应主动满足国际社会的这种需求。有些少数民族语言是跨境语言，需要进行跨境的语言协调。

2）充分关注国际社会共同面临的语言问题

鼓励政界、学界通力合作深入研究国际语言生活，形成与世界与中国、与现在与将来利益兼顾的"中国主张"，并通过国际会议、国际协议、国际倡议等宣传、实施这些主张，通过提供语言利益和语言帮助、设立相关的国际研究基金和国际奖项等方式，来扩大对国际社会的影响，赢取越来越多的国际话语权。为建立健全国际语言秩序、化解语言矛盾、帮助世界人民过好语言生活而做出中国人的贡献。

二 中观语言生活

中观语言生活，上接宏观，下连微观，是各行业、各地区的语言生活。考察中观语言生活，可以纵看也可以横看。纵看是"条条",是社会各领域的语言生活;横看是"块块",是各地域的语言生活。

(一) 领域语言生活

领域语言生活,具体体现为各行业的语言生活。不同行业从事不同的社会活动,需要关注和解决的语言问题有所不同,对从业者的语言水平要求有所不同,因此各行业的语言生活有各自的特点,各行业的语言规划也各有特点。

行业语言规划的主体是行业主管部门,国家在行业语言规划中的作用,主要是语言政策的指导和监督。行业语言规划起码需考虑三方面:

1. 行业的语言政策与发展方略

行业语言政策和发展方略的制定目标,主要是保证行业的工作质量,同时也要履行社会职责,为国家语言事业做贡献,为健康的社会语言生活做贡献。比如广播电视是与语言文字关系最为密切的行业之一,播音用语的状况,屏幕用字的状况,直接关乎行业的工作质量,同时也关乎语言文字运用的社会导向。

2. 对从业人员的语言文字能力的要求

不同职业、不同岗位,对从业人员语言文字能力的要求不同。体力劳动者,比如环卫工人、一线建筑工人等,只需要一般的语言文字能力,而脑力劳动者,比如教师、作家、法官、律师、记者、节目主持人等,就需要较高的语言文字水平。同是教师,语文课教师与体育课教师,幼儿教师、小学教师与中学教师、大学教师,对其语言文字能力、口语水平和语言教学知识等的要求也不相同,甚至是很不相同。

不同时代对从业人员的语言文字能力的要求也有变化。比如过去的商店营业员,只需要一般的语言文字能力,而今顾客购买物品时,"语言消费"的水平提高了,不能够使用合适的语言介绍商品,成交率就比较低。与此相似,家电等家庭用品的售后服务业,其"语言服务"水平与用户的满意度具有极大的相关性。

随着信息产业、文化产业的发展,一批新时代的语言职业、语言产业也迅速发展起来。这些新时代的语言职业、语言产业,不仅对从业人员的语言文字能力有一定要求,甚至对语言文字知识也有特殊的要求。比如键盘编码人员需要懂得语音学、文字学的知识;计算机字库设计人员需要有文字学、书法学等方面的知识;计算机信息检索的技术人员需要有语言学的多方面的知识。

从业人员语言能力(包括语言文字知识)的培养与考察,首先需要制定行业标准,并依据标准进行培训、测试,给予资格认证。当前我国的语言培训、测试和资格认证,离"行业化"的要求还有很大距离,一般的"水平认证"较多,具体的"岗位认证"较少。及时补上这一课,才能将语言能力有效地转化为劳动力,有效地转化为各行业的产品。

3. 行业需要解决的主要语言文字问题

各行业都会遇到一些语言文字问题,这些语言文字问题或是相同相近的,或是各不相同的。比如:广播电视中方言节目的合理比例;人名管理中,汉族取名是否一定要有姓有名,姓名用字是否要有所限制,汉族姓名拉丁化的标准,少数民族人名如何拉丁化;地名管理中,地名用字要不要限定范围,地名读音如何规范,中国地名拉丁化的转写规范;医疗行业中,疾病的学名与其俗名的对照,医疗说明书的汉外翻译;等等。这些问题常常关系到行业的工作质量和事业发展,但也常常被忽视,或是因不易解决而被搁置。行业的语言问题,需要行业管理者与语言学家、行业专家一起梳理,寻求解决方案。

行业的语言生活管理,是国家语言文字工作的重要内容。国家语委有近20个成员单位,这些成员单位多是行业的主管部门,地方语委的成员单位也多是各地行业主管部门。实践表明,语委的构成体制是合理的,关键是要充分发挥成员单位的作用,要支持行业主管部门做好行业的语言规划,管好条条的语言生活。国家语委长期重点关注了四大领域的语言生活:行政,教育,新闻出版,窗口服务行业。实践表明,这四大领域确实是语言生活的重要领域,管好这四大领域,就基本掌控了语言生活的大局。现在看来,在以往工作的基础上,这四大领域的工作要更深入更科学,同时也要横向延伸到其他领域、其他行业。特别是要动员学界加强领域语言生活研究,发展领域语言学,为领域的语言规划提供学术支撑。

(二)地域语言生活

我国的基本国情可以表述为:文化悠久深厚,社会发展不平衡。方言复杂,民族语言众多,城乡之间、东西部之间在经济社会发展中存在各种发展梯度;这就是所谓的"纵着看是几千年,横着看也是几千年"。由此决定了各地语言生活的差异性,也由此决定了各地语言生活管理的特殊性。举几个例子:

1. 上海

上海是我国东部发达的大都市,处在改革发展的前列,处理好语言关系对上海的经济社会发展尤其重要。推广普通话是上海语言规划几十年来的主旋律,但是围绕着这一主旋律还应有各种变奏曲。上海话具有重要的文化价值,需要合理传承;外地和台湾同胞不断进入上海,需要对他们进行语言服务。外国商贾友人也看好上海,未来可能形成对世界经济具有较大影响的"总部经济",因此上海需要大量的外语人才,需要向外国友人提供语言服务。

2. 福建

福建是闽方言的故乡,闽方言内部分歧严重,文化灿烂纷呈。

推广普通话以利交际与发展、传承闽方言以延续其所负载的文化，是福建语言生活管理的两大基本内容。同时，台湾和海外也有不少同胞操闽南方言，通过闽南方言沟通台湾和海外同胞的感情，事关民族大业，也应纳入福建语言规划。

3．内蒙古

内蒙古自治区主要有蒙古语、汉语、达斡尔语、鄂温克语、鄂伦春语等五种语言。蒙古语分布在我国的内蒙古、新疆、青海、甘肃、辽宁、吉林、黑龙江、河北等八省区，蒙古国、俄罗斯的布里亚特共和国和卡尔梅克共和国、哈萨克斯坦等国也在使用。处理好我国蒙古语的标准语[1]与蒙古语各方言的关系，做好国内八省区蒙古语的协调工作，做好与国外蒙古语的协调工作，是内蒙古语言规划的重要内容。内蒙古的达斡尔语、鄂温克语、鄂伦春语也是跨区跨国的语言；保护"三小民族"[2]的语言，做好与自治区之外的乃至国外的达斡尔语、鄂温克语、鄂伦春语的协调，也是内蒙古语言规划不应忽视的内容。同时，大力推广普通话，处理好普通话与内蒙古汉语方言的关系，处理好汉语普通话与蒙古语、达斡尔语、鄂温克语、鄂伦春语的关系，当然也是内蒙古语言规划的必有内容。

4．凉山彝族自治州和察布查尔锡伯自治县

许多民族自治州、自治县（包括旗）的语言生活也很有特点。例如四川凉山彝族自治州。1980年8月国务院批准实施《彝文规范方案》。凉山语言生活管理的任务之一，就是在双语教育等语言实践中执行并完善彝文方案。彝族还分布在四川其他地方和云南、贵

【1】内蒙古自治区以正蓝旗的察哈尔蒙古语音为标准音。蒙古国以位于首都乌兰巴托的喀尔喀蒙古语音为标准音。喀尔喀方言和察哈尔方言同属中部方言，较为接近。布里亚特共和国以布里亚特蒙古语音为标准音，布里亚特方言属于北部方言。卡尔梅克共和国以卡尔梅克蒙古语音为标准音，卡尔梅克方言属于西部方言。

【2】达斡尔族、鄂温克族、鄂伦春族，在内蒙古被俗称为"三小民族"。

州、广西等地,与这些地区的彝文沟通,自然也应成为凉山语言规划的内容。

再如新疆察布查尔锡伯自治县,是全国唯一的以锡伯族为主体民族的自治县,县政府很重视对年轻人进行锡伯语文教育。锡伯族原籍沈阳一带,乾隆二十九年(1764),清政府抽调锡伯族官兵1018人,连同其家属3275人到新疆戍边,形成了今日的察布查尔县。[1]锡伯语言文字与满族的语言文字十分接近,在当今懂得满语满文的人越来越少的情况下,锡伯语文的教育传承就显得尤为有意义。

这些例子说明,地域语言生活是各有特色的,各地需要根据国家的语言政策和当地语言实际,创造性地做好语言文字工作。其主要任务有:推广国家通用语言文字;处理好普通话与汉语方言的关系,国家通用语言与民族语言的关系,预防语言冲突,促进语言生活和谐;科学保护本地的语言资源;做好语言服务,为本地的经济社会发展做贡献。民族自治地方,还有做好民族语言文字工作的重要任务。

我国绝大多数省份都有语言文字工作委员会,颁布有语言文字方面的地方法律法规和规章制度。但总体上看,还没有担当起全面管理当地语言生活的职责,对本地语言生活缺乏全面了解和深入分析,缺乏自觉的语言规划,对大众的语言生活也指导不够、服务不够。学界已有一些地域语言规划的讨论,但研究成果不多,学术影响不大,亟须加强。

三 微观语言生活

个人和社会的终端组织处在社会的微观层面。微观层面的语言

---

[1] 这批来疆的锡伯族还居住在新疆的霍城、巩留、塔城等地。锡伯语使用人口约3万人,国外有人把锡伯语视作满语的一个方言。

生活，同个人的生存、发展息息相关，同社会基本细胞组织的正常运作息息有关，应当受到关注，得到指导，得到帮助。[1]

（一）个人语言生活

有了语言人类才最终告别动物界，有了文字人类才告别野蛮步入文明时代。语言文字对于人类的重要性，如何评说都不为过分。语言生活对于个人的生存质量、生活质量和人生发展，具有不容忽视的重要性。

中国正在形成"多言多语"社会，孩子刚一出生，父母也许就要考虑是让孩子学习普通话，还是方言，还是民族语，考虑让孩子何时接触外语，开始制定家庭语言规划。而许多家长其实并不具备合理规划孩子语言发展的能力。儿童长到一定的年龄，就需要判定何为规范的、有修养的语言表达方式，且常常需要做出决定：是遵从家长、教师和社会认同的语言规范，还是要叛逆这些规范？许多研究表明，语言能力常常同个人的发展相关联，同收入高低呈正相关，在信息化时代，在知识经济时代，更是如此。因此得到合适的语言能力发展，是人生规划中最为重要的内容之一。

人生中经常会遇到语言困难，需要及时得到帮助。关于"语言困难"，尚未见到系统的研究成果，感性而言大致有这么几种情况：

第一，语言使用困难。比如，到另外的方言区或语言区而发生自然语言的交际困难，因文化水平低而发生的阅读困难，因在某种场合而不知道该怎么说话的表达困难等。

第二，语言知识困难。比如，在学习、考试、教学等活动中，

---

[1] 伯纳德·斯波斯基（2011）、周庆生（2010）都曾经涉及微观语言生活问题，可参考。

不能正确理解、讲授某种语言知识；在翻阅辞书时遇到的部首检索、笔画数、笔顺、拼音等困难；在写作时，"的、地、得"混用，"象、像""做、作"错用，将表尊称的量词"位"误用到小偷或嫌疑犯的身上，等等。

第三，语言技术困难。一些常用的语言信息技术，在今天几乎成为公民的素养，但是有些人因各种原因可能被"信息边缘化"。比如，不会用电脑处理文字，不会收发电子邮件，不会使用手机的短信功能，不会制作PPT等。

第四，语言决策困难。语言决策不只是国家或组织的专利，个人生活中也常常需要语言决策。比如，雇用保姆照顾幼童，是否要求保姆必须会说普通话；读研究生选择哪种语言作为学习的第二外语；要不要使用较多的字母词和网络新词语。许多人在语言决策时会碰到困难。

还有具有语言困难的特殊人群。比如：视觉障碍者，对量词、颜色词、描写事物形态的词语等，掌握起来比较困难；我国现行盲文存在双拼和全拼两套系统，给盲文学习带来不便；盲人出门、上网都会遇到不能阅读汉字的问题。听觉障碍者因聋而哑，不能获得口语或不能正常获得口语，学习书面语会有更多困难；手语只能在聋人社会中使用，电视节目、会议讨论等基本不配手语翻译，他们的信息获取和社会交流很不方便。语言发展迟缓的儿童、失语症、口吃、假喉、唇裂等语言疾病患者，更是各有各的语言困难。对于一般人群的语言困难，需要通过语言教育和语言指导来帮助解决，对于视障、听障和语言疾病患者，需要特殊教育的支持，需要病理语言学的支持，需要进行语言补偿和语言治疗。

一些人与语言的关系特别密切，他们从事的职业是语言职业，或者是以语言为主要凭借的职业。比如翻译、教师、播音员、节目主持人、作家、诗人、编剧、文字记者、编辑、校对、广告文案创作者、律师、法官、书记员、民事调解员、医生、心理咨询师、语言治疗师、书法家、语言艺术工作者、报幕员、司仪、话务员、导游、解说员、印章制作者、文字速录员、打字员、语言软件设计者、字库设计者等等。语言能力、语言知识、语言艺术修养和语言技术水平等，对他们具有特殊的意义，需要得到特别的语言教育、语言指导和发挥语言才能的环境。

个人语言生活，在人生早期主要是教师、家长指导；踏入社会主要靠行业要求和同人互助；具有语言障碍和语言疾病的人，多依靠特殊教育机构和语言康复机构提供帮助。但是总体上看，个人对语言生活的规划还不自觉，社会对语言生活的指导还不系统，特别是缺乏专司此职的社会机构，缺乏有效的社会举措，也缺乏有分量的学术研究。

（二）社会终端组织的语言生活

家庭、乡村、农场、工厂、矿山、商店、医院、车站、法庭、连队、机关、学校、科研院所、广播电台、电视台、出版社、报社、杂志社、剧团、影剧院等单位，是社会的终端组织。这些组织名目繁多，种类繁多，大致可以分为社会型和行业型两种。

1. 家庭和乡村

家庭、乡村是典型的社会终端组织，其语言生活主要是生活中的语言交际。家庭是社会最基本的细胞组织，传统的家庭都是大家庭，几代同堂，家庭话语权主要在成年人甚至老年人手中。现代家庭基本上都是两代人的，如果家有中小学生，家庭语言明显向孩子靠拢，特别是同孩子讲话时，一般都用孩子常用的语言，如普通话。家庭，特别是城市家庭，也会常常遇到语言问题，例如：雇主对保姆的语言要求，父母与孩子的语言沟通方式，临时来家居住的老年人引发的语言问题，家庭对待新词语、网络词语、方言、外语的态度等等。家庭语言问题直接关系到家人情感，需要有人专门研究家庭语言学，需要社会提供家庭语言指导。

乡村语言生活传统上一直是以自然方式运行，地方语言（汉语方言、民族语言）是乡村交际的基本用语。而今乡村语言生活正在发生巨大变化。村村通公路，村村通电视，多数家庭都有电话或手机，这使得城乡沟通频繁而广泛，城市对乡村的影响，包括语言生活的影响，巨大而深远。成批农村子弟进城务工，他们的语言观念和语言实践都在发生深刻变化。农村建立中心学校，许多儿童和青少年离家到乡镇或县城求学，他们的语言观念和语言实践已不同于祖辈和父辈，并且会对祖辈、父辈发生影响。以上这些因素使得乡村语言生活正在脱离传统的自然延续的轨道，逐步向城镇靠拢，向普通话靠拢；乡土语言中的文化内涵正在年轻人身上褪色，文化词汇被逐步淡忘。这种变化关系到国家语言资源的安危，关系到上亿的农村流出人口，也影响到城市语言生活。

2. 行业终端组织

机关、学校、科研院所、广播电台、电视台、出版社、报社、杂志社、剧团、影院、法庭、医院、车站、商店、工厂、矿山等，是行业终端组织。它们的语言生活受行业语言规划的影响，所属行业不同，其语言生活便有不同。比如工厂、学校、电视台、出版社、影剧院的语言生活，相互之间就有所不同。

行业终端组织的语言生活都有两个方面：生活中的语言交际；工作中的语言规范，如学校教学、电台电视台播音、法庭审判使用什么样的语言，图书出版、机关公告、影院海报、商店匾额使用什么文字等。这两方面的语言生活相互区别又相互关联：一般说来，工作中的语言行为比日常交际更符合行业规范，如电台电视台播音以普通话为主，但在内部会议、日常交际中可能会使用方言，或是不标准的普通话。但另一方面，工作语言规范对日常交际也有较大影响，比如电台电视台即使是日常交际也会主要使用普通话；报社、出版社、杂志社、辞书社等讲究文字规范的单位，平时的文书运行也可能更讲究，更规范。这种情况给人两点启示：第一，行业终端组织的日常交际仍然需要监督管理，不能用工作语言规范代替日常交际规范；第二，通过抓工作语言规范，促进日常语言生活水平的提升。

行业终端组织在工作中也可能进行语言决策，也需要得到语言决策方面的指导。例如，某医院是否收治需要心脏手术但语言不通的患者，某饭店是否要把外语作为工作语言，某电话公司接待用户时首先使用普通话还是外语，某商店在标明商品过期日期时是否要求显著醒目，等等。

社会终端组织的语言生活，关系到国家、地区和行业语言规划的实现，亦关系到这些组织的生存与发展。显然，社会终端组织做好自己的语言规划是十分重要的，国家、地区和行业帮助这些组织做好语言规划也是十分重要的。在这方面，过去主要用"管"的办法，今后更多地需要通过语言服务机构去指导。

四　结语

本文将语言生活划分为宏观、中观、微观三个层级，每个层级又根据中国的实际情况做了进一步区分。其实本文的主要目标，是为深入观察语言生活状况、全面而合理地进行语言规划提供一个学术框架。

通过考察分析可以看到，我国的语言规划经过几十年努力，已形成基本格局：国家有较为合适的语言政策，一些重要领域有基本的语言规划，国家和地方都有了基本的组织架构。但是语言规划也有薄弱点和空缺处，例如：

1. 国际语言生活的研究较少，规划不够，举措不力。

2. 重点抓了四大领域的语言文字工作，很有成效，但目标不全面，工作待深入。下一步需要向其他领域延伸，把工作任务落实到各行各业，并要明确行业语言规划的主体，调动行业语言规划的主动性。

3. 地域语言规划有所触及，但尚未真正开始。

4. 微观层面的语言规划，还没有真正纳入国家语言规划的视野。过去基本上是自然发展，或是用简单的"管"的办法，没有形成合理的工作机制，社会语言服务的组织不健全，是语言规划中最为薄弱的环节。

这些问题的发现，说明本文所提供的框架是有效的。利用这一框架深入观察我国各层面的语言生活，并根据各层面的语言生活特点进行合理的语言规划，以政策、指导、服务等多种方式来管理语言生活，以论坛、协议、援助等来影响国际语言生活，尽力满足国家、地区、行业及个人的方方面面的语言需求，努力形成新时代较为完善、更为有效的语言规划体系。

主要参考文献

伯纳德·斯波斯基 2011 《语言政策——社会语言学中的重要论题》（张治国译），商务印书馆。

陈章太 2009 《语言资源与语言问题》，《云南师范大学学报》第4期。

戴曼纯 2011 《国家语言能力、语言规划与国家安全》，《语言文字应用》第4期。

戴庆厦主编 1993 《跨境语言研究》，中央民族学院出版社。

戴庆厦 2010 《语言关系与国家安全》，《云南师范大学学报》第2期。

杜永道 2011 《缺失的语文课》，人民日报出版社。

郭龙生 2008 《中国当代语言规划的理论与实践》，广东教育出版社。

郭　熙 2009 《华语规划论略》，《语言文字应用》第4期。

何俊芳、周庆生 2010 《语言冲突研究》，中央民族大学出版社。

贺宏志主编 2012 《语言产业导论》，首都师范大学出版社。

李现乐 2010 《语言资源和语言问题视角下的语言服务研究》，《云南师范大学学报》第5期。

李宇明 2003 《努力培养双言双语人》，《长江学术》总第4期。

李宇明 2010 《论中国语言资源有声数据库的建设》，《中国语文》第4期。

李宇明 2011a 《提升国家语言能力的若干思考》，《南开语言学刊》第1期（总第17期）。

李宇明 2011b 《语言也是"硬实力"》，《华中师大学报》第5期（《新华文摘》2011年第23期）。

陆俭明 2011 《在探索中前进——21世纪现代汉语本体研究和应用研究》，北京师范大学出版社。

屈哨兵 2010 《关于〈中国语言生活状况报告〉中语言服务问题的观察与思考》，《云南师范大学学报》第5期。

王建勤 2010 《美国"关键语言"战略与我国国家安全语言战略》，《云南师范大学学报》第2期。

文秋芳 2011 《国家外语能力的理论构建与应用尝试》，《中国外语》第3期。

谢俊英 2011 《城市化进程中的农民工语言问题》，《云南师范大学学报》第3期。

张民选、张日培 2011 《多样与和谐：上海城市发展中的语言规划构想》，《云南师范大学学报》第3期。

张卫国 2011 《语言政策与语言规划：经济学与语言学比较的视

角》,《云南师范大学学报》第5期。

张西平、柳若梅 2008 《世界主要国家语言推广政策概览》,外语教学与研究出版社。

中国工运研究所 2011 《新生代农民工:问题·研判·对策建议》,中国工人出版社。

周庆生主编 2009 《中国语言人类学百年文选》,知识产权出版社。

周庆生 2010 《语言规划发展及微观语言规划》,《北华大学学报》(社会科学版)第6期。

[原载《语言教学与研究》2012年第5期]

领域语言规划试论

"语言生活"[1]作为语言规划学的一个概念，近十年来不断得到中国语言规划学界和社会语言学界的关注，其内涵和外延也逐渐丰富。2005年，国家语委开始每年一次向社会发布"中国语言生活状况"的报告，报告的详细内容由商务印书馆出版；"语言生活"的概念及相关理念通过发布会和《中国语言生活状况报告》持续向社会和学界传播。武汉大学主办的《长江学术》杂志，2006年第1期开始设立"语言生活热点问题"专栏，这是学界对"语言生活"的明确回应。2006年11月，江苏教育出版社出版丁帆先生等主编的《当代语言生活》，作为普通高中的语文选修课教材，"语言生活"的概念开始进入基础教育领域。2010年5月，商务印书馆的中国语言资源开发应用中心正式创刊了电子刊物《中国语言生活》，为"语言生活"建立了一个"网络之家"。一些学术会议，也把语言生活列为讨论的专题或专题之一；一些基金组织也开始设立与语言生活相关的科研项目。近来，《中国语言生活状况报告》由德国De Gruyter这家国际著名出版社译成英语，向世界发

---

[1] 凡运用语言、研究语言、学习语言和语言教育等活动，凡应用语言学成果的各种活动，都属于语言生活的范畴。"语言生活"也称"语文生活""语言文字生活"等。香港所谓的"语言景观"与"语言生活"的概念也有交集。

行,"语言生活"这一概念跨出了国境。2013年2月13日晚,在百度键入"语言生活"关键词,百度报告搜索到1800万条相关结果;2013年2月14日上午,在谷歌中键入"语言生活"关键词,谷歌报告得到15 800万个相关结果。[1]这些情况表明,"语言生活"这一"国产"概念已经得到学界认可,并引起了社会的高度关注。

为了深入研究语言生活的相关问题,李宇明(2012a)曾经把语言生活分为宏观、中观和微观三个层级,再将中观语言生活分为领域语言生活和地域语言生活,并指出:"领域语言生活,具体体现为各行业的语言生活。不同行业从事不同的社会活动,需要关注和解决的语言问题有所不同,对从业者的语言水平要求有所不同,因此各行业的语言生活有各自的特点,各行业的语言规划也各有特点。"

社会生活可以分为不同的领域,每个领域都有自己的语言生活,为使语言生活和谐,需要进行领域语言规划。本文将从三个方面论述领域语言规划的有关问题:一、领域语言规划的历史基础;二、领域语言规划的基本内容;三、做好领域语言规划的若干思考。

一 领域语言规划的历史基础

现代意义上的语言规划,起源于清朝末期的切音字运动,其主要成就是1911年清朝学部中央教育会议议决的《统一国语办法案》。自此之后的较长一段时期,国家语言规划往往是与一定领域的语言规划一同考虑的,这领域一般是教育领域,并由学校逐步扩

【1】 由于搜索技术的局限,这些搜索结果不一定完全可靠,但也足以说明"语言生活"这一概念已经具有较高的社会影响力。

展到社会扫盲教育等。例如:

《统一国语办法案》第五条规定:"传习。先由学部设立国语传习所,令各省选派博通本省方言者到京传习,毕业后遣回原省,再由各省会设立国语传习所,即以前项毕业生充当教员,以此推及府厅州县。凡各学堂之职教员不能官话者,应一律轮替入所学习,以毕业为限。各学堂学生,除酌添专授国语时刻外,其余各科亦须逐渐改用官话讲授。"【1】

1913年,依照民国政府中央临时教育会议精神,读音统一会在北京召开。读音统一会审定了7100多个汉字的读音,形成了38个注音字母,并议决了《国音推行办法》七条。《国音推行办法》的后四条是:"四、请教育部将初等小学'国文'一科改作'国语',或另添国语一门。五、中学师范国文教员及小学教员,必以国音教授。六、《国音汇编》颁布后,小学校课本应一律于汉字旁添注国音。七、《国音汇编》颁布后,凡公布通告等件,一律于汉字旁添注国音。"【2】

在此四条中,三条都是关于教育的。第七条是对"通告"这种政府公文的规定,但目的仍是扫盲性质的。出现这种现象的原因,是国家语言规划的重要目标之一就是为了发展教育,教育也相应地发挥着国家语言政策的基础性的支撑作用,成为贯彻国家语言政策的基本领域。

从中国语言规划的历史看,语言规划涉及的第二个重要领域是行政。例如关于新式标点符号,1896年王炳耀在其《拼音字谱》中就开始提倡,到1919年渐成系统,1920年北洋政府教育部发布《通令采用新式标点符号文》,但也只是转发所属学校"俾备采用"。

【1】见文字改革出版社(1958,144页)。
【2】见苏培成主编(2010,34—35页)。

1930年国民政府教育部颁布《划一教育机关公文格式办法》，规定在教育机关的公文中使用14种标点。1933年国民政府发出第500号训令，要求全国各机关一律使用七种标点符号及行文款式。新式标点由民间提倡，到进入学校，到教育机关，最后进入全国的行政公文系统。政令畅通也是国家制定语言规划的重要目标，行政机关是政府的首脑机关，当然也应成为执行国家语言政策的表率。

文化事业也是较早受到语言规划关注的领域。在文化方面，语言规划较早关注的是新闻出版领域，之后随着广播电视的产生与普及，广播电视领域逐渐成为语言规划的聚焦之处。如1935年国民政府教育部公布《第一批简体字表》，虽然目的是为了"义务教育及民众教育"，但除了在教育方面推行并请"国民政府通令各机关采用"外，还要求"出版机关遵照采用"。语言规划的触角伸展到了出版领域。中华人民共和国的《第一批异体字整理表》是1955年文化部和文改会联合发布的；《印刷通用汉字字形表》是1965年经国务院同意，文化部和文改会联合发布的；《现代汉语通用字表》是1988年国家语委同新闻出版署联合发布的；《普通话异读词审音表》是1985年国家语委、国家教委和广播电视部联合发布的。与相关行业的主管部门联合发布语言文字规范，是向相关领域贯彻国家语言政策的进一步发展。

到了改革开放的新时期之后，国家对公共服务行业（也称"窗口行业"）的语言文字应用也给予了较多关注，并逐渐形成了语言文字工作，特别是推广普通话的"四大重点领域"：学校、党政机关、广播影视媒体和公共服务行业。李岚清副总理（1999）的报告是这方面的代表性表述："在全国范围内普及普通话，做好语言文字的规范工作，是一项巨大的社会工程，全社会都要积极支持、参与。要注意发挥好各级各类学校教育的基础作用，党政机关公务人员的带头作用，广播影视媒体的榜样作用和公共服务行业的窗口作用。"[1]

2000年通过的《中华人民共和国国家通用语言文字法》，不仅对这四大重点领域的用语用字做出了法律规定，而且还进一步考虑到公共场所设施、企业事业组织名称、商品包装说明、书法篆刻等艺术作品、信息处理和信息技术产品等领域的语言文字问题。国家语言规划已经从四大重点领域向社会其他领域辐射。

对教育部语言文字应用管理司编纂的《新时期语言文字法规政策文件汇编》[2]的数据进行统计，得到如下一些结果：1978年至2004年发布的语言文字或含有语言文字的国家法律、国务院行政法规和中共中央、国务院文件、国务院部门规章等共计47件，其中与某特定领域相关的有37件；1978年至2004年各部委发布的语言文字或含有语言文字的文件计有65件。将此两者加合，涉及领域语言生活的共计102件，其中涉及教育的47件，广播影视和新闻出版的9件，党政机关的3件，工商行政的8件，人名、地名的9件，其他行业、会议等26件。

这一统计虽不完全准确，但可以由此看出涉及领域语言规划的一些信息。教育领域是语言文字工作的基础，文件比例约为46%，近乎一半；广播影视媒体占9%左右，也是重要领域；党政机关发文的比例较少，原因或者是这方面的工作有待加强，或者是因为很多文件是通过内部文件运行而没有在此得到反映；工商行政、人名地名及其他行业等所占比例约为42%，这些领域多数属于公共服务领域。

此外，从组织架构上也可以看到领域的语言文字工作在国家语

---

[1] 见教育部语言文字应用管理司编（2005，297页）。
[2] 见教育部语言文字应用管理司编（2005）。国家语言文字职能部门单独发布的文件不计算在内。

言文字工作中的重要地位。现在，构成国家语委的成员单位有：国家民委、民政部、劳动与人力资源部、工业与信息化部、文化部、广播电影电视管理总局、工商行政管理总局、新闻出版总署、解放军总政治部、国家标准化管理委员会、中国科学院、中国社会科学院、共青团中央、中华全国总工会等。地方语委也是由各地的相关部门构成的。领域语言规划已经具有了组织架构方面的准备。

回顾百余年语言规划的历史，可以得到如下基本认识：

1．语言规划的触角已经伸展到社会很多领域，特别是教育、公务、传媒、公共服务等与语言文字工作关系密切的重点领域。做好重点领域的工作，就基本掌控了语言生活的大局。

2．各领域的语言文字工作，基本上都是为了落实国家的语言政策。就当今的情况来说，就是要把"推广普通话、推行规范字"落实到一些重要行业里去，落实到社会的"用语大户""用字大户"中去。

3．随着社会的发展，特别是文化的大发展大繁荣、信息化时代的到来和国际化步伐的加快，语言文字在各行各业中的地位越来越重要，已经密切关系到行业部门的工作水平及产品质量，因此语言规划下一步的一项重要任务，就是推进各领域做好本领域的语言规划。

二 领域语言规划的基本内容

领域语言规划是"纵向"的，上连国家的语言政策，下通各行业末端的企事业单位的语言生活。规划的主要依据，一是国家的语言政策，二是本领域语言生活的实际。规划的基本目标，是保障和提升各领域的工作质量。领域语言规划的基本内容主要包括：（一）支撑国家语言政策；（二）制定领域语言文字规范标准；

（三）研究解决领域语言问题。

（一）支撑国家语言政策

国家语言政策是根据国家语言生活状况制定的，并要根据国家语言生活的发展变化而及时调整。领域语言生活是国家语言生活的重要内容，准确了解领域语言生活状况及其发展趋势，监测领域语言生活的发展变化，是科学制定、及时调适国家语言政策的基础性工作。

例如人名地名使用领域，其用字特点是：1. 用字量很大，字量远远超出通用字范畴；2. 较多使用异体字；3. 有许多字只用于人名地名，有时甚至字义不清，读音不定。过去，国家文字整理工作以"减少数量""减少笔画"为基本原则，以通用领域用字整理为基本范围，没有充分照顾到人名地名的使用需求。其一，只规范了7000个通用字，字量远远不够。在用手书写的第一代身份证时代，这种不适应还没有突显出来，但在第二代身份证时代，在卫星定位系统广泛应用的时代，字量不足的问题就明显暴露出来了。其二，把一些常做人名的字处理成了异体字，致使一些历史上的人名需要"改名"，如唐代名臣"魏徵"成了"魏征"，宋代活字印刷术发明人"毕昇"成了"毕升"。现代也有很多人用被废止了的异体字命名，如"喆、淼、犇"等。其三，有一些地名字的写法复杂，改用笔画较少的字代替，如"盩厔"改为"周至"，"鄠县"改为"户县"。人名地名使用领域的这些情况，要求在通用字的基础上扩大汉字的整理范围，要求正确看待、科学甄别异体字，特别是要重新审视、稳妥处理人名地名中的异体字问题，适当调整关于异体字的有关政策。

同时，各领域也应当根据本领域特点积极贯彻执行国家语言政策，包括国家通用语言文字政策，民族语言政策，外语政策等。国家语言政策不是空悬在上的，而是要落地生效的。政策的实施主要靠各领域的贯彻执行，因为人们的语言生活主要在社会的各个领域中。各领域，特别是一些重点的领域，能够很好执行国家的语言政策，国家对语言生活的管理就落到了实处。

如果国家语言政策并不完全适应某领域的语言生活实际，也应当边执行边向国家提出政策调整的建议。例如《国家通用语言文字法》第十七条是关于繁体字、异体字使用的除外条款，规定"姓氏中的异体字"保留使用。在我国，除一些少数民族之外，人的名字一般是由姓和名两部分构成的，第十七条显然只规定了姓氏可以保留使用异体字，姓氏并不包括名，这样取名叫"喆、淼、犇"的，就是不规范现象。虽然这一规定不尽合理，不符合人们的取名心理，不适应语言生活的实际，但是在政策调整之前还应执行。事实也是如此，比如近些年关于"魏徵"的几部电视剧，字幕仍然都是写作"魏征"。2013年2月3日通过搜狗搜索，"毕升"有18 942条，"毕昇"只有1436条，"毕升"是"毕昇"的十几倍。当然，要很好发挥领域对国家语言政策的支撑作用，一些不符合语言生活实际的规定，国家有关部门应当建立回馈反应机制，以便对这些规定及时修订、调整。

（二）制定领域语言文字规范标准

领域语言文字规范标准，是领域工作质量不可缺少的保障，并可能为事业的发展提供机遇。领域的语言文字规范标准，主要有三个基本方面：

1. 领域工作语言

任何组织都需要通过语言文字来沟通信息，运筹策划，协调行为。用于组织内部的发挥如上作用的正式的语言文字，可以称为工作语言。领域工作语言的确定，以能够在最大范围内最为顺畅的沟通为原则。在我国，一般应以国家通用语言文字为工作语言；当然，由于我国普通话的推广的现实，在一些地区也可以认可"地域普通话"为工作语言，有时也可以间或使用方言，比如在南方方言区。在一些民族自治地方，应当实行双语制，即以国家通用语言文字和自治地方的语言文字为工作语言。在特殊场合、特殊地区，也可以使用外国语言文字，比如在有外资参股的公司、在海外工作的公司以及一些国际会议等。当前，领域工作语言的问题主要是：某些领域没有工作语言的自觉意识，对会议和工作人员没有提出应有的要求；有不切实际的滥用外语的趋势。这些问题，对内影响工作效率，对外影响行业形象。

2. 产品的语言文字标准

这里所谓的"产品"自然是广义的，指的是各领域各行业向社会提供的各种服务（也包括管理部门的社会管理工作）和各种物品。很多服务是通过语言文字来实现的，人们对管理、服务人员和商品提供者的语言要求也越来越多，越来越高，语言文字的水平往往决定着服务的水平，成为产品质量的重要构成要素。比如政府公文，政府新闻发言人的文风，法律领域的各种文书，新闻出版和广播电影电视的用语用字，教材教辅的语言文字，教师的教学语言，公共场所的标记，交通指示，商家广告，产品说明书，医疗处方，博物馆、旅游景点的语言文字，导游语言，机场、车站、飞机、火车、汽车、轮船等的广播、服务用语，电子制品中的各种语言文字等等。此外，还有各种硬件产品中的语言文字标示，如电视遥控器上按钮的文字等。

产品的用途、形态不同，对语言文字应用的要求也不相同，适用的语言文字标准也相应不同。但不管是什么样的产品，不管使用什么样的语言文字，不管语言文字使用量的多少，都应当以产品使用者（包括工作对象、服务对象等）的需要、满意、方便为目标。

就产品的语言文字使用情况来看,当前的主要问题是:第一,没有认真考虑产品使用者的需要,没有顾及大众的"语言消费"。例如:很多地方的公文充斥着"八股"调;医疗检验单多数用的是专业术语和技术符号,妨碍了病人的知情权;宾馆、电话公司等单位的电话服务,不看对象地使用英语;文具用品上面不必要地使用英文;医药说明书或没有中文,或是中文写得佶屈聱牙;民族地区的服务项目和销售的物品,往往缺乏必要的民族语言文字;如此等等,不一而足。第二,产品的语言文字水平不高,影响了产品质量。比如电影、电视剧的字幕中常有错别字,几成难医之痼疾;汉语拼音的使用不合正词法,不注意分词连写、大小写等;许多场合的外文使用很不规范,甚至还闹出很多笑话;有专家称,青藏铁路的车站上和火车里的藏文使用,大有可改进之处。第三,执行国家语言政策的意识不自觉,国家的语言文字标准没有得到认真的贯彻执行,不该用方言的地方用方言,不该用繁体字的地方用繁体字,不该用外文的地方用外文,该使用民族语言文字的地方没有使用民族语言文字等。各领域都应当重视这类问题,应当根据各领域各行业情况,制定语言文字的标准。

3. 从业人员语言能力的基本要求

语言能力是人类的三大基本能力之一,特别是到了信息化的时代,脑力劳动者在劳动大军中的比例越来越高,体力劳动者也需要较多的脑力劳动,大多数领域的从业人员都需要具备相应的语言能力,语言能力已经成为劳动力的重要构成要素。例如,过去的商店营业员,只需要一般的语言文字能力,能够简单地向顾客介绍商品、能够开票算账就可以了。而今顾客购买物品时,还要求得到较好的"语言服务",有研究表明,不能够使用合适的语言介绍商品,成交率就相对较低。与此相似,家电等家庭用品的售后服务业,其语言服务水平与用户的满意度具有极大的相关性。因此,应当把语言能力纳入劳动力标准之中，把语言文字规范标准融入劳动规矩（行规）之中。

一些领域已经开始制定了从业人员的某种语言能力标准，比如教师、播音员、解说员、公务员等都有普通话水平的要求，国家公务员考试中也有关于语言能力的项目。但是总体而言，各领域对于各自从业人员需要哪些语种能力，哪些语种能力应当达到什么样的水平，还缺乏理性的了解。尽管现在有多种名目的语言测试项目，但是多数都不一定能够测试出人的全面的语言应用能力，而且多数都是水平测试，而不是工作岗位的语言能力测试。制定不同工作岗位的语言能力要求，发展岗位语言能力测试，是领域语言规划的一个重要任务。

（三）研究解决领域语言问题

每个领域有每个领域的语言生活，也都有需要解决的语言问题。这些问题处理得好，可以提高工作效益，促进事业的发展，促进语言生活的和谐；处理不好，会影响事业的发展，严重时会造成严重的社会后果，乃至产生语言冲突。

仔细琢磨，许多领域都存在着需要认真对待的或大或小的语言问题。例如：在广播电视节目中，普通话节目和方言节目的时间比例、频道和时段分配等，相关部门已有相应规定，但是出于不同的目的，很多地方、很多人士都试图对这种比例和分配进行一些微调。近些年一些电视台出现了方言新闻、方言谈话、方言电视剧等方言类节目。2010年，广州主办第16届亚运会和第10届残疾人亚运会。会议筹备期间，有人士建议广州电视台应增加一些普通话的节目，此建议后来竟然引发了一场"撑粤语"行动，且波及香港和海外。当70%左右的人都能够听懂或使用普通话的今天，当人们更自觉地看待方言与本地文化的紧密关系的今天，当"大力推广和规范使用国家通用语言文字,科学保护各民族语言文字"写进中国共产党的十七届六中全会决定的今天,在广播电视中怎样妥善处理普通话和方言的关系,还真是一个"真问题"。解决这一真问题,不仅关乎行业的工作质量,关乎收视率,关乎语言文字运用的社会导向,而且也关乎文化的保护、方言区人民的感情等更为宏观的问题。

再如体育领域,也有许多值得研究、需要解决的语言问题。随着我国国际地位的提高和竞技体育水平的提高,出席国际竞赛的机会越来越多,一些大的国际体育竞赛在我国举办的机会也越来越多。为适应这一新形势,必须提高领队、教练、运动员、裁判、体育官员、体育记者等的外文水平,以便让这些体育相关人员更好地了解国际比赛,适应国际比赛,合理维护比赛权益,扩大体育交流,更好参与国际体育组织工作。特别是2016年奥运会将在巴西的里约热内卢举行,巴西的官方语言是葡萄牙语,说葡萄牙语者也有不少人能懂西班牙语,而我国的葡萄牙语、西班牙语人才十分欠缺。我国拟参加巴西奥运会的运动员及相关人员,应及早做些葡萄牙语、西班牙语的相关准备。此外,体育领域还有其他一些语言问题,比如运动员名字的汉语拼音拼写规则,包括姓前名后的姓名位序、大小写规则、姓的省略写法等等;再如在中国举行的国际运动会,各运动队入场如果像北京奥运会那样按照汉字顺序排列,就有一个按汉字音序还是形序排列的问题;又如将各种体育项目名称等体育用语进行汉外对照工作,将中国特色的体育项目介绍给国际社会,也需要做好多语种的翻译工作。

领域的语言问题虽然关系到行业的工作质量和事业发展,但也常常被忽视,或是因不易解决而被搁置。研究领域存在的语言问题,寻求妥善的问题解决方案,也是领域语言规划的重要任务之一。

三 做好领域语言规划的若干思考

领域语言规划于国、于民、于部门都非常重要,就当前各领域的事业发展和百余年语言规划的发展趋势看,也到了做好领域语言规划的时代了。领域语言规划的基本运作机制应当是:行业主管部门"主管",国家职能部门指导,专家队伍学术支撑。

(一)行业主管部门"主管"

社会"领域"有很多习惯说法,比如"系统、战线、行业"等等,对领域的具体管理,是通过行业主管部门(或是行业协会)来实现的。因此,行业主管部门也应当是本行业语言生活的主管者。各行各业在制定工作规划时,在制定从业人员素质标准和培训考核规划时,在制定产品的质量标准、检验、推介和售后服务等工作准则时,应当充分考虑语言文字方面的问题。

行业主管部门主管本行业的语言生活,理论上具有合理性,操作上具有可行性。当前的主要问题之一是语言意识淡漠,甚至缺乏语言学的基本常识。很多行业领导,乃至学界精英,对于语言文字与社会的关系了解甚少,对于社会语言生活的现状了解甚少,特别是对于信息化、国际化和文化多元化时代,行业需要什么样的语言人才,怎样利用语言和文字获取社会效益和经济效益,怎样处理好语言之间的关系、处理好语言矛盾、减缓甚至避免语言冲突等等,缺乏必要的认识。因此,许多行业的主管部门,几乎意识不到要做本系统的语言规划,或是在本部门规划中写入语言文字方面的内容。提高行业主管部门的语言意识,是当前领域语言规划的急务之事。

(二)国家职能部门指导

国家职能部门负责国家语言生活的管理,不仅负有国家的语言规划之责，而且也有指导领域语言规划之责。指导领域语言规划，是国家语言生活管理的一部分，也是政府由语言管理向语言服务进行职能转变的具体体现。所谓"指导"，一方面是保证领域的语言规划要符合国家利益，执行国家的语言政策，同时，也要鼓励各领域根据自己语言生活的实际，创造性地进行本部门的语言规划，特别是要提倡语言文字通过领域语言规划转变为"生产力"。

领域的语言规划执行情况，特别是对国家语言政策的执行情况，国家职能部门有责任进行监督。特别是要形成监督制度，制定监督的具体办法，并对监督结果给以适当方式的反馈，以便发挥监督的成效。

在指导和监督的过程中，国家职能部门也能够更深入地了解各领域语言生活状况，从而及时调适国家的语言政策，使其不至于脱离语言生活实际；逐渐制定各领域执行国家语言政策的各种细则，以便使国家语言政策能够在各领域得到更有实效的落实，特别是把国家的语言政策能够成为各领域自觉的行业要求，成为促进各领域事业进步的有机要素。

（三）发展领域语言生活研究

语言规划的制定具有很强的专业性，需要专家学者的广泛参与，提供坚实的学术支撑。随着应用语言学和社会语言学的发展，近30年来学者的触觉已经伸展到了一些领域的语言生活。语言教学是语言学研究的传统领地；除此之外，还有法律、新闻、广告、广播电视、医疗卫生、公安侦破等，法律语言学、新闻语言学、广告语言学等涉及领域语言规划的一些交叉学科，也在逐步建立和发展；国家语委发布的《中国语言生活状况报告》自2005年开始至今，对许多领域的语言生活状况进行了一些研究；《江汉大学学报》《云南师大学报》等杂志，特辟专栏促进领域语言研究；一些出版社也出版了不少研究领域语言生活的书籍，如中国社会科学出版社的《领域语言研究丛书》等；国家的普通话水平培训与测试，也试图照顾一些行业的语言应用特点。但是总体来看，我国领域语言研究的覆盖面较窄，还有不少空白领域；领域研究不够深入，特别是缺少经典式的研究；研究方法还比较传统，特别是没有很好地利用数据库方法；许多研究是就事论事性质的，较少进行理论的探讨与升华。可以说，我国还处在制定领域语言规划的初始学术准备阶段。

领域语言生活研究不够，其原因主要是：第一，语言学界素来比较关注本体研究和语言教学研究，对于其他领域偶有涉猎，但兴趣也主要集中在一些特殊词语等特殊的语言现象上，研究目的多是尽"匡谬正俗"之责，并没有意识到要对领域的语言生活进行全面观察和深入分析，更没有意识到要为领域进行系统的语言规划。

第二，领域语言生活研究，需要语言学与相关学科的综合知识，需要语言学家和相关领域专家的合作，复合型的知识和复合型的研究团队，是对领域语言生活进行科学研究的基础条件。但是一般来说，以往的领域语言生活研究多是语言学家进行的，研究目标也主要是语言学或是写作学的。尽管这批学者的开拓之功可嘉，但这种"单兵种作战"的状况影响了研究的深入，也影响了研究成果融入相关学科，影响了研究成果在相关领域的应用。

第三，国家语言规划是逐步发展的，其水平在不断提高，其范围在不断扩展。由于历史发展的限制，国家过去并没有提倡做领域语言规划，许多领域也较少提出领域语言规划的要求。社会需求是学术的导向，当社会发展尚未到达一定的历史方位时，当社会还没有对语言学提出当今的要求时，学界也难以产生研究领域语言生活的动力和自觉。

今天看来，领域语言生活研究已为时代所需。应动员各界学者深入了解各行各业语言生活状况，了解各行各业对语言文字工作的需求，了解各行各业存在的语言文字问题，并提出合理的解决方案。在研究领域语言生活时，要站在时代的高度来观察、来规划，要特别关注新时代对不同领域从业人员的语言能力的新要求，关注新时代产生的新的语言职业、语言产业，以及这些语言职业、语言产业的语言规划。比如文字速录师、键盘编码员、计算机字库设计员、计算机信息搜索的技术人员等职业的语言能力，比如语言康复、语言信息处理、网络新媒体等领域的语言规划等。

人才队伍建设是学术发展的"硬道理"，硬道理就是不需要解释的道理。应当采取切实措施培养复合型人才，应当鼓励多学科参与的混成科研队伍。要重视设立研究领域语言生活、解决领域语言问题的多学科攻关的基金项目，通过这样的基金项目，不仅可以获得相应成果以用于社会发展，而且可以组建队伍，培养人才，积淀科学资料，发展领域语言学。当然，也要重视现代科研手段的应用。当前，不管是科学研究还是社会发展，都已经进入到了所谓"大数据时代"。领域语言生活更是需要大数据的支撑，要建立面向下一代互联网的"数据意识"，要通过共享的理念、"众包"的理念等来搜集数据、整理数据、最大限度地发挥数据的作用。

当然，领域语言学的建立与发展，对语言学的进步也具有重大意义。不同领域对语言有不同要求，有需要解决的特殊的语言问题，有些领域甚至需要专门的语言政策，因此不同领域中的语言生活必有不同特点。研究各领域对语言的不同需求，研究各领域语言生活的特点，研究一些领域中的语言问题和语言政策，可以和谐社会语言生活，解决与语言相关的社会问题，而且也可以发展与语言学相关的各种交叉学科，从而推进语言学学科体系的发展。这也反映了语言研究以社会语言问题为导向的"现实化"取向，表现了语言学家学术观念的更新和对社会语言生活的关注，履行语言学不应推卸的社会责任。

主要参考文献

语文出版社编 2006 《语言文字规范手册》，语文出版社。

伯纳德·斯波斯基 2011 《语言政策——社会语言学中的重要论题》（张治国译），商务印书馆。

陈章太 2005 《语言规划研究》，商务印书馆。

戴红亮 2012 《台湾语言文字政策》，九州出版社。

戴曼纯、刘润清等 2012 《国外语言规划的理论与实践研究》，外语教学与研究出版社。

戴庆厦主编 2009 《中国少数民族语言研究60年》，中央民族大学出版社。

丹尼斯·埃杰 2012 《语言规划与语言政策的驱动过程》（吴志杰译），外语教学与研究出版社。

费锦昌主编 1997 《中国语文现代化百年记事（1892—1995）》，语文出版社。

国家民委文化宣传司编 2006 《民族语文政策法规汇编》，民族出版社。

郭龙生 2008 《中国当代语言规划的理论与实践》，广东教育出版社。

郭 熙 2012 《华语研究录》，商务印书馆。

贺宏志、陈 鹏主编 2012 《语言产业导论》，首都师范大学出版社。

教育部语言文字应用管理司编 2005 《新时期语言文字法规政策文件汇编》，语文出版社。

李岚清 1999 《做好语言文字工作，为现代化建设服务》，载教育部语言文字应用管理司编（2005）。

李宇明 2002 《中国当前语言文字工作任务》，《汉语学报》上卷（总第5期）。

李宇明 2012a 《论语言生活的层级》，《语言教学与研究》第5期。

李宇明 2012b 《当代中国语言生活中的问题》，《中国社会科学》第9期。

鲁子问等 2012 《外语政策研究》，北京大学出版社。

陆俭明、苏培成主编 2004 《语文现代化和汉语拼音方案》，语文出版社。

吕冀平主编 2000 《当前我国语言文字的规范化问题》，上海教育出版社。

全国语言文字工作会议秘书处编 1987 《新时期的语言文字工作——全国语言文字工作会议文件汇编》，语文出版社。

苏培成主编 2010 《当代中国的语文改革和语文规范》，商务印书馆。

苏新春、苏宝荣编 2004 《词汇学理论与应用》，商务印书馆。

王炳耀 1896 《拼音字谱》，文字改革出版社，1956年。

王 辉 2011 《澳大利亚语言政策研究》，中国社会科学出版社。

王 均主编 1995 《当代中国的文字改革》，当代中国出版社。

文字改革出版社编 1958 《清末文字改革文集》，文字改革出版社。

夏中华等 2012 《应用语言学范畴与现况》（上、下），学林出版社。

徐大明主编 2010 《社会语言学实验教程》，北京大学出版社。

姚小平 2011 《西方语言学史》，外语教学与研究出版社。

张西平、柳若梅 2008 《世界主要国家语言推广政策概览》，外语教学与研究出版社。

［原载《华中师范大学学报》2013年第3期］

中国外语规划的若干思考

如果从清末洋务学堂的外语课程设立和广方言馆的开办算起，中国现代外语教育已经走过了100多年的历程。[1]外语教育为推动私塾教育向现代教育的转变、为实现现代化的国家理想，做出了不可替代的重大贡献。

百多年来的中国外语事业，主要集中在外语教学方面。国家进入改革开放的新时期，外语教育由精英教育逐渐走入大众化教育，学生规模、学习动机、教育举措等都发生了史无前例的变化，大学、中学乃至小学都无不重视外语教学，国民教育体系之外的社会外语培训也如火如荼地发展起来，中国成为世界上最大的外语学习国度。伴随着国家的进一步改革开放，特别是进入21世纪，外语服务等成为社会的新需求，并在有限领域、有限人群中逐渐开始了"有限的外语生活"。有限外语生活的出现，反过来对外语教育提出了新要求，并将有力推进外语事业的大发展。

预测未来，规划社会，是人类自古以来都在进行的社会工程。这种在"虚拟现实"基础上进行的社会理性操作，当今被称为"发展战略"或"发展规划"，已经成为现代社会管理不可缺少的重要

【1】参见高晓芳（2006）。

内容。当国家的外语需求发展到一个全新的阶段,当外语事业即将进入一个新的黄金时期,必须系统梳理外语观念,根据时代特点和国家发展,全方位地做好国家的外语规划。

一 影响外语规划的主要因素:国家开放

三十多年来,我国开启国门,坚持开放,由"本土型国家"正在转变为"国际型国家"。本土型国家的外语需求,主要在外交和军事、安全、翻译等较为有限的领域,培养一些高级外语人才即可满足需求。国际型国家则不同,它对外语的需求是多方面的,最主要的特点是需要外语服务甚至"外语生活"。国家的进一步开放,中国走向世界会更广泛更深入;世界来到中国也会更广泛更深入;并且作为发展中大国,中国还须承担愈来愈多的国际义务。做外语规划,首先应考虑国家开放对外语事业的影响。

(一)中国走向世界

外语是国家行走的先遣队,国家到哪里,外语就应当先走到哪里。过去我国能利用的外语资源,主要是国际上较为通用的语种,今而视之,这显然远远不够。在多领域的国际合作交流、出国留学、劳务输出、商贸旅游等公事与民事中,国家需要拥有更多语种的人才。而且,要世界人民了解中国,减少误解,减少冲突,就必须用各种语言介绍真实的现代中国。全世界现今有224个国家和地区,我国应能逐渐掌握这224个国家和地区的官方语言,将来再延及其他语言。

(二)世界来到中国

随着中国国际化水平的提高,科学教育事业的发展,工作就业机会增多，外国公民来华学习、工作、旅游甚至定居的情况，定会越来越多，甚至会形成外国人集中居住的小区。一些大型的运动会、博览会、商贸洽谈会、学术会议等，也会来到中国召开。

对中国境内的外国公民的语言服务，将成为中国一项重要的外语事业。这些外语服务，包括公共场所的外语标示，公共交通工具的外语提示，邮政、餐饮、医疗、金融、通信、文化、教育、公共安全等方面的外语服务等。对于逐渐形成的外侨聚居区，还需要提供社区性的全套外语服务。

大型的运动会、博览会、商贸洽谈会、学术会议等的外语服务，时间是短暂的，场合是有限的。但是，对来华学习、工作甚至定居的外国公民的语言服务，却要涉及社会诸多领域，涉及许许多多的外语语种，涉及大批社会从业人员的外语培训。

我国是外语学习大国，学过外语的和正在学习外语的人数，肯定超过三亿人，但是我国却没有真正的外语生活。而且外语学习的目的，绝大多数都是"向己型"的，即学习外国的先进科学技术和管理经验等，而语言服务则是"向他型"的。"向己型"的外语学习者，可以是社会的精英，学习的语种是世界上的通用语种；而"向他型"的外语学习者，是相关领域的从业人员，外语语种十分广泛，周边国家的语言地位会逐渐重要起来。这种变化会对外语言教育、外语规划产生重要影响。

（三）履行大国的国际义务

一个国际型的大国，必须有所担待，负责任地负起国际义务。这种国际义务，首先是参与国际组织和地区组织的工作，参与世界各地的救灾、维和、调解、选举观察等任务。在这些国际事务中，不仅积极参与其游戏，更要参与游戏规则的制定，使中国有更多的国际话语权，使人类能够更多地从中国理念中受益。这就要求参与国际事务的人员不仅要懂得国际事务，而且要有高超的外语水平。

国际义务不仅表现在一般的国际事务中，而且也表现在国际文化事务和语言事业中。文化是人类心灵的居所，维护文化多样性是人类成员的共同义务。语言是文化的基石，维护文化的多样性，就必须维护语言的多样性。研究国际上古老的语言文字（如古埃及文字、梵文、拉丁文等），调查、研究全世界的语言与方言，抢救濒危语言，也会逐渐成为中国语言学家的国际义务。

中国由"本土型国家"转变为"国际型国家"，会使外语的视野变得无限广阔。可以说，世界有多大，中国外语视野就应当有多大，全世界所有的外语语种，都应逐渐纳入中国的外语规划。

二 影响外语规划的另一因素：信息化

信息化绝不仅仅是个技术概念，以其为标志所形成的信息化时代，是继农业时代、工业化时代之后人类历史上出现的新时代。信息化用数字技术为人类构筑了一个虚拟空间，并正尽多尽快地把现时空间的生活移入虚拟空间，近二十年来电子政务、电子学务（包括教育、科技的数字化）、电子商务和电子休闲娱乐等电子事务的发展，足以显示现实空间向虚拟空间迁移的速度及其对人类生活的影响。

语言大约负载着人类信息的80%，虚拟空间的生活始自语言文字，语言文字的信息化水平，标志着人类信息化的水平。一方面，虚拟空间迅速地把人类的智慧网聚起来，给人类带来知识与思想观念的核裂变，从而对人类的生存方式、生活方式和学习、工作方式发生越来越大的影响；另一方面，也会产生巨大的信息鸿沟，使一些国家、一些人群被信息边缘化，造成人类社群之间新的更大的不公平。

除了硬件和技术因素之外，语言障碍是信息鸿沟产生的最重要的原因。外语及外语信息化，在克服虚拟空间的语言障碍、消弭网络信息鸿沟方面作用显著。当前中文网络发展极快，不久的将来可能占有世界网络的三分之一，中国在世界上将拥有前所未有的话语权，中文的学习价值将成倍增加。即便如此，如果没有外文，中国将失去三分之二的虚拟世界。中国的外语规划，必须充分考虑虚拟语言生活。

自动翻译技术是信息化对外语事业的最大贡献。自动翻译技术的发展与应用，不仅可以大大提高翻译的效率与质量，而且可以从根本上改变"全民学外语"的局面，彻底解决语言学习能力的有限与外语语种繁丰之间的矛盾。自动翻译技术的水平，在很大程度上依赖于外语研究水平，外语学家应更加关注语言信息化的发展，将研究成果积极运用到自动翻译技术中。当然，利用现代信息技术提高外语学习和外语服务的效率，已是常识问题，此可不论。

三　外语规划应关注的几个问题

（一）了解外语方面的国情

外语应用的现状及未来的需求预测，是外语规划的基础。《中国语言生活状况报告》2005—2008年上编发表了《英语热》《地名牌和交通指示牌中街名转写问题》《产品说明书语言文字使用状况》《医疗文书及药品包装用语用字状况》《北京奥运会语言环境建设状况》《民航语言文字使用状况》《青藏铁路语言使用状况》《上海世博会语言环境建设状况》《北京涉外集贸市场语言使用状况》《外语教育中的小语种热》《北京奥运会多种语言使用》《外企职场语言生活状况》《中文菜单英译规范问题》等文章，这些文章不仅报道了近年来我国一些领域（行业）的外语使用状况。而且也展现了外语研究的新视点。"中国语言生活状况报告"课题组在四五年的工作中切实感到，当前人们对外语国情并不怎么了解，对未来的外语需求分析也很不充分，因此，制定外语规划的当务之事，是对外语国情进行全面而深入的调研。

外语使用是分领域的，外语国情的调研应当分领域（或分行业）进行，了解各领域外语应用的实际状况，比如涉及多少外语语种，现有多少外语人才，这些外语人才的水平和知识结构如何，当前存在哪些方面的问题等等。并应根据各领域事业的发展，特别是国际化、信息化背景下的事业发展，预测外语语种的需求会发生些什么变化，对外语人才会提出些什么新要求，怎样解决业已存在的外语问题，怎样应对未来的外语新需求等等。以上情况的加和汇总，便构成了我国的外语国情。根据国情，制定规划，以保证外语事业能够满足国家发展的要求，保证外语事业的健康发展。

（二）非通用语种

非通用语种（俗称"小语种"）是当前我国外语教育和外语生活中面临的大问题。非通用语种的发展，关系到国家在世界各地的顺利行走。近些年非通用语种的招生、就业都出现了新气象，并在专业开设、人才培养等方面进行了有益探讨。但是问题并未得到根本解决：

1．非通用语种数目过千，哪些语种是我国急迫需要的，哪些语种只需要放在研究室里？哪些语种需要设置教学专业？应遵从什么样的语种顺序设置教学专业？

2．每个非通用语种专业需要几名教师？这些教师怎样把教学同科学研究结合起来，把语言学同其他专业结合起来，把教学同对社会的其他服务结合起来？

3. 每个非通用语种专业几年招生一次、一次招生多少？非通用语种与通用语种的学习怎样结合，以培养出以一种语言为基础、兼通多语的外语人才？语言学习与某些专业学习怎样结合，以培养出"外语＋专业"的复合型外语人才？

4. 对国家来说，许多非通用语种具有资源储备的性质。通用语种可以通过市场导向来发展专业，而非通用语种的专业发展在很多情况下要靠政策。国家应出台何种政策调动方方面面的积极性，扶植非通用语种可持续发展？

5. 社会各领域须重视非通用语种的应用，不能把使用英语误以为国际化的标准，更不能把外语的概念外延缩小为英语。对外领域要鼓励多语并用，比如到巴基斯坦工作的科技人员，应当懂得乌尔都语等巴基斯坦语言，到坦桑尼亚等国的孔子学院作教师的，应懂得斯瓦希利语，到巴西做经贸的，应学点葡萄牙语等等。国内的公共服务领域，应当根据服务对象来选定服务语言，比如东北的旅游业应当有懂俄语的导游，上海的机场可以有较多的日语、韩语服务等等。

（三）翻译

翻译是外语学习的主要目标，也是最为重要的外语事业。"全民学外语"并不减弱翻译对于国家的重要性。国外文献的中文翻译，仍是翻译的主要领域，为"国际型国家"所必需。仔细想来，外国文献只有经过翻译，用本民族的语言表达它的概念、命题和思想推演，才能最终成为本民族的精神财富。一百多年来，中华民族所获得的新概念新思想，有许多都得益于翻译。由此可见翻译对于国家的重要意义。

汉语文献和中国少数民族文献，用多种语言向外译出，是中国走向世界的迫切需要，需要加大力度、精心策划。中国的科技教育，只有通过向外译出，才能加入国际大循环中；中国的文化理念、价值取向，只有通过向外译出，才能为世界人民所了解、所理解、所采纳。应从国家战略的高度进一步谋划：发展电视、广播的外语频道，增加外语报刊图书的出版，及时翻译中国的法律和科技、文化产品，用外语撰写中国的时事政治等，用世界人民习用的语言和乐见的表达方式介绍现代中国。这是当代翻译事业的国家使命。

书面翻译加上同声翻译和一般口译，再加上科技翻译，中国将拥有世界最大的翻译力量，因此应打造世界最有竞争力的翻译产业。为此就应当充分尊重翻译、特别是书面翻译的价值，在晋职晋级、科研成果统计、劳务报酬等方面给以合适对待。更应大力推进机器翻译的研究与应用，力争在若干年内，机器翻译能够进入实用阶段。

（四）公共服务领域的外语问题

我国公共领域的外语服务，近一二十年在大中城市有了较大发展，但明显地计划性不够、规范性不够，形象价值大于实用价值。比如地名路牌的外文转写、电话问询的外语使用、产品上的外文标示及其外语说明书等，就存在着不规范、不看对象、不合国际惯例等问题。

当前的公共外语服务，基本上还是理念性的，即自我感觉这是外国人需要的，或是要树立礼仪之邦的国际化形象。出发点可嘉，但效果不一定好。应当深入进行公共外语服务的科学调查，看来华的外国公民需要哪些方面的外语服务？当前的满意度如何？应该如何改进？在调查的基础上，确定哪些行业需要提供外语服务，需要提供哪些语种的外语服务等等。在此基础上，逐步形成公共外语服务的行业要求。

为了奥运会、世博会的召开，北京、青岛、上海、江苏、杭州等省市，制定发布了有关领域的英文译写的地方标准。在此成果的基础上，国家应当制定道路交通、旅游、餐饮、文化、体育、医疗卫生、金融、邮政、电信等领域的外文译写标准，促进公共领域外文使用的规范化。当前，除了提供英文之外，在一些地方、一些领域还应当考虑俄文、日文、韩文的需求。

公共领域的外语服务，在语言文字的标准上，应当科学处理外文标准与"中国式外文"的辩证关系，在使用上更要协调好外语与母语的关系。

（五）社区外语服务

社区外语服务的话题，还很少听到国人谈论。现实中，在一些大城市已经出现了外国人的聚居区，随着中国国际化程度的提高，这样的外侨聚居区肯定会增多。外侨聚居区的外语服务，牵涉到外侨的生活质量和国家安全，在外语规划时，必须预测在未来若干年内，会在哪些城市出现哪些语种的外侨聚居区，社会网络怎样向这些聚居区提供合适的管理和外语服务。

社区外语服务同大型会议的外语语言、公共领域的外语服务有很大的不同。这些社区通行的是外国语言文字，且往往是非通用语种；需要社会网络提供的是全方位的生活信息；管理和服务人员一般都不是外语专业人员，而是各种社会工作者，多数人都没有扎实的外语基础。这是一项有难度、不能一蹴而就的社会工程。

（六）特殊领域的外语问题

军事、边防、国家安全等特殊领域，对外语有特殊的需求。需要有军事、边防、国家安全等方面良好素质的外语专家，也需要一般从业者具有外语的基本素养。

外语专家可以通过部队、公安等所属高校的外语院系培养，更需要与地方外语院系合作。应当建立应急的外语人才库，以解决稀有语种、特殊任务、紧急状态时的外语需求。这些特殊领域，有许多涉及周边语言和跨境语言，如朝鲜语、蒙古语、赫哲语、鄂温克语、图瓦语、哈萨克语、柯尔克孜语、景颇语、傈僳语、独龙语、傣语、怒语、京语等，可以考虑利用我国的跨境语言人才来解决一些外语需求。

根据军事、边防、国家安全的需要，分领域制定最为重要的"关键语言"。建立关键语言专家库，组织关键语言的民间援助团队；设置关键语言水平标准，编写关键语言培训教材，制定优惠政策鼓励有关人员学习关键语言。在这方面，美国当前的外语战略值得借鉴。[1]

（七）公民外语素养

语言既是国家资源，也是个人发展的资本。欧盟要求其各成员国的公民应当掌握三种语言：母语和外语，另一种语言可以是外语，也可以是本国另一种语言。[2] 三语能力已经成为世界许多国家对公民的语言要求。外语能力的竞争，已经成为人才竞争的重要部分。

我国尚未制定公民语言能力标准，但从教育体制设计和现实情况看，是在大力提倡多语：提倡汉族公民具备双语：普通话加一门外语；提倡少数民族公民具备三语：民族母语、国家通用语言、外

---

[1] 参见《（美国）国家安全语言计划》（"中国语言生活状况报告"课题组2007）、《美国马里兰大学语言高级研究中心：为政府服务》（"中国语言生活状况报告"课题组2009）。
[2] 参见《欧洲联盟语言状况及语言政策》（"中国语言生活状况报告"课题组2006）。

语。研究生还要学习第二外语。这表明，实践上已经把外语看作有文化的中国公民的素养了。

国家富，须藏富于民；国家智，须积智于民。在国际的共识背景下，在国家的未来发展蓝图中，在已有的外语教育实践的基础上，国家应当明确提出公民的外语素养问题。在扎实掌握母语的前提下，一般公民应掌握或粗通一门外语，提倡学习两门外语。[1]

公民素养的培养，当在义务教育阶段完成。因此应探讨在义务教育阶段完成一门外语教育。当然，我国同世界上许多国家不同，缺乏外语生活环境，义务教育阶段完成一门外语教育，在很多地方都有困难，尽管如此，也不应当放弃这一目标。

毋庸置疑，国民教育体系是外语教育的主体，但是培养公民的外语素养，必须充分发挥非国民教育体系的作用，依照学习型社会的思路逐步构建起外语的终身教育体系。规范社会外语培训行为，发展外语培训产业，提供方便学习者的外语课程，通过政策导向鼓励公民参加外语培训、特别是非通用语种的培训。通过社会培训来保持公民的外语水平，充实国家的外语资源库存，保障特殊领域、特殊职业、特殊人群的外语学习。

四　结束语

中国是外语学习大国，但却是外语资源利用的穷国。全世界五六千种语言，较为全面介绍到我国来的语言顶多有百余种，国家能够开设的外语课程约有五六十种，国家能用的外语只有几十种，而经常使用的只有十来种。国家发展和国家安全十分需要的许多非

---

[1]　当然，一些人对外语学习没有兴趣，或者没有合适的外语学习条件，对这些人也可以不做硬性要求。

通用语种，人才稀缺。世界上有价值的文献未能及时翻译进来。中国的外文杂志少而又少，中华文献的外语翻出更是薄弱，数量少，语种少，质量也参差不齐。这与国家走出去的战略十分不相称。

这种情况，与国家没有统一的外语规划、没有统管外语的机构很有关系。要做好外语规划，使外语事业能够满足国家发展的需要，应当考虑国家有一个统管或是协调外语事业的机构。或是在国务院内设立外语局；或是提升国家语言文字工作委员会的地位，赋予它统管国家语言事务，包括外语事务的职能。同时应当积极研究外语在中国的法律地位，通过法律法规促进国家外语事业的发展，最大限度地开发国家的外语资源。

主要参考文献

陈章太 2005 《语言规划研究》，商务印书馆。
付　克 1986 《中国外语教育史》，上海外语教育出版社。
高晓芳 2006 《晚清洋务学堂的外语教育研究》，商务印书馆。
李宇明 2010a 《中国语言规划论》，商务印书馆。
李宇明 2010b 《中国语言规划续论》，商务印书馆。
束定芳、华维芬主编 2009 《中国外语教学理论研究（1949—2009）》，上海外语教育出版社。
束定芳、刘正光、徐盛桓主编 2009 《中国国外语言学研究（1949—2009）》，上海外语教育出版社。
"中国语言生活状况报告"课题组 2006 《中国语言生活状况报告（2005）》（上编），商务印书馆。
"中国语言生活状况报告"课题组 2007 《中国语言生活状况报告（2006）》（上编），商务印书馆。
"中国语言生活状况报告"课题组 2008 《中国语言生活状况报告（2007）》（上编），商务印书馆。

"中国语言生活状况报告"课题组 2009 《中国语言生活状况报告（2008）》（上编），商务印书馆。

[*原载《外国语》2010年第1期*]

语言规划学的学科构想[*]

国内外有关语言规划的研究成果的积累与社会生活的新近发展，使得语言规划学呼之欲出。本文首先对语言规划学的"呼之欲出"之势做些描述，然后从研究对象、研究资料、研究理念等方面对语言规划学做些阐发，为语言规划学的学科建设做些理论准备。

一 语言规划学呼之欲出

人类社会很早就开始进行语言规划，但是关于语言规划的研究历史并不长，追溯起来一般都会首提1959年豪根（Haugen）的论文《现代挪威标准语的规划》，这篇论文首次对"语言规划"（Language Planning）这一概念进行了阐释。

（一）西方语言规划研究说略

豪根之后，人们对语言规划进行了较多研究，特别是在一些新独立国家进行了大量的语言规划实践，取得了较大的学术声望

---

[*] 本文根据在北京语言大学语言政策与标准研究所（2014年10月8日）、上海外国语大学（2014年10月27日）、北京华文学院"华文讲坛"（2014年11月4日）所做的报告整理而成。

和社会效益。一般人都认为，语言规划是一种"自上而下"（top-down）的社会行为，是政府或学术权威部门为特定目的对社会语言生活（Language Situation）及语言本身所进行的干预、调整和管理。后来，语言规划进入一个低潮期：一是因为后现代思潮的兴起，解构成为时髦；二是一些新独立的民族国家所做的语言规划，并不怎么成功，有人甚至悲观地认为语言是不可规划的。

20世纪90年代以来，语言规划研究又"复兴"起来。复兴之社会因素、学术因素都还需要用科学学的眼光做深入观察，但与如下情况一定相关：维护文化多样性必须以语言多样性为基础；关注弱势语言和弱势群体的语言；语言矛盾与语言冲突在一些国家不断发生，语言政策逐渐成为世界重要的公共政策之一等。一些国际组织也不断出台有关语言权利的宣言，如联合国教科文组织、欧盟等。

复兴之后的语言规划研究，更加关注弱势人群的语言权利，近来也有学者（比如McLaughlin1992）提出"自下而上"（bottom-up）的语言规划观，认为每个人、每个家庭、每个社区都要主动进行相关的语言规划。其实，"自下而上"与"自上而下"这两种规划路向并不矛盾，甚至是应该相辅相成的。

五十余年的语言规划研究成果，主要汇集在社会语言学领域，也散见于一些应用语言学的学术刊物。社会语言学通常被划分为微观和宏观两个层面：微观社会语言学主要研究语言变体与社会阶层之间的关系；宏观社会语言学主要研究国家的语言选择、语言政策和语言的规划与发展等，而这宏观的社会语言学问题，当然也是语言规划所研究的核心内容。

应用语言学早期是从语言教学领域兴起的，狭义的应用语言学至今仍是专指对语言教学方面的研究。后来，应用语言学的学科范围不断扩展，与语言应用相关的研究领域，只要学术上有所进展，都会冠以"××语言学"的名称，比如法律语言学、新闻语言学、广告语言学、计算语言学、病理语言学，甚至还有军事语言学、政治语言学等，应用语言学发展成为一个庞大的学科群，并与社会语言学形成了诸多交叉。因此，语言规划不仅是社会语言学的研究内容，也是一些应用语言学所关心的，因而其成果也常被刊发在一些应用语言学的刊物上。

语言规划研究主要解决的问题，概括起来主要有四个方面：语言地位规划、语言本体规划、语言习得规划和语言声望规划。"语言地位规划"就是要确定语言（包括文字）及其变体的社会地位，从而也就大致确定了在什么场合应该使用什么语言。一个国家刚刚独立之时，选择哪种语言作为国语或官方工作语，一个国际组织用什么语言作为官方语言或工作语言，都会遇到语言地位规划问题。在一个国家，当某种语言被选定为国语或官方工作语言之后，就需要对该语言及其文字进行持续的规范化、丰富化工作，使其能够承担起地位规划所赋予的任务。这种工作叫作语言的本体规划，比如词典编纂、语音规范、文字改革或整理、语法大典的编纂、科技术语的翻译与规范等。语言本体规划和语言地位规划，在很大程度上需要通过教育来实现，于是需要做好语言教育规划，亦称为语言习得规划。此外，要巩固某种语言的地位，使之快速而广泛地传播，还需要做语言声望规划，通过各种举措，树立起某种语言的声望，使人们愿意学习它，应用它，并在学习和应用中得到精神、文化、教育、经济等多层面的利益。这四大规划，称为经典的语言规划。

（二）中国的语言规划研究

中国是世界上最早做语言规划的国家之一。李建国（2000）认为，早在西周就进行过"书同名"的语言文字规范，例如《管子·君臣上》："衡石一称，斗斛一量，丈尺一绰制，戈兵一度，书同名，车同轨，以至正也。"当时的语言规范，通过朝堂活动、学校教育、輶轩使者等来树立声誉，并向四方传播。随后，每个朝代都有过一些语言规划的实践活动，特别是文字规范活动。

具有现代意义的语言规划应该始于清朝末年的切音字运动。但真正把语言规划作为一门学科来研究，应该是1984年语言文字应用研究所的成立，特别是《语言文字应用》的创刊，因为这两件事标志着中国应用语言学的正式建立。

中国的语言规划研究，最近十多年更是迅速发展，这主要表现在专门研究机构的设立和学科建设等方面：

其一，2006年，南开大学首先设立语言规划的博士方向；2013年、2014年，上海外国语大学、北京外国语大学和北京语言大学，相继设立了语言规划方向的博士点。

其二，近些年来，一些大学和单位成立了以语言规划研究为主的科研单位，如：2005年，宁夏大学成立语言规划与语言政策研究所；2007年11月，南京大学成立中国语言战略研究中心；同年12月，上海外国语大学成立中国外语战略研究中心；2008年12月，商务印书馆成立中国语言资源开发应用中心；2010年，上海海事大学成立语言政策和语言规划研究所；2013年，北京语言大学成立语言政策与标准研究所；同年4月，上海市教育科学院成立国家语言文字政策研究中心；2014年9月，武汉大学成立中国语情与社会发展研究中心。

其三，与之相关的研究成果不断涌现。不仅翻译、介绍了国外的相关研究成果，而且也重视国内状况的研究，最富代表性的成果是《中国语言生活状况报告》。《中国语言生活状况报告》自2005启动以来至今未曾间断过，它为国家决策提供了参考，为语言文字研究者、语言文字产品研发者和社会其他人士提供了语言服务。而且，该报告还被译为英文在国外出版，还即将出版韩语本，把中国语言生活和语言规划的状况介绍给世界。

此外，2014年，北京外国语大学创办了《语言政策与语言规划研究》刊物，使语言规划学有了专门的学术园地。陈章太先生主编的《语言规划学概论》即将出版[1]，这是我国首部以"语言规划学"命名的著作。

综上所述，无论是国内外的研究基础，还是我国的学科准备、学术组织建设，以及当前的社会需求，可以说，语言规划学在中国已经呼之欲出。

二　语言规划学乃语言功能之学

语言规划学可以说是关于语言功能的学问：研究语言有哪些功能，研究各种语言功能的发生原理与运作机理，研究怎样利用这些原理或机理来更好地发挥语言功能。

（一）语言功能

语言的本质是社会的。对社会来说，语言发挥着重要社会功能，对各个社会人，语言发挥着重要的人生功能。传统上，语言的社会功能（或社会职能），主要提及的是语言的交际工具功能和思维工具功能，故而多数学者都将语言定义为"人类最为重要的交际工具和思维工具"。

近三十年来，随着文化语言学在中国的兴起及其所产生的影响，语言的文化功能得到了较为广泛而深入的阐释。语言（及文字）本身就是文化最为重要的组成部分，而且语言也是文化最为

【1】章太先生主编的这部著作，在出版前曾有建议用《语言规划学概念》做书名。陈先生很重视这一建议，但经仔细考虑并征求该书写作班子的意见，最后决定仍用《语言规划概论》做书名，未加"学"字。

重要的载体和阐释者。文化的载体很多，如音乐、绘画、建筑、服饰、饮食等，但是口头文化和文献文化是文化最为重要的载体，负载着文化纵向传久，横向播远。同时，语言还是文化最为重要的阐释者，它不仅可以阐释口头文化、文献文化自身，音乐、绘画、建筑、服饰、饮食等文化也需要它的阐释。语言在对文化的阐释过程中，也能促进文化的发展、甚至是文化的重新建构。语言与文化有着如此密切的关系，尽管语言与民族的关系比较复杂，但它往往具有民族名片、民族图腾、民族象征的作用。这样，可以把语言的文化功能总结为：

1. 语言是文化最为重要的组成部分；
2. 语言是文化最为重要的载体；
3. 语言是文化最为重要的阐释者；
4. 语言是文化最重要的建构者；
5. 语言是民族的文化图腾。

语言除了它的工具功能和文化功能之外，随着信息时代的到来和语言经济学的建立与发展，语言的经济属性和语言的经济价值逐渐显著起来，并受到广泛关注。随着社会的发展和语言学的发展，语言的社会功能还会发生各种变化，已有的功能会有强弱增减，也可能还会产生一些新功能。

人是社会的人，故而不仅应当研究语言的社会职能，也要关注语言对于个人与家庭的各种职能。比如语言与智力开发、语言与身份认同、语言与代际亲善、语言病理康复等。

（二）语言功能的发生原理与运作机理

研究语言功能的目的，当然是要充分发挥语言的功能，而要充分发挥语言的功能，就必须了解语言功能的发生原理和运作机理。比如说，语言具有思维工具的功能，语言的这种思维工具功能是如何运作的，大脑神经机制如何，认知机理如何，多语学习对于思维有何促进，手势语、盲文等使用者的思维状况如何，老年人的语言衰退与思维的关系，如此等等。可以说，语言学界对于语言功能的各种发生原理和运作机理，认识还是相当有限的。要加强这方面的研究，需要从相关学科汲取知识，需要用一定的方法和理论整合相关知识，当然还需要开拓一些新的研究领域。

了解各种语言功能的发生原理和运作机理，不是语言规划学的目的，目的是利用这些原理或机理来满足社会需求，来惠及社会成员。社会及社会成员之需求是多方面的，概括起来主要有三个方面：第一，全面发挥语言的功能；第二，预防、解决语言冲突；第三，提升社会与个人的语言生活质量。当语言规划学发展到这一阶段，就超出了一般的语言学范畴，涉及国家的政治、法律和意识形态等，进入到公共政策的层面。

审视过往的语言规划会发现：较为重视语言交际功能的规划，较少考虑语言思维功能、文化功能及经济功能等的规划，特别是较为忽视语言的民族文化的图腾功能；较多规划语言的社会功能，较少考虑家庭、个人、社区的语言问题；语言规划的路向基本是"自上而下"的，很少有"自下而上"的。因此，语言规划的理论和实践都还大有改进之空间。

（三）语言规划学在语言学科体系中的位置

语言学发展到今天，已经是一个多学科关注参与、具有大量的交叉、边缘学科的学科家族。在如此庞大乃至庞杂的语言学科家族中，语言规划学具有自己的特殊研究对象和研究目的，因此应有自己的特定位置。

结构主义的创始人索绪尔，把语言定义为具有任意性的符号系统，符号有所指和能指两个方面，符号系统具有组合与聚合两种关系。研究语言的符号系统是语言学中的显学，如对语音、文字、语汇、语义、语法等的研究。这种研究又可以称为语言的本体研究。

语言是在运用中发生作用的，语言也是在运用中存在、发展和显示其价值的。语言运用表现为一定领域、一定语境、一定语体、利用一定媒介物的交际，依照语用学所谓的"合作原则"和"礼貌原则"来完成交际任务，正确传递言内之意和言外之意。例如修辞学、语用学和一些应用语言学等，都在研究语言的运用问题。

第一语言的口语是通过习得完成的，第一语言的书面语、第二语言、第N语言一般都需要通过教学活动来获得。语言教学是古老的语言行业，语言学习研究是语言学最常见的学科门类。

20世纪上半叶，计算机问世，之后便试图用计算机进行语言翻译和语言问答，从而开始了人类进行语言信息处理的征程。之后，又将计算机联网工作，计算机网络的不断发展成为当今无所不在的移动互联网。如果说语言教学是教人获得语言，那么语言信息处理则是要教计算机获得语言，是语言学中与高新科技关系最为密切的一个充满前途的新分支。

语言不仅具有社会属性，而且还具有生物学、神经学、心理学等属性，因某种原因形成的人的先天的、后天的语言缺陷，使语言也成为病理学的研究对象。语言的生理、心理、病理学研究，涉及较多交叉学科。

已有的语言学大致可以归入语言本体研究、语言应用研究、语言学习研究、语言信息处理研究、语言的生理—心理—病理研究。如上图所示，语言功能研究加入语言学的学科体系中，可以使学科体系更为完满，也表明语言规划学有自己的学术地位和研究特色。当然，当研究语言本体、语言运用、语言学习、语言信息处理、语言的生理—心理—病理的时候，可能涉及语言功能问题，但是，专门研究语言功能，然后对语言功能进行社会干预，还是具有特殊的其他学科不能代替的语言学意义和社会实践意义。

图1 语言学科体系示意图

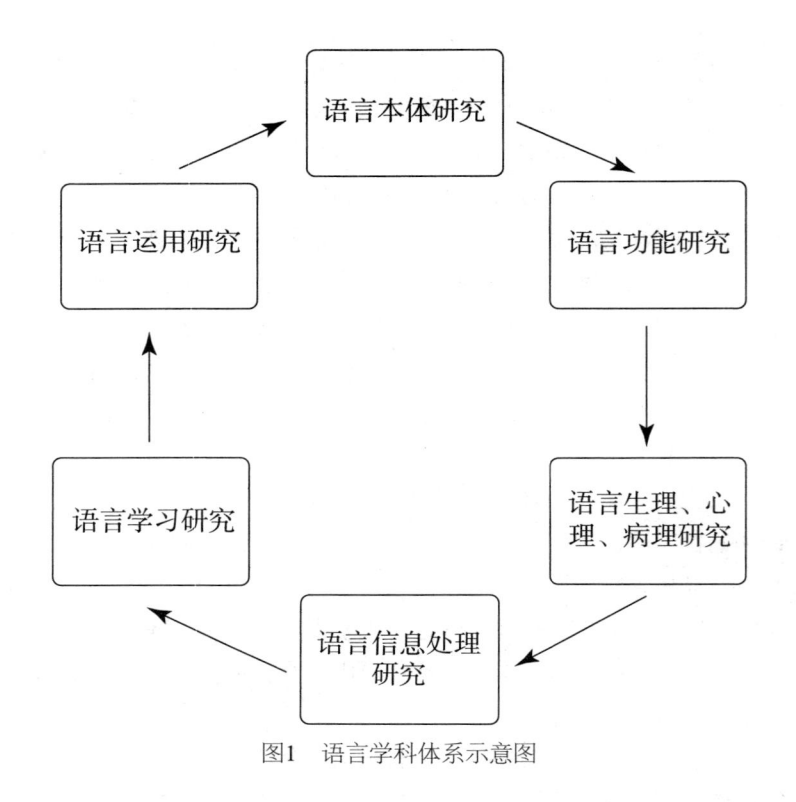

三 积累学科资料，创新学科理念

语言规划学要发展为一门科学，必须尽快积累学科资料。学科资料不仅是相关的学术文献，更重要的是古今中外的语言规划实例，通过对这些实例的研究，总结出语言规划的规律。

（一）积累学科资料

学术文献的搜集相对容易，因为这一学术领域形成时间不长，文献也较为集中。数年来，学界也早就注意搜集、翻译这方面的文献，如：周庆生先生主编的《国外语言政策与语言规划进程》《国家、民族与语言——语言政策国别研究》，徐大明先生主持了"语言规划经典译丛"和"语言资源与语言规划丛书"等翻译系列。

相对而言，古今中外的语言规划实例的收集研究，是语言规划学当今的首要任务，也是长期的、艰巨的、基础性任务。国际语言规划，包括地域国别的语言规划和国际组织的语言规划。全世界现有220余个国家和地区，但我国能够了解的国别语言规划情况极其有限，屈指可数。1998年，中国社会科学院立项"列国志"的编写，如今已出版144卷，是中国第一套系统介绍世界各国基本国情的大型百科全书，被誉为"21世纪的《海国图志》"。据了解，此类著作已经有多个系列，并且还在不断地发展中。[1]但是"国别语言志"至今还只在倡议阶段，未知何时能够举步。就此处看，语言学界比历史学界落后将近20年。

世界上除了220余个国家和地区之外，还有大量的国际组织，而且国际组织呈现快速发展、相互连通的态势。至2005年，各类国际组织共有58 859个，其中政府间国际组织为7350个，非政府间国际组织为51 509个，涉及政治、军事、经济、社会、文化、体育、卫生、教育、环境、安全、贫穷、人口、妇女儿童等众多人类生存和发展的领域，已成为左右世界局势和人类社会发展的重要力量。正如张民选（2010，17页）所指出的那样："国际组织必将在21世纪的国际社会生活和人类日常生活中发挥越来越重要的作用。"了解国际组织的发展与现状，其实就是了解国际社会的发展与现状。这数以万计的国际组织的语言政策和语言实践，也需要进行研究；对那些影响大的国际组织，要重点研究。对国际组织的语言问题的研究，是"全球治理""全球公民社会"研究的一个重要方面。

【1】这些书中，都有些关于国别语言的内容，但内容太少，且较为肤浅。

再说中国。上文已经指出,中国是世界上较早开展语言规划的国度,但是,对历史上语言规划的研究,十分有限。除了清朝末年切音字运动以来的语言规划研究之外,除了秦始皇统一文字、北魏孝文帝"断诸北语,一从正音"、唐代颜元孙编撰《干禄字书》等几个典型案例之外,几乎没有多少系统研究。其实真正理想的,是应当开展断代的语言规划研究,有一套"中国历代语言规划史"。

(二)关注"语言生活"

中国语言规划学界,在21世纪初就不断强调并持续丰富着"语言生活"的理念。明确提出:国家管理的不是语言,而是语言生活;语言生活要依法管理,还要更多地提供语言服务;评价语言政策的优劣,就是看它对语言生活的适应情况,看它能否妥善处理各种语言关系,能否解决"语言问题",能否较好地保护和开发各种"语言资源",能否维护好语言的群体权利和个体权益,最大限度地获取语言的社会红利和经济红利。

了解语言生活是制定好语言政策、做好语言规划的基础。李宇明(2012)把语言生活分为宏观、中观、微观三个层级:

宏观语言生活是指与国家直接相关、需要国家直接规划的语言生活。宏观语言生活主要包括两个方面:1. 国家层面的语言生活;2. 超国家层面的语言生活。在宏观语言生活中,我国过去主要进行的是国家层面的语言生活管理,而对于超国家层面的语言生活,关注不够,研究不够。可喜的是,近来中国语言规划学者不断出席"中外语言年"的活动,如"中法语言年""中欧语言年""中德语言年""中俄语言年"等。特别是2014年6月6日,中国政府与联合国教科文组织在苏州共同举办了首届世界语言大会,100多个国家和地区的400多位代表出席,围绕"语言能力与人类文明和社会进步"等议题进行了讨论,最后达成《苏州共识》。《苏

州共识》认为:

使用学习者的母语开展教学,是提高教学效果、促进身份认同的重要基础。家庭和社区在母语学习中发挥着重要作用。

视听障碍者独特的语言系统在教育中应得到重视和使用。

民族和土著居民为使他们的语言世代相传所付出的努力,对一个公正和有益的世界亦很重要。

促进人民、机构、国家之间的交流和学习,是提升语言能力的重要途径。

网络空间应体现世界的语言多样性,各语言社区都应该从信息技术中受益。

满足国家、土著居民以及移民社区需要的语言政策和实践,可以增强全球社会和平共处的有效交流。

仔细阅读《苏州共识》,会发现其语言理念是先进的,而且较多体现了中国政府和学者近些年来语言规划的实践与研究成果。

中观层面的语言生活,按照"条条框框"的纵、横两个角度可以再分为"地域语言生活"和"领域语言生活"。地域语言生活是横向划分的"框框"的语言生活,有省域、县域等不同的层次。地域语言生活是由国家指导、地方管理的语言生活,特别是民族自治地方。目前,我国省域一级和部分地区一级、县域一级的民族自治地方,都有自己的语言规划。但是,除了北京、上海等少数地方有一些语言方面的考虑之外,非民族自治地方多数没有自觉而全面的语言规划。

领域语言生活是纵向划分的"条条"的语言生活,具体体现为各行业的语言生活,比如教育、新闻出版、商贸、旅游、交通、医疗卫生等等。领域语言生活由国家指导,具体语言规划由行业主管部门制定和实施。不同行业所从事的社会活动不同,需要关注的语言问题不同,对从业人员的语言水平要求也有所不同。各行业的语言生活有各自的特点,其语言规划也应该各有特点。

微观语言生活体现为个人语言生活和社会终端组织的语言生活。比如:个人、家庭、学校、医院、商场、工厂、车站等等。微观语言生活,过去主要采取"管"的办法,今后应该更多地支持其自主、自觉地规划自己的语言生活,政府和有关部门多提供语言服务和语言指导。

唐红丽(2015)在采访中国社会语言学的发展时,一些专家认为中国在语言规划领域已经形成了一个学派,即"语言生活派"。2014年9月16日在法国举行的"第二届中法语言政策与规划研讨会"上,侯敏教授还向国外同人介绍了中国"语言生活派"的一些特点。"语言生活派"的基本理念就是要构建和谐的语言生活。要构建和谐的语言生活,关键是要全面观察语言生活,透彻研究语言生活;特别要认识到,当前中国乃至世界的语言生活正在由"单语生活"向"双语(包括多语)生活"发展。适应这样的"双语(多语)生活",必须有相应的语言理念与语言规划:

第一,语言规划理念应当由"单语主义"向"双语(多语)主义"发展。应当认识到,双语(多语)生活是进步的语言生活,双语(多语)主义是进步的语言观、语言规划观。而人类当今的语言观基本上还停滞在"单语主义"阶段。

第二,现代人应具有在不同文化中"穿行"的双语(多语)能力;具有相关的语言－文化知识;具有宽容、包容的"和而不同"的语言－文化态度。

第三,多语多言社会,各种语言和方言都有一定的语言功能,都有其存在和发挥作用的特定功能空间。各种语言的功能空间是经过长期"语言竞争"形成的,是一种规约,一种秩序。语言生活和谐就是遵守这种规约,尊重这种秩序,让各种语言和方言都有发挥作用的空间,各展其长,和睦相处。减少语言矛盾,预防、减缓甚至避免语言冲突。

第四,根据语言生活的层级理论和语言生活多元化的发展趋势,必然会形成语言规划制定者的多元化。不同层级、不同地域、不同语言的规划者之间要加强沟通协调,比如国家语言规划者与地区、领域之间,内地与港澳台之间,各国与国际组织之间,国际组织之间等。语言规划还需要考虑多路向,特别要注意发展"自下而上"的语言规划,并注意"自上而下"与"自下而上"两种规划路向的相互配合。

四 结语

人类语言规划的实践活动古已有之,但关于语言规划的研究却是近五六十年来的事情。这一研究在社会语言学、应用语言学等学科中孕育成长,今日已经具备了建立语言规划学这一独立学科的条件,特别是中国,已经为此做好了学科、学术组织、学术队伍等方面的准备,呼之欲出。

语言学是一个庞大的学科群,涉及领域广阔,参与学科众多。此前语言学的研究对象已经有关于语言本体的、语言运用的、语言学习的、语言信息处理的、语言的生理-心理-病理的,语言规划学以语言功能为研究对象,正好为语言学科链补上重要的一环。

语言规划学的研究对象是语言功能,它要探讨语言之于社会、语言之于社会个体究竟有哪些功能,这些功能的发生原理和运作机理如何,怎么样利用这些原理和机理来充分发挥语言功能,使其惠及人类社会和社会个体。

语言规划学具有学术意义,但更具有浓重的实践品格。它应以古今中外的语言规划实践作为主要研究对象,并从相关学科中汲取营养,从而得出语言规划的科学规律。所得规律,不仅可以用学理来评判，更能够用实践来检验：其一，能以此来解释、评判历史上已有的语言规划；其二，能够预判某地、某国正在发生的语言规划问题；其三，能够据此为某国家、某组织、某地区、某领域做出科学的语言规划。

语言规划学必须关注语言生活，深入了解语言生活，做出的规划符合语言生活实际。当前，人类语言生活正从单语向双语、多语的方向发展，语言规划理念也应当从"单语主义"向"双语（多语）主义"转变。各语言规划主体之间要相互沟通协调，各种语言规划的路向要相互配合，相得益彰，避免、减缓语言冲突，促进语言生活的和谐。

主要参考文献

陈章太 2005 《语言规划研究》，商务印书馆。

博纳德·斯波斯基 2011 《语言政策——社会语言学中的重要论题》（张治国译），商务印书馆。

戴红亮 2012 《台湾语言文字政策》，九州出版社。

戴曼纯、刘润清等 2012 《国外语言规划的理论与实践研究》，外语教学与研究出版社。

丹尼斯·埃杰 2012 《语言规划与语言政策的驱动过程》（吴志杰译），外语教学与研究出版社。

郭龙生 2008 《中国当代语言规划的理论与实践》，广东教育出版社。

郭熙 2004 《中国社会语言学》（增订本），浙江大学出版社。

何俊芳、周庆生 2010 《语言冲突研究》，中央民族大学出版社。

黄晓蕾 2013 《民国时期语言政策研究》，中国社会科学出版社。

井上石雄 2010 《日语的价格》（李斗石译），延边大学出版社。

李建国 2000 《汉语规范史略》，语文出版社。

李英姿 2013 《美国语言政策研究》，南开大学出版社。

李宇明 2012 《论语言生活的层级》,《语言教学与研究》第5期。
李宇明主编 2014 《中法语言政策研究》,商务印书馆。
鲁子问等 2012 《外语政策研究》,北京大学出版社。
迈克尔·拜拉姆 2013 《从外语教育到跨文化公民教育》(韩慧等译),外文出版社。
尼古拉斯·奥斯特勒 2011 《语言帝国——世界语言史》(章璐等译),上海人民出版社。
苏·赖特 2012 《语言政策与语言规划——从民族主义到全球化》(陈新仁译),商务印书馆。
孙晓萌 2014 《语言与权力——殖民时期豪萨语在北尼日利亚的运用》,社会科学文献出版社。
唐红丽 2015 《中国社会语言学步入稳定发展阶段》,《中国社会科学报》2月6日。
田小琳 2012 《香港语言生活研究论集》,人民教育出版社。
王辉 2010 《澳大利亚语言政策研究》,中国社会科学出版社。
王辉 2013 《语言规划研究50年》,《北华大学学报(社会科学版)》第6期。
吴元华 2008 《务实的决策——新加坡政府华语文政策研究》,当代世界出版社。
姚亚平 2006 《中国语言规划研究》,商务印书馆。
张民选 2010 《国际组织与教育发展》,上海教育出版社。
张西平、柳若梅 2008 《世界主要国家语言推广政策概览》,外语教学与研究出版社。
周庆生主编 2001 《国外语言政策与语言规划进程》,语文出版社。
周庆生主编 2003 《国家、民族与语言——语言政策国别研究》,语文出版社。
周玉忠、王辉主编 2004 《语言规划与语言政策:理论与国别研究》，中国社会科学出版社。

周玉忠主编 2011 《美国语言政策研究》，外语教学与研究出版社。

Li Yuming, Li Wei(Eds.) 2013 *The Language Situation in China (Volume 1)* (《中国语言生活状况》第一卷),Walter de Gruyter GmbH, Berlin/Boston and the Commercial Press, Beijing, China.

Li Yuming, Li Wei(Eds.) 2014 *The Language Situation in China(Volume 2)* (《中国语言生活状况》第二卷),Walter de Gruyter GmbH, Berlin/Boston and the Commercial, Press, Beijing, China.

McLaughlin, D. 1992. *When Literacy Empowers: Navajo Language in Print* Albuquerque: University of New Mexico Press.

[原载《世界华文教育》2015年第1期]

语言文字工作

全面认识语言性质　科学做好语言文字工作

科学保护各民族语言文字

国家通用文字政策论

论中国语言资源有声数据库的建设

信息化对辞书的重大影响

纪念《统一国语办法案》颁布一百周年

语言文字标准六十年

全面认识语言性质 科学做好语言文字工作[*]

2008年11月10—11日,国家语言文字工作委员会在北京召开了全国语言文字标准化工作会议。会议重申以构建和谐语言生活为新世纪的工作目标,并明确提出要树立科学的语言观、科学的语言文字规范观和科学的语言文字工作观。所谓"科学观",本质上是要依照科学规律行事。语言文字工作的质量,本质在于对语言结构规律、语言发展规律等的认识,而这些认识往往建立在全面认识语言性质的基础上。

一 语言的性质

（一）语言是人类最重要的交际工具

语言有诸多性质,最重要的性质是其交际职能。只有用于交际,语言才具有生命力;退出交际领域的语言,只能成为文化遗物;语言的其他性质,都是以交际职能为基础延伸拓展出来的,离开交际职能,语言的其他性质将会弱化甚至消失。

语言的交际职能要得到充分发挥,首要解决的是交际效率问

---

[*] 本文内容曾在2009年度全国语言文字工作年会（2009年2月24日）和广西2009年度语言文字工作会议（2009年5月7日）上做过报告,并在内部工作刊物《语言文字》2009年第1期上登载过。本次发表,做了较大修改。

题。提高语言交际效率，正是百年来我国语言文字工作的中心任务之所在。下面所列，目标都在解决语言交际的效率问题：

1. 语言统一

这属于语言的地位规划范畴。语言统一指的是一种趋势，其操作主要是疏通交际，理论上并不排斥其他语言或方言的存在和使用。当然，在实践中如果处理不当，语言统一也可能会挤压其他语言或方言的生存空间。

我国从清朝末年开始，一直在推行语言统一政策。汉语方言非常复杂，其复杂程度不亚于整个老欧洲的语言。在几代人的持续努力下，现代汉民族共同语建立了起来，并得到了逐步推广，汉民族的族内交际空前通畅。

我国有56个民族，使用着100多种语言[1]，有些语言还有较为复杂的方言。在我国，语言地位是平等的，语言权力是平等的，但是各种语言的发育程度并不相同，比如：有的有文字，有的没有文字；有的可以进入所有教育层级，有的只能进入小学或是中学教育层级，有的则没有进入学校教育；能够用于出版、广播、电影电视等的情况也差别巨大。因此，我国的100多种语言不可能发挥同等的社会交际功能。中华民族需要一个共同的交际工具，历史的发展选定了中国主体民族的普通话作为国家的通用语言。

语言统一也是一种国际趋势。世界经济正在快速一体化，全球交际愈来愈频繁，为了提高交际效率，人类不可避免地要选择一些大语言，作为国际的交际语言。据1992年的统计，世界前10位的语言是：汉语的使用者占世界总人口的15.2%，英语7.6%，印地语6.4%，西班牙语6.1%，俄语4.9%，阿拉伯语3.5%，孟加拉语

【1】孙宏开、胡增益、黄行主编的《中国的语言》，收集了129种中国语言的资料。

3.2%，葡萄牙语3%，法语2.1%，德语2%。[1]

汉语是世界上使用人口最多的语言，英语是目前世界上应用价值最高的语言。

2. 语言规范

这属于语言本体规划问题。语言规范包括语音规范、词汇规范、语法规范、文字规范、标点符号规范等等，规范的目标是遵循语言文字的结构规律和语言文字的发展规律，减少语言中的歧异成分，提高语言交际的效率和信息传递的精准度。语言规范是成体系的，包括政府发布的规范文件、辞书、教科书和典范作品等，其中政府的规范文件具有法律和行政效力，辞书、教科书和典范作品等则是指导性的规范。

时有古今，地有南北，人有三百六十行。不同时空、不同行业的人的语言聚集起来，决定了语言不可能是匀质的、纯净的。语言的非匀质性，既说明语言规范的必要性，也说明"语言纯洁观"的不可取。语言规范必须要有度，规范对象应是那些妨碍语言交际的成素，"一个意思只有一种表达形式"的简化方案，往往是难以实施的；语言规范的实施要有节，行政命令的效果常常不如教育引导，语言发展的基本规律是"约定俗成"，因此规范生效需要时间，需要实践。语言规范应能促进语言文字的健康发展，而不是桎梏语言文字的发展。

3. 语言技术

语言的发展从来就是与科学技术联系在一起的。文字是人类发明的第一种最为重要的语言技术，它使口语超越空间的限制可以达远，超越时间的限制可以传后，并因书面语的产生而促进了语言的

---

[1] 见中国现代化战略研究课题组、中国科学院中国现代化研究中心《中国现代化报告2009年》。

发展。文字的产生大大提高了语言的交际效率。此后，书写工具和制字方式不断改进，由一笔一画写字到印刷成字，再到键盘打字、激光照排、语音文字相互转换等。电报、传真、电话、录音、网络、通信卫星等，使语言（口语、书面语）的传播、储存技术发生了革命性变化。

每一种语言技术的出现，都使语言交际效率有所提升；而提升交际效率的欲望是无止境的，这种欲望促进人类不断发展语言技术。当前，信息技术已经成为最重要的语言技术，可以称之为"现代语言技术"。现代语言技术使语言的加工、储存、传输等都可以数字化。过去不识字是文盲，而今不能掌握现代语言技术，便可能成为"新文盲"。

语言发展史也包含着语言技术的发展史。每种新的语言技术出现，不仅能够提高语言的使用效率，而且会出现新的语言职业，形成新的语言产业，为社会的经济发展做出贡献。新的语言技术常常替代原有的语言技术，导致原有语言技术退出应用领域，进入传统工艺范畴。比如钢笔、圆珠笔的出现，使笔、墨、砚退出了应用领域，书法家用毛笔写字是艺术创作，一般人用毛笔写字是感受传统文化。

4. 公民语言能力

要提高语言交际效率，还要靠公民的语言能力。公民语言能力差，即便有再好的语言规范，再好的语言技术，语言交际的效率也不会高。就一种语言来说，语言能力包括口语能力和书面语能力[1]。现代社会的发展趋势是多语生活，语言教育的重要任务之一就是要培养"双语人"或"多语人"，因此，对公民的语言能力

【1】没有文字的语言就没有书面语。这种语言还处于自然状态，一般也不需要衡量人们的语言能力。

还应当有语种的要求。如前所述,现代语言技术在现代语言生活中具有重要地位,公民语言能力也应包括掌握现代语言技术的能力。

语言能力的获得分两个阶段:一般口语能力应当在七岁之前就得到较好发展;学校培养的主要是书面语言能力和现代语言技术,同时也担负着提高口语能力的任务。中国总体上是一个单语社会,一些少数民族地区是双语社会或多语社会。中国公民外语能力的培养,还是一道难题。

公民语言能力属于公民文化素质的范畴,直接关系到国家人力资源的状况。国际上许多国家都有公民语言能力的标准,要求公民能够掌握几门语言,每种语言达到什么样的水平。我国正在由人力资源大国向人力资源强国发展,在此发展过程中,也需要制定符合我国国情和未来发展战略的公民语言能力标准。

(二)语言是人类最重要的思维工具

思维不可能赤裸裸地进行,必须凭借一定的思维工具。据研究,人类的思维有情景思维、形象思维和逻辑思维之分,逻辑思维的工具是语言,其他思维也需要语言的某种程度的介入。人类思维尽管可以使用许多工具,但大量研究表明,语言是最为重要的思维工具。

语言只有用于交际,才能用于思维。掌握双语或多语的人,其语言中一般都有一种语言是优势语言,这种优势语言是双语人或多语人最常用、最娴熟的思维工具。这种优势语言一般是母语,或者是第一语言。人可以用不熟悉的语言进行交际,但是很难用不熟悉的语言进行思维。人的最高思维水平,一般来说要用母语思维才能达到。中国的科学家大多数只是在表达的层面使用外语,没有几个人真正用外语思维。维护母语,热爱母语,不仅因为母语是自己所属社团的徽记,而且是因为母语在人生当中的重要地位,在创新型国家中的重要地位。[1]

(三) 语言和文化

语言和文化的关系，可以概括为：语言是文化的重要组成部分，语言是文化最为重要的载体。民族文化主要保存在三种载体中从而形成三类文化：实物文化，如建筑、服装、绘画、雕塑等等；文献文化，用书面语保存的文化；口语文化，用口头语言保存的文化。后两种都是以语言为载体的文化，实物文化的内涵也需要用语言解释。人类的文化80%需要靠语言文字来负载。因此，文化的根基在语言，特别是在口语。没有口语的存在，民族的文化就会慢慢衰老。

语言是文化资源，需要保护，需要开发。语言是精神家园，需要守护，需要敬仰。

(四) 语言是民族的徽记

语言与一定的民族相关联。尽管有的民族转用了他族的语言，有的民族使用着两种或多种语言，但是总体而言，语言是民族的标志。语言就像是民族的图腾，语言是维系民族的纽带，语言饱含着民族情感。

语言平等是民族平等的重要表现，也是我国的基本语言政策。为什么我国这么多民族可以和睦相处，就在于中华民族相互尊重。语言歧视就等于民族歧视。历史上有大量的强迫语言同化的例子，如都德的《最后的一课》记录的德国对法国的语言同化，如当年沙

【1】1999年11月，联合国教科文组织的一般性大会宣布，2000年起，每年的2月21日为国际母语日（International Mother Language Day）。纪念国际母语日，就是要强调母语意识，进而保护语言和文化的多样性。

俄对波兰的语言同化，如甲午战争之后日本对台湾的语言同化等。强迫进行语言同化的结果，都跟统治者的意愿相反。语言这种民族徽记，本民族可以自愿放弃，他民族不能强力毁灭。

二　汉语的复杂性

汉语是中国主体民族的语言，不仅地位重要，而且由于其历史悠久，使用人口众多，致使其内部方言分歧严重，其外部语言生态复杂。

（一）方言复杂

方言附属于语言，判别方言的标准虽然与语言可懂度有关，但不取决于语言可懂度，而取决于语言认同。在欧洲，很多语言之间都能相互通话，比如德语和荷兰语之间，但它们是不同的语言。汉语不同，方言差别大，不仅南北方言不能通话，就是粤方言、闽南方言、闽北方言、客家方言、吴方言、赣方言、湘方言等南方方言之间，通话也相当困难。但是这些方言没有分化为不同的语言，是因为大家都认同自己说的是汉语。中国历史上分分合合，直到今天还没有完全统一，为何能够实现语言认同，这就需要从文化上甚至汉字上寻找原因。维护这种语言认同，是民族统一、国家统一的重要力量。同时，方言保存着丰富的中华文化，系连着方言区人民的感情，并为共同语源源不断地输入有用成分，对待方言需要有科学的态度。

（二）普通话的双重身份

普通话既是汉民族的共同语，又是国家的通用语言。满族、回族等少数民族,已经放弃了自己的语言转用汉语,还有很多少数民族,汉语是他们的第二语言。在多元一体的中华大家庭中,普通话既是族际交际工具,又是各民族发展的一种力量。对外,普通话是代表国家的语言,需要各民族共同维护,对待普通话的态度往往会牵涉到国家认同。

(三)地方普通话

一般人说普通话达不到优秀播音员的水平,总会带一些方言口音或民族口音,这些带有方言口音或民族口音的普通话,俗称为"地方普通话"。地方普通话虽然不标准,但却是当前多数中国人的普通话,在现实生活中发挥着重要的交际作用。地方普通话的地位、特点和价值,都需要纳入到国家语言规划的视野。

(四)华语

香港、澳门、台湾以及海外的新加坡、马来西亚、印度尼西亚等华人社区,人们不仅操各种汉语方言,而且还形成了超越方言的华语。各地的华语有共性,都是以普通话为基础的,但也各有特点。各地华语正在相互沟通,相互吸收,缩减差异。2010年5月17日在人民大会堂举行出版座谈会的《全球华语词典》,便是一部旨在沟通各地华语的辞书。中国的语言规划应当考虑到华语的问题。

(五)简繁汉字

在文字上,大陆一般情况下使用简化字,有特殊需要时也使用繁体字。中国大陆(内地)之外的华人社区(包括海外的唐人街),有使用简化字的,有使用繁体字的,也有印刷用繁体字、手写杂用简体字的。[1]简繁两种形体,简繁分工合用,简繁文本相互转换,形成了当代汉字生活的复杂状况。

(六)汉字文化圈

历史上,汉语汉字汉文化传播到周边的国家和地区,为四邻的语言文字和文化发展做出了贡献,并形成了所谓的"汉字文化圈"。属于汉字文化圈的国家或地区,历史文献用汉字记载着,语言中吸纳了大量的汉语词汇,有的现在还使用着汉字,有的文字是由汉字滋生嬗变的。汉字文化圈对汉语汉字有着特殊的关注和需求。

此外,汉语作为中国语言的代表,还被许多国际组织所使用,被许多国家的人民作为外语来学习。特别是近些年来,汉语走向世界的步伐在加快,汉语国际教育成为中国、海外华人社区,乃至世界许多国家的热门话题。

汉语是世界上颇有特色、应用复杂、涉及国内外许多方面的语言,做好国家通用语言文字工作,需要科学态度,需要统筹兼顾,更是需要智慧。

三 语言文字工作

语言文字工作的科学性,建基于对语言性质的科学认识。本文不可能全面论述语言文字工作,只从解决语言问题、保护和开发语言资源、维护语言权利等方面做简要阐述。

【1】大陆称"简化字",台湾称"简体字"。

（一）解决语言"问题"

语言文字工作首先要解决"语言问题"。解决语言问题，最重要的是处理好各种语言关系，例如：

1. 普通话与方言的关系。
2. 普通话与"地方普通话"的关系。
3. 普通话与各华人社区的华语的关系，其中也包括简繁汉字之间的关系。
4. 国内各民族语言之间的关系。包括：汉语和少数民族语言之间的关系，其中最主要的是国家通用语言（普通话）与少数民族语言的关系。民族自治地方大语言和小语言之间的关系，有文字语言和没有文字语言之间的关系。
5. 跨境语言问题。
6. 母语同外语的关系，其中也包括中国需要的各外语语种间的关系。

处理语言关系、解决语言问题的理念是"和谐"。和谐的基础是在相互尊重的前提下实现主体性与多样性的辩证统一。国家通用语言是中华民族公用的交际工具，对外是中华语言的代表，发挥着国家语言的职能。这就是主体性。但是在不同的民族地区，在不同的方言区，在不同的交际场合，少数民族语言、汉语方言、地方普通话、外语也都有其重要作用；各地华语也在为海外华人社区服务。这就是多样性。各种语言和语言的各种变体，都能够在不同领域、不同层面、不同地区发挥自己的作用，各展其长，各尽其能，各得其所。这就是主体性与多样性的辩证统一，这样就能营造和谐的语言生活。

（二）保护和开发语言资源

语言不仅是"问题"，语言还是资源。关于语言资源问题，有几点需要正视：

第一，语言资源还没有成为公共理念，没有引起社会对语言资源的应有重视。

第二，在当今时代，语言资源不仅是文化资源，还是经济资源，语言文字规律随着信息化的发展已经具有工业标准的性质，可以转化为生产力。语言资源开发，必然形成语言产业、语言职业，语言经济已经成为社会经济的重要组成部分。但是，人们对信息时代的语言资源问题缺乏应有的关注，语言产业、语言职业、语言经济等概念还有待社会公认。

第三，语言资源流失严重。《中国现代化报告2009》引用了国际上的一个说法："专家预计，在21世纪，现存语言的90%将可能消失。"这一数字不一定确实，但是世界大多数语言都存在生存危机确是事实。

语言资源的保护，应当引起多方关注，应当尽早采取措施。

（三）维护语言权利

语言权利是语言规划的重要问题，也是人们经常遇到、需要解决然而研究十分有限的领域。语言是社会的也是个人的，语言权利因而也可以分为群体语言权利和公众语言权利。这里囿于学术和篇幅，不可能系统讨论语言权利，只是点出两点需要关注的问题，里面包含着需要开展的工作。

第一，在群体语言权利方面，当前应当关注中国在国际上的话语权问题。改革开放使中国由"本土型"发展为"国际型"，国际型的中国必须在国际上拥有话语权，把一个真实的中国告诉给世界，以获取良性的国际生态；把中国对国际问题的看法告诉给世界，以对国际事务负起应有的责任，发挥应有的作用。获取话语权，首先应当有话语权的意识。其次应当熟悉国际话语规则。然后应有有效举措。最重要的举措是要制定长远的规划，特别是在政治、经济、军事、外交、文化、教育、科技、新闻、语言等各个领域，培养熟悉国际话语规则、能够获取话语权的优秀人才。

第二，在公众的语言权利方面，最为主要的是公众能够通过他熟悉的语言获取公共信息。从另一个角度看，这是政府和社会用何种语言向公众提供公共服务的问题。这里要特别强调一些特殊群体的语言服务问题，如：只会说汉语方言和少数民族语言的"单语人"，盲、聋、哑、智障等有语言障碍的人群，来到中国但不会讲普通话的外国人，等等。

近些年来，社会对语言文字问题的关注度越来越高，语言文字问题不断形成社会舆论的热点话题。这些热点话题，有些是语言生活发展提出的新问题，有些是历史"文化官司"的再过堂；在讨论中，有学术争鸣，有政策切磋，也有情感的喧腾。对这些热点话题应及时关注，分析其成因，预测其走向，而且还要从讨论中汲取营养。总之，语言文字工作者应当遵循语言规律，树立科学的语言观、科学的语言文字规范观和科学的语言文字工作观，满怀激情地把语言文字工作做好。

主要参考文献

陈章太 2008 《论语言资源》，《语言文字应用》第1期。
达·巴特尔 2007 《论语言资源保护》，《内蒙古社会科学》第6期。
戴庆厦主编 1993 《跨境语言研究》，中央民族学院出版社。
戴庆厦主编 2009 《中国少数民族语言研究60年》，中央民族大学出版社。
李宇明 2010a 《中国语言规划论》，商务印书馆。
李宇明 2010b 《中国语言规划续论》，商务印书馆。
李宇明主编 2010 《全球华语词典》，商务印书馆。

孙宏开、胡增益、黄行主编 2007 《中国的语言》，商务印书馆。
文字改革出版社编 1958 《清末文字改革文集》，文字改革出版社。
徐大明 2008 《语言资源管理规划及语言资源议题》，《郑州大学学报（哲学社会科学版）》第1期。
徐世璇 2001 《濒危语言研究》，中央民族大学出版社。
姚亚平 1994 《论人类语言交往中的科技进步与科技转化》，《语言文字应用》第1期。
中国现代化战略研究课题组、中国科学院中国现代化研究中心 2009 《中国现代化报告2009年》，北京大学出报社。
中国语言文字使用情况调查领导小组办公室编 2006 《中国语言文字使用情况调查资料》，语文出版社。
宗成庆、高庆狮 2008 《中国语言技术进展》，《中国计算机学会通讯》第8期。

［原载徐大明、王铁琨主编《中国语言战略（第一辑）》，上海译文出版社，2012年3月］

科学保护各民族语言文字

2011年10月,中国共产党十七届六中全会通过了《中共中央关于深化文化体制改革 推动社会主义文化大发展大繁荣若干重大问题的决定》,指出要"大力推广和规范使用国家通用语言文字,科学保护各民族语言文字"。这是中国共产党第一次在中央全会的决定中对语言文字事业提出明确要求,凸显了语言文字事业在文化建设中的战略地位。今年适逢《语言文字应用》创刊20周年,并以此为题组织专家笔谈,及时而有意义。

我国有56个民族,100余种语言,现在常用的文字近30种。这些语言文字,都是中华民族的文化瑰宝,在国际或国家的不同层面发挥着交际作用,充当着国人的最为重要的思维工具,记录着中华民族的历史和文化。对于这些语言文字,我们必须平等对待它们,充分尊重它们,由衷珍爱它们,科学保护它们,开发利用它们。科学保护各民族语言文字,有如下几点是应当注意的:

一 树立科学的语言生活观

"地位平等、功能互补",是我国语言文字在语言生活中的基本状况。语言平等是我国民族平等政策的必然要求,是宪法精神的具体体现,同时也符合"人人平等"的普世价值观。但是,"语言平等"是政治地位的平等，语言地位的平等，在现实语言生活中，各种语言文字所发挥的作用其实并不相同。这是因为：

1. 各种语言的发育状态不同：有的有共同语，有的尚未形成共同语；有的有方言，有的没有方言；有的有文字，有的没有文字；有的有大量的书面文献，有的只有口头传说；有的能够进行小学教育，有的能够进行中学教育，有的可以进行大学教育。

2. 因各种历史因素的作用，使用状况各有不同：有的语言文字为国家所通用，有的在本民族自治地方使用，有的只是本民族一部分成员在特定场合使用；有的有报纸、图书、广播、电视、电影等各种传播载体和书面成果，广泛应用于社会各领域，而有的只在社会一部分领域甚至只在家庭使用；有的不仅本民族使用，其他民族也争相学习和使用，而有的连本民族成员都在放弃或已经放弃，语言处在濒危状态甚至即将消亡。

但是不管语言的发育状态如何，使用状况如何，它们都在语言生活中发挥着一定的功能，除非已经消亡。而且，各种语言文字在语言生活中所发挥的功能是相互补充的，相互辅助的。普通话是汉民族共同语，也是国家通用语言，其功能是在跨方言、跨民族的层面上发挥交际作用，在教育、新闻出版、行政、公共服务、科技、军事等领域发挥主要交际作用，在国际生活中代表国家行使语言职责。但是，人们不可能在所有场合都使用普通话，少数民族语言、汉语方言、外国语言都有它最适宜使用的场合，都有不可替代的作用。普通话与它们的功能是互补的，在语言生活中的作用是相辅相成的。

科学保护各民族语言文字，并不是要削弱国家通用语言文字的功能，减弱推广普及国家通用语言文字的力度，相反，国家通用语言文字还需要大力推广普及，需要大力提倡规范使用；同时更要重视发挥少数民族语言文字、汉语方言的作用，保护其应有的使用空间。我国拥有丰富的语言文字资源，语言关系处理得好，是国家宝贵的文化财富；语言关系处理不好，就会发生冲突，文化财富会变成"社会问题"。当然，多语言国度的语言生活，语言矛盾是不可避免的，关键是要有科学的语言生活观，不要把"大力推广和规范使用国家通用语言文字"同"科学保护各民族语言文字"分割开来，对立起来；不要人为扩大语言矛盾，要有解决矛盾的有效机制，要通过语言功能调适来维持语言生活的和谐有序。科学的语言生活观，是科学保护各民族语言文字的前提。

二 制定科学的语言保护规划

"科学保护各民族语言文字"，不是摆放在共和国大厅里的花瓶，而是牵涉广泛、影响深远且时间急迫又有点敏感的行动。如此之行动必须要有科学的行动规划。

语言保护规划首先是顶层设计，要谋求法律的保障，谋求通过宣传、教育、示范等方式建立社会的语言保护意识，谋求建立上下左右有效协调的运作机制，谋求具体有效的各种举措。

其次，要深入了解各民族语言文字的发育状态和使用状况，根据不同语言文字的实态，制定切合实际的语言保护规划。比如，对于即将消亡的语言，当务之急是"语言保存"，应尽快进行全方位的语言实态调查，建立永久保存的数据库，像保护非物质文化遗产那样确立"语言传承人"名录；对于濒危中的语言，要通过祖孙隔代传承、建立语言保护区、建设语言文字博物馆等措施，进行"语言抢救"；对于有衰落倾向的语言，主要是通过教育传承、鼓励应用等措施，增加其语言活力；对于具有活力的语言，主要是在政策、教育、使用等层面保持其语言活力。

其三，语言保护规划应当是综合性的社会动员规划，要靠专家和热心人，但不能只靠专家和热心人；规划应当是可以持续进行的，特别是应当具有操作性，语言保护措施应当与社会的经济文化发展相适应，与社会的语言保护意识相适应，不能超出社会的承受力。

其四，语言保护涉及民族与个人，采取什么样的方式进行保护，应充分尊重语言使用者的意愿，应经常进行协商取得一致意见，忌讳越俎代庖，更忌讳强加于人。

三　采用科学的语言保护方法

语言是人使用的，语言保护必须"以人为本"。语言与文化的关系十分密切，语言是文化的根基，又是在文化的"培养基"中发育成长的。因此，语言保护的各种方法都必须考虑到使用语言的人，考虑到语言所负载的亦是语言所根植的文化因素。这种"以人为本，语言与文化一体"的理念，具有语言保护的方法论意义。语言保护的方法很多，应当对这些方法进行全面梳理，深入分析，依据国情及"以人为本，语言与文化一体"的理念择良而用。

需特别强调的是，应重视现代语言技术的运用。现代语言技术主要是录音、照相、录像等方面的数字技术，以及数据库技术等。要制定适合语言保护用的技术标准，研发、优化相关的软件，集成为技术包，并注意优选合适的硬件装备。就技术标准、软硬件的使用以及相关问题进行人员培训，形成一支具有新思维、新装备的技术队伍。国家语委主持的"中国语言资源有声数据库"的建设经验，值得借鉴。

互联网时代，要充分重视互联网的应用，通过虚拟世界促进现实世界的工作。通过互联网进行语言保护的宣传及其动态报道，以提高社会的语言保护观念，提升社会的知情度和参与度；提倡在互联网上学习和使用各民族的语言文字，以扩大语言文字的活力；创办虚拟的语言文字博物馆、展览馆,便于更多的人利用语言文字的保护成果。更为有意义的是,发动网民参与到语言保护的具体工程建设中,比如提供语音资料、风土人文的图片和视频等等。在互联网十分发达、网民数量超过五亿的今天[1],互联网的作用绝不可低估。

四 充分开发语言保护的效益

语言保护是有效益的。其效益主要有三个方面:首先是社会效益。应该有这样的评估:开展了语言保护工作之后,语言生活是否比过去和谐了,国家语言文字是否能够充分行使其职能,语言使用者是否满意,语言矛盾是否有所消解,语言濒危的势头是否得到遏制……。其次是经济效益。语言保护需要投入,但是也能够产生一定的经济效益。比如促进新闻出版、旅游、会展、语言艺术等文化产业的发展,产生一些语言文化方面的新职业、新产业,利用语言资源发展语言信息产业等。当然,还可以考虑学术效益。语言保护本身就具有很高的学术含量,能够推动语言学、民俗学、人类文化学、信息科学的发展;通过语言保护所产生的语言资源,用于学术研究,也能促进许多学科的发展。

语言保护需要建立强烈的效益意识。在制定规划之时就要仔细谋划,在保护过程中就要有效益利用的评价指标,边保护边开发。语言保护能否可持续进行,关键在于对语言保护效益的开发利用。

[原载《语言文字应用》2012年第2期]

【1】截至2014年6月底,我国已经拥有6.32亿网民。

国家通用文字政策论[*]

文字政策是语言政策的一个部分，在中国，文字政策更是语言政策的重要组成部分。这不仅因为中国有近30种文字在使用，而且也因为中国自古重视文字，重视书面文献，相对轻视口语。被称为"小学"的中国传统语文学，分音韵、文字、训诂三门，其研究对象大致就是汉字"音、形、义"三要素，或者说"小学"就是由文字三要素生发出来的学问。中国现代意义上的语言学的产生，以1898年马建忠之《马氏文通》的出版为标志。现代意义上的语言学的诞生与发展，"小学"的地位有所下降，但其研究内容、研究方法、研究成果逐渐融入现代语言学之中，其中文字学的地位反倒得到加强，文字学研究得到了新发展。

文字之学在中国古今不衰，是因为文字在中国人的语言意识中具有重要地位，也是因为汉字具有无穷的学术魅力。世界上有文字的语言多数都采用拼音制，拼音字母的文字要素相对简单，只有音、形两要素；而汉字有音、形、义三要素，且字量庞大，字形复杂，字义繁盛，汉字的学习、使用和研究都比拼音文字的字母有更为复杂的内容，需要更高的智慧运转，文字生活也自然就更加丰富

---

[*] 本文根据2012年元月11日在日本早稻田大学孔子学院的演讲整理而成。

多彩。语言政策是管理语言生活的。在使用拼音文字的国度里，其语言政策中关于文字生活的内容较少，而中国的语言政策中，文字政策占有重要地位，也需要较多的内容。

本文从三个方面来阐述中国的通用文字政策：第一，规范汉字是国家通用文字；第二，文字的规范化、标准化与信息化；第三，汉语拼音的地位与功能。有些讨论也涉及民族文字政策问题。

一 规范汉字是国家通用文字

中国的通用文字政策，主要体现在2000年10月31日通过的《中华人民共和国国家通用语言文字法》（简称"《国家通用语言文字法》"）中。该法是中国21世纪生效的第一部法律，其第一章总则的第二条规定："本法所称的国家通用语言文字是普通话和规范汉字"。这是国家用法律形式第一次明确规范汉字的"国家通用文字"地位。

（一）规范汉字

规范汉字是指经过整理、由国家发布、在通用领域使用的现代标准汉字。[1]这一定义包含以下几个方面的意思：

第一，规范汉字是经过整理的。

汉字在其发展历程中不断得到整理，如秦代之"书同文"，"罢其不与秦文合者"，结束了六国长期割据所形成的"文字异形"的纷乱局面；汉代许慎《说文解字》、蔡邕《熹平石经》，

---

[1] 曹先擢、傅永和、王宁、张万彬、王铁琨、费锦昌、张书岩、王立军、王翠叶、王敏、陈双新等先生，对"规范汉字"这一概念多有研究。本文规范汉字的定义，是在他们研究基础上的总结，其中受到曹先擢、王宁、张万彬、王铁琨、王翠叶等先生的影响尤大，特此鸣谢。

唐代张参《五经文字》、唐玄度《九经字样》、颜元孙《干禄字书》，清代的《康熙字典》等，对汉字都具有程度不等的整理功能。近百年来，在语文现代化思潮的激荡下，对现代汉字的整理更为频繁和自觉。例如：

1913年（民国二年）2月25日，"读音统一会"在北京召开。审定了7100多字的国语读音，[1]奠定了现代汉字的字音基础。

1935年8月21日，国民政府教育部公布《第一批简体字表》，收简体字324个。这是20世纪20~30年代简体字运动成果的反映，是百年来政府颁布的第一个汉字简化方案，开启了汉字简化的先河。[2]

1956年1月28日，国务院全体会议第23次会议通过了《汉字简化方案》及《关于公布〈汉字简化方案〉的决议》。1964年5月，中国文字改革委员会（简称"文改会"）编印《简化字总表》，共简化汉字2238个。1986年10月《简化字总表》重新发表。[3]此表代表着当下中国汉字使用的基本规范。

1955年12月22日，文化部和文改会联合发布《第一批异体字整理表》。

1965年1月30日，文化部和文改会发布《印刷通用汉字字形表》，确定了6196个印刷通用汉字的字形。这种字形，印刷出版业称为"新字形"或"人民体"，是今天汉字字形规范的基本依据。

1988年1月26日，国家语委、国家教育委员会联合发布《现代汉语常用字表》。收汉字3500个，其中常用汉字2500个，次常用汉字1000个。

【1】参见文字改革出版社编（1958a）。
【2】1936年2月5日，教育部奉行政院之命，训令"简体字应暂缓推行"。
【3】与1964年的《简化字总表》相比，只涉及"叠、覆、像、囉、余、瞭、骲"7个字的调整。

1988年3月25日，国家语委、新闻出版署联合发布《现代汉语通用字表》。收7000个通用汉字。

1997年12月1日，国家语委发布《GB13000.1字符集汉字部件规范》。

1999年10月1日，国家语委发布《GB13000.1字符集汉字字序（笔画序）规范》。

2001年12月19日，教育部、国家语委发布《GB13000.1字符集汉字折笔规范》。

2009年1月12日，教育部、国家语委发布《汉字部首表》、《GB13000.1字符集汉字部首归部规范》。

2009年3月24日，教育部、国家语委发布《现代常用字部件及部件名称规范》。

规范汉字就是在几千年汉字积累与整理的基础上，经过近百年来的整理逐步形成的，体现了对汉字系统的不断优化。当然，时代在发展，社会语言生活也在不断发生变化，对汉字的整理仍然需要适时进行。现在已经研制完成、等待发布的《通用规范汉字表》[1]，就是为适应现代汉字生活而研制的新的汉字规范。《通用规范汉字表》收字8000有余，并有新整理的简繁汉字对照表和正异汉字对照表。

第二，规范汉字是由国家认定的。

语言的产生使人类最终脱离动物界成为万物灵长，文字的产生使人类脱离野蛮进入文明时代。相传仓颉造字时"天雨粟，鬼夜哭"，这固然是历史传说，但也从一个侧面说明了文字产生是人类历史上动天地、泣鬼神的大事业。早期文字掌握在宫廷巫吏手中，

【1】李按：《通用规范汉字表》2013年6月已由国务院正式发布。字表收字8105个，其中一级字表收字3500个，二级字表收字3000个，三级字表收字1605个。

之后逐渐有官学民庠。学校的兴起，文字走出巫吏之手，由人神沟通的秘符成为人际交流的工具；文字走出宫廷墙垣，由官府专利成为社会公器。文字使用功能的不断发展，不仅需要对文字进行整理，而且需要对整理结果给以权威认定，因为文字关乎政令统一、文牍正畅和学脉传承。正如许慎在《说文解字·序》中所言："盖文字者，经艺之本，王政之始，前人所以垂后，后人所以识古。"

历史上很多朝代都对文字的使用较为关注，或是直接发布正字，或是钦定辞书，或是官府提倡。例如：秦代的书同文是政府直接进行的，罢黜六国文字，立小篆为正字。汉代许慎也将《说文解字》献于朝廷。熹平石经得到汉灵帝许可，立于太学讲堂，向天下公布经、文范本，开创了中国用石经来正文正字的先河。《五经文字》、《九经字样》都是奉诏而作，书于太学屋壁。《干禄字书》为赠秘书监之作。清代《康熙字典》是钦定字书。切音字运动时期，卢戆章、劳乃宣都曾将其切音字方案上呈朝廷，"恭候钦定，颁行天下"[1]。

1911年，学部中央教育会议议决《统一国语办法案》。自此开始，包括文字在内的语言文字规范，必经政府发布或认定，已成故例。现代社会，教育普及，科学昌明，文字的社会作用与古代相比更为重要，牵涉到全民的语言生活，牵涉到国事运作，因此，全社会必须有统一的文字。国家对规范汉字给以认定，既是使规范汉字具有权威性，也是对现代汉字整理的科学成果的认定。

第三，规范汉字是在通用领域使用的。

文字使用领域非常广泛，文字的功能多种多样，文字生活纷纭多彩，要在所有领域让所有的人都使用规范汉字，既不合理也不可

---

[1] 劳乃宣《进呈〈简字谱录〉折》，见文字改革出版社编（1958b，79页）。

能。如前所述,秦时的规范文字是小篆,但是官府的书隶们为了应付繁重的文牍事务,在非正规场合创造、使用了隶书。唐《干禄字书》把字分为正、通、俗三类,在科举考试、朝堂政务等正规场合使用正字,书信留言、记账备忘之类则可以使用通字或俗字,各得其所,各得其用。

文字使用的历史经验,在《国家通用语言文字法》中得到了很好体现。该法第二章规定了国家机关、教育机构、汉语文出版物、广播电影电视、公共服务行业等,应当使用规范汉字,还具体规定广播电影电视用字、公共场所的设施用字、招牌广告用字、企业事业组织名称、在境内销售的商品的包装说明、信息处理和信息技术产品等,也应使用规范汉字。同时该法也规定了一些特殊场合可以保留或使用繁体字、异体字,如文物古迹,姓氏,书法、篆刻等艺术作品,题词和招牌的手书字,出版、教学、研究中需要使用的等。

《国家通用语言文字法》的立法目的十分清楚:既保证规范汉字在通用领域中通用,保证国家信息畅通,同时也为传统汉字的使用保留了空间,在文字生活中贯彻了主体性与多样性的辩证统一。

第四,汉字规范具有历史性和空间性。

汉字已经有几千年的历史,不同时代有不同时代的正字。秦有秦之正字,汉有汉之正字,唐有唐之正字,当今有当今之正字。规范汉字是现代的标准汉字,是记录现代汉语的标准汉字。很显然,汉字规范是与时俱进的,具有历史性;社会也应当有正字的历史观,不应以古律今,不必以旧范新。

汉字规范不仅具有历史性,而且也具有空间性。由于中华文化的历史魅力,汉字早就传播到东亚邻国和南海周边,在该地区具有广泛影响。中国大陆在使用汉字,中国的其他地区和周边国家也在使用或不同程度地使用汉字,不同的国家和地区也可以有自己的正字标准。比如日本有日本的标准汉字、韩国有韩国的标准汉字。甚至中国的台湾地区、香港和澳门特别行政区，也可以有自己的正字标准。

当然，汉字规范的空间性虽然认可不同地区和国家的汉字正字标准，但是必然大家生活在同一时代，或者是同胞，或者是邻居，在共时的层面上使用着有共同来源的汉字，无论是从信息传递的角度看，还是从文化交流的角度看，都应当相互沟通，缩小差异，特别是不要人为扩大相互之间的差异。

（二）文字平等政策与国家通用文字

规范汉字既是记录现代汉民族共同语的汉字规范，同时也是国家的通用文字。要正确地把握国家通用语言文字的使用，需要了解中国文字的基本状况，了解中国的文字平等政策。

第一，中国是一个多民族多语言多文种的国家。

中国的语言文字状况比较复杂。官方认可的民族有56个，还有一些人群的民族成分没有认定，如西藏的僜人、夏尔巴人，云南的八甲人、老品人、克木人等。语言与民族的关系是纵横交错的，传统的所谓"一个民族一种语言"的说法，是把问题简单化了。

中国究竟有多少语言，还是一个当今难下定论的问题。据孙宏开、胡增益、黄行等先生的《中国的语言》[1]报道，中国现有语言129种。不过其中有些是混合语，有些语言的身份还有待确定。笔者认为，说中国有100多种语言，可能较为稳妥。在这100多种语言中，有文字的语言不足1/4。据研究，目前有文字的少数民族有22个，使用着28种民族文字[2]；加上汉族汉字，可以说中国的23

【1】 商务印书馆，2007年。
【2】 参见戴庆厦主编（2009，2页）。

个民族使用着29种文字。

第二，地位平等，功能互补。

中国实行民族平等政策，民族区域自治是中国重要的政治制度。民族平等体现在多个方面，语言文字平等是主要方面之一。中华人民共和国《宪法》《民族区域自治法》《教育法》《义务教育法》《民事诉讼法》《刑事诉讼法》《国家通用语言文字法》等法律中，都有关于保证少数民族语言文字使用的规定。其中《国家通用语言文字法》第八条表述得最为精炼："各民族都有使用和发展自己语言文字的自由。"

但是，语言文字平等主要是语言地位上的平等，在现实使用中是有差别的，特别是文字的使用更是如此。有许多语言没有文字，这样的语言就不容易进入学校教育，不能够具有自己的出版传媒体系，不能够在国家的政治生活中发挥作用。有文字的语言，由于文字体系的发育状态不同，使用状况也有较大差异。

规范汉字不仅是汉民族最为通用的交际工具，而且在国家交际层面，在跨民族交际层面，在对外国际交际层面，也是最为通用的交际工具，发挥着其他中国文字无法比肩的作用。不过，这并不等于说可以用规范汉字代替其他中国文字。在国家重要的政治生活中，在特殊的交际场合中，也会同时使用少数民族文字。比如，在全国人民代表大会和全国政治协商会议召开期间，会使用蒙古文、藏文、维吾尔文、哈萨克文、朝鲜文、彝文、壮文等七种少数民族文字为会议工作；国家一些重要的法律、文件等，也都会翻译为这七种文字。

在民族自治地方，普遍实行"双语"或"多语"制度，文字上自然也是使用"双文"或"多文"制度。在国家通用文字与少数民族文字共同使用时，一般都是少数民族文字在上，国家通用文字在下，以显示对少数民族文字的尊重，其实也是对少数民族的尊重。

显然，中国各民族的语言文字具有平等的政治地位和语言地位，但是由于各种文字的发育状态和使用状况不同，在现实语言生活中所发挥的功能也不相同。处理好国家通用文字与民族文字的关系，处理好各少数民族文字之间的关系，就可以使文字生活和谐，各种文字在使用功能上相互补益。

二　汉字的规范化、标准化和信息化

语言规划一般都细分为地位规划和本土规划。上节讲的是规范汉字的地位，属于地位规划；本节的内容基本上属于本体规划。汉字的本体规划，概括讲就是实现"三化"：规范化、标准化和信息化。[1]

（一）汉字规范化

中华人民共和国成立之后，语言文字工作主要完成三大任务。1958年1月10日，国务院总理周恩来在中国人民政治协商会议全国委员会作了《当前文字改革的任务》的报告。报告一开始就指出："当前文字改革的任务，就是：简化汉字，推广普通话，制定和推行《汉语拼音方案》。"[2]

周恩来总理当时所讲的"文字改革"，是广义的，其外延几乎包括了当时的所有语言文字工作。他所讲的"简化汉字"，也不仅仅是简化了一批汉字，而是在进行文字整理工作，目标是实现文字的规范化。正如周恩来总理所说："由于汉字难写，人民群

---

[1] 这"三化"，也适合国家的少数民族文字规划。事实上，中国少数民族文字的规范化、标准化和信息化工作已经有了较快发展。具体情况请参看李宇明主编（2011）。
[2] 周恩来（1958，1页）。

众不断创造了许多简字。尽管历代的统治者不承认，说它们是'别字''俗字'，简字还是在民间流行，并且受到群众的欢迎。因此，我们应该说，远在文字改革委员会成立之前，人民群众早已在改革汉字，而文字改革委员会的工作，无非是搜集、整理群众的创造，并且经过各方的讨论推广罢了。同时，我们也采用了某些日本简化了的汉字。可见使用简字方面存在的一些分歧并不是汉字简化工作引起的，而'汉字简化方案'的制定，目的正在于把这个分歧引导到一个统一的规范。只有在汉字简化工作方面采取积极措施，才能逐渐转变这种分歧现象。"[1]

当年以"简化汉字"名义所进行的文字整理工作，其实是清朝末年以来、包括民国时期的语言文字运动的继续，其中也受到东邻日本简化汉字的影响。当然，由于当时的历史条件，文字整理主要考虑的是中国大陆的文字生活，更多地照顾了成人扫盲和儿童识字问题。

（二）汉字标准化

1986年1月，中国召开了第一次"全国语言文字工作会议"，以此为标志，中国的语言文字工作进入了"新时期"。这次会议有许多值得关注的地方，与文字相关的问题有：

1. 建议废止《第二次汉字简化方案（草案）》。会后不久，国家语委就向国务院提交了《关于废止〈第二次汉字简化方案（草案）〉和纠正社会用字混乱现象的请示》[2]，国务院1986年6月24日为此发了批转通知："1977年12月20日发表的《第二次汉字简化方案（草案）》，自本通知下达之日起停止使用。今后，对汉字的

【1】周恩来（1958，5页）。
【2】见全国语言文字工作会议秘书处编（1987，331~333页）。

简化应持谨慎态度，使汉字的形体在一个时期内保持相对的稳定，以利社会应用。"[1]这表明进行了几十年的"汉字简化"工作到此将告一段落。

2．"汉语拼音化"不再作为当前国家语言文字工作的任务。时任国家语委主任刘导生在代表会议所作的《新时期的语言文字工作》报告中指出："汉字的前途到底如何，我国能不能实现汉语拼音文字，什么时候实现，怎样实现，那是将来的事情，不属于当前文字改革的任务……"[2]

3．实现文字的标准化。"文字规范化"和"文字标准化"这两个概念十分接近，要严格把二者的外延、内涵都解释清楚，还有点困难，大概可以说，标准化是高级的规范化，规范化的进一步升华就是标准化。前述保持汉字形体的相对稳定、汉字简化告一段落、汉语拼音化不作为当前的工作任务等，都是为实现文字的标准化创造条件。文字标准化就是使现代汉语用字做到"四定"：定量、定形、定音、定序。

1）定量

确定现代汉语的用字数量。汉字数量古今积累，中外交合，各种字形相加字量已在10万左右。其中，有些只存于字书之中，而从没有在现实生活中使用过；有些是古代使用而当今不用的古字；有些是异体字甚至是错讹字；有些字只是用在人名、地名中；有些字的读音、意义都不明确。就共时用字而言，字种数量远远不需要那么多。例如：

十三经，6544字。

孙中山《三民主义》，2134字。

【1】见全国语言文字工作会议秘书处编（1987，330页）。
【2】见全国语言文字工作会议秘书处编（1987，24页）。

老舍《骆驼祥子》，2413字。

《毛泽东选集》（1—5卷），3136字。

中国国家语言资源监测与研究中心采集2005年的报纸、广播电视、网络等语料，建成了总字次达到7亿的媒体语料库，对这个语料库的统计显示，581个汉字覆盖率为80%，934字覆盖率为90%，2314字覆盖率为99%。[1]

文字是用来记录语言的，文字的数量以能够较好记录语言为限。现行汉字是记录现代汉语的，因此，为实现文字的标准化，首先应当确定现代汉语的当用字量。就语文实践和大量数据来看，现行用字的总字量大约为8000—10 000，其中最常用字600左右，次最常用字1000左右，常用字2500左右。

2）定形

在一定的字量范围内，为每个汉字确定标准字形。定形牵涉到笔画样式、笔画书写顺序（笔顺）、笔画之间的平面关系（平行、连断、相接、交叉……）、偏旁类型、偏旁组合关系等等。字形确定要有一些基本原则，例如：

第一，一字一形。也许就书法和一些特殊的文字活动而言，一字多形有其意义，有其价值，但是就一般的文字生活而言，一字多形是低效的，是文字冗余现象。

第二，"厚今薄古"。汉字在历史演变中，字形发生了很大变化。一些不同的笔形演变成了相同笔形，一些不同的偏旁合流为一，也有一些相同的笔形和结构在不同的字中写法有异，还有一些字形习非成是。这些变化，这些现象，可能造成汉字原本的造字理据的泯失，加剧字际关系的错综复杂性。尽管如此，还是应当承认

【1】见国家语言资源监测与研究中心编（2006，7页）

汉字的这种演变结果，不应扭今复古。"约定俗成"是语言文字发展演变的第一定律，也是语言文字规范的首要依据。

第三，照顾系统。汉字结构具有系统性，在确定每个字的字形时，要考虑汉字的笔画系统、笔顺系统、偏旁系统、笔画组合系统、偏旁组合系统等等。尽量减少孤例，充分考虑汉字结构的系统性，有助于汉字字形系统的优化，也有助于提升汉字学习效率、节约社会记忆成本和汉字信息的加工成本。

汉字定形是循序渐进的工作，对于常用字的字形，要尽量少动或不动。字形整理时，还要考虑到更大字量的情况，考虑到其他使用汉字的国家和地区的情况。

3）定音

规定现代汉语用字的标准读音。由于语音演变、方言影响、外语读音介入、汉字字形分合等原因，便会产生一字多音现象。一字多音现象有的是"多音字"，有的是"异读字"。多音字的每一个字音对应一个或几个字义，每个读音都不是多余的；当然，每个读音是否都是必要的，需要"审音"。异读字是字义相同但读音不同，字之异读一般来说对于学习和使用是冗余的，需要选择一个音作为正音。

汉字定音，基本上是伴随着异读词审音进行的。1956年1月成立普通话审音委员会，1963年2月编出《普通话异读词三次审音总表初稿》。1982年10月成立新的普通话审音委员会，1985年12月发布《普通话异读词审音表》。

汉字定音工作仍是今天的重要任务。原来审音表的疏漏需要补正，新的字音现象需要审定，轻声儿化字需要有个固定的范围，有许多人名、地名、科技术语名的字音需要斟酌，中国使用的日本"国字"需要给一个汉语读音等等。2011年10月28日，成立了新一届普通话审音委员会，向社会开通了"普通话审音网"，审议通过了《普通话审音委员会章程》，听取了课题组的"普通话审音原则制定和《普通话异读词审音表》修订"的报告。新世纪的审音工作相信能够为汉字定音做更多的事情。

4）定序

确定现代汉语用字的排列顺序。汉字排序过去主要是字典、词典的需要，而到了信息数量"爆炸式"增加、信息检索成为日常事体的时候，字序的确定就显得重要起来，因为字序是信息排序的基本依据。

给汉字排序的方式有多种，不同的排序方式形成不同的字序。字序可概括为音序和形序。由于同音字的大量存在，音序一般来说是不能完全解决字序问题的，需要形序给以一定的帮助。形序往往与偏旁、笔画类、笔画数、笔顺等相关，因此，为了满足定序的需要，在汉字定形工作中还要确定偏旁部首、笔画类型，并要根据一定的规则确定偏旁部首的排序、笔画类型的排序和笔顺等。

（三）汉字信息化

文字标准化的提出，是为了主动适应计算机语言处理和信息检索等要求。1986年召开的全国语言文字工作会议就认识到："当前，世界正处于信息化迅速发展的时代，利用电子计算机进行信息处理，实现图书情报工作自动化，印刷排版现代化，生产管理自动化，以及办公室事务自动化，已经成为现代化建设中的重要课题。因此，加强语言文字研究，促进语言文字的规范化、标准化，提到了比以往任何时期都重要的地位。"[1]在当时能够认识到信息化与语言文字规范化、标准化的关系，应该说是具有远见卓识的。但

【1】 全国语言文字工作会议秘书处编（1987，22页）。

是，由于当时计算机语言处理的水平还十分有限，信息化的时代特征还不明显，只是"小荷才露尖尖角"，所以当时文字标准化的"标准"还不足够。随着计算机语言处理的发展，实现文字的信息化，还需要在"四定"的基础上做更多工作。

第一，要给每一个汉字一个计算机码位。过去汉字的要素是"形、音、义"三要素，文字信息化使汉字具有了"形、音、码、义"四要素。要使全世界所有的计算机都能够认识汉字而不至于出现乱码，必须通过国际标准化组织来统一对汉字进行编码。过去的汉字整理工作可以只在大陆进行，而文字信息化要求在不同的国度和地区间协作进行，并且还要得到国际社会的认可。**ISO/IEC10646**的工作，**CJK**[1]统一汉字编码字符集的工作，就是中国（大陆、台湾）、日本、韩国共同努力的结果，是汉字标准国际化的具体体现。

第二，汉字整理的字量空前加大。过去汉字整理基本上是在现代通用字的范围内进行的。但是，随着计算机语言处理能力的迅速提高，各种现实信息和历史文献信息都需要数字化。计算机需要处理的字量空前加大，以前不需要特别关注的人名、地名用字，物理化学和中医中药等科技用字，古代文献用字等，现在都进入了文字整理的视野。也就是说汉字整理的范围由通用字发展到特殊用字，由现代汉语用字发展到历史文献用字，甚至由隶楷等"今文字"发展到甲骨文、金文和篆书等"古文字"。

第三，字际关系成为突出问题。字量扩大其实并不仅仅是字量问题，还需要在更大的范围内考虑字形问题、字际关系问题等。字

---

[1] CJK是中文汉字（Chinese Hanzi）、日文汉字（Japanese Kanji）、韩文汉字（Korean Hanja）的缩写，其中C包括G（中国大陆使用的汉字）和T（中国台湾使用的汉字）。感谢张轴材先生提供的意见。

形问题集中在如何处理新旧字形、特别是在规范汉字之外的范围怎样处理新旧字形问题。而更艰巨的任务是字际关系的整理。庞大的字量，是不同时代、不同地区、不同场合用字的集聚，异体字占了很大比例，梳理字与字之间的关系，做好简繁汉字、正异汉字之间的对应，需要学术功力和大量的时间。特别是使用汉字的国家和地区还有不同的正字标准，互联网域名已经可以使用汉字，古代文献的出版印行成为现代文化生活的重要内容，这就需要建立大字量的字际关系映射表、古今汉字统一查检表。在如此背景下，字际关系的研究就显得更为重要。

第四，汉字标准成为工业标准。汉字信息化使汉字标准由文化规范成为工业标准，由为人服务的柔性规范成为为机器服务的刚性标准，由文化消费成为可以赚取经济红利的文化产品。这种转变从政策、管理、研制、推广、社会理念等各方面，从标准制定、发布、实施等各环节，都需要发生相应的转变，以适应文字信息化。

三　汉语拼音的地位与功能

汉字自身的表音功能有限，为学习汉字的需要必须有注音工具。古代为汉字注音，是利用汉字来实现的。早期是用较通俗的汉字为较难的汉字注音；后来在古印度语言学的影响下，音韵学快速发展，发明了"反切"，用两个汉字的声韵相切为汉字注音。

明代，西洋传教士来到南洋和中国，为了传教和学习汉语，设计了不少汉语拼音方案，其中以利玛窦的拉丁字母式拼音对后世影响最大。到了清朝末年，以卢戆章1892出版《中国第一快切音新字》为发端，兴起了朝野关注、影响深远的切音字运动。切音字运动不仅出现了很多汉字注音方案，而且产生了用切音字代替汉字的思潮。这一思潮所引发的汉字存废的争论，持续了百年之久，至今仍未止息。

1911年，清朝学部中央教育会议议决的《统一国语办法案》，是中国近代史上政府通过的第一个语言规划文件，标志着中国语言政策由隐性向显性的转变。《统一国语办法案》吸收了切音字运动的成果，初步确定了北京话在国语中的地位，而且非常重视音标在国语推行中的重要性，提出了音标制定的原则及相关事项："音标之要则有五：一、音韵须准须备；二、拼音法须合公例；三、字画须简；四、形式须美；五、书写须便。无论造新征旧，必以兼合此要则者，方能使用。又须兼备行楷两种。该音标订定后，先在各省府厅州县酌定期限，试行传授。遇有滞碍，随时举报总会修正。修正确当后，再行颁布，作为定本。"[1]

百年前这一音标制定原则是相当科学的，但是清政府已经无力完成这一任务。1913年召开的读音统一会，通过了汉字笔画式的注音字母，1918年正式公布，使用至今。1928年9月，国民政府大学院（教育部）公布《国语罗马字拼音法式》。1931年9月，中国新文字第一次代表大会在苏联的海参崴召开，通过了《中国拉丁化新文字的原则和规则》，这一常被简称为"北拉"的新文字方案，在当时的中国发生了不小影响。

1958年2月11日，第一届全国人民代表大会第五次会议通过了《关于〈汉语拼音方案〉的决议》。1977年，联合国第三届地名标准化会议，决定采用《汉语拼音方案》作为拼写中国汉语地名的国际标准。1979年，联合国秘书处采用汉语拼音作为转写中国人名、地名的标准。1982年，国际标准化组织决定采用《汉语拼音方案》作为汉语罗马字母拼写法的国际标准，编号为ISO 7098。[2] 1986

【1】见文字改革出版社编（1958b，43~144页）。
【2】见周有光（1988）、苏培成主编（2003，252~261页）。

年1月，第一次全国语言文字工作会议明确表示，汉字拉丁化不再是中国语言文字工作的任务，这算是政府对百年汉字命运争论的一个明确态度，也是对汉语拼音性质、作用的一个外延限定：汉语拼音不是文字方案。

谈文字政策，按说应该不谈汉语拼音（以下所说的"汉语拼音"，基本上是指《汉语拼音方案》规定的汉语拼音），但是，由于汉字与汉语拼音的关系密切，由于汉语拼音与汉字的命运曾经息息相关，所以，要全面论述中国的通用文字政策，不能不谈汉语拼音问题，或者说汉语拼音是汉字政策的一个重要补充内容。

（一）汉语拼音的地位

《国家通用语言文字法》第十八条，专门对汉语拼音做了规定："国家通用语言文字以《汉语拼音方案》作为拼写和注音工具。""《汉语拼音方案》是中国人名、地名和中文文献罗马字母拼写法的统一规范，并用于汉字不便或不能使用的领域。"

这些条文规定了汉语拼音的地位：第一，是国家通用语言（普通话）的拼写工具；第二，是国家通用文字的注音工具；第三，是国际公认的中国人名、地名和中文文献罗马字母拼写法的规范；第四，在汉字不便或不能使用的领域发挥职能。更为概括地说，汉语拼音的地位就是"工具"与"辅助"：是国家通用语言文字的拼写和注音工具；辅助汉字发挥作用。汉语拼音的"工具"与"辅助"地位，决定了汉语拼音的三大基本功能：

1. 为汉字注音

这是继反切、注音字母、《国语罗马字拼音法式》之后，汉字的最为通行、最为有效的注音工具，也是汉语拼音三大功能中基本上没有争议的功能。

《汉语拼音方案》采用的是拉丁字母。拉丁字母在世界具有较大的通行性，因为世界上多数文字采用的都是拉丁字母形体，非拉丁文字也普遍具有拉丁转写方式。而且拉丁字母式的汉语拼音，经过较长时期的试验，从利马窦方案，到切音字的一些方案，到国语罗马字，到中国拉丁化新文字等，都是采用的拉丁字母式，汉语的哪个音用什么字母表示，积累有大量的经验。

拼音方式实行的音素制，能够较为准确地反映字音，便于学习和拼读。汉语拼音也有用双字母表示一个音素的，如：zh、ch、sh、ng、er；有个别字母表示多个音素的，如：i、e；有些音素在拼写中有省略现象，如：iou→iu、uei→ui、uen→un。但是，其基本制式还是音素制，具有音素制的优越性。

汉字本身表音成分有限，需要一个注音工具；汉语拼音采取音素制，能够较为准确地注音；汉语拼音采用拉丁字母，形体上国际通行且有长期的试验。有此三者，使汉语拼音成为汉字的优秀注音工具，为汉字的教育和使用立下了汗马功劳。[1]

2. 拼写普通话

把有声的语言记录到书面上，是留声录音设备发明之前人类贮存语言的基本方式。用汉字记录普通话，是最为基本的方式；用国际音标记录普通话，一般都是为了研究或教学；用汉语拼音记录普通话，称为"拼写"，是处于文字、音标之间的一种记录汉语的方式。

拼写的作用是多方面的，比如普通话学习、学术交流、文化应用等。拼写在实际语言生活中也有不少表现，比如儿童拼音读物，外国人学汉语的阅读材料，外文学术文献中汉语的材料、论著篇目的引用等。拼写与注音的不同之处，不仅在于拼写的对象是语言，

【1】参见吕叔湘（1983）；王力、周有光（1983）。

注音的对象是文字,而且拼写需要有正词法,诸如字母大小写、分词连写、标点符号用法、篇章的其他要求等等。就此而言,拼写从样式看与拼音文字已无大别,与拼音文字的差别主要是语言规划学上的地位,或者说是身份。拼写体现的是对汉字的一种辅助。

法律规定"《汉语拼音方案》是中国人名、地名和中文文献罗马字母拼写法的统一规范",这是对1977年联合国第三届地名标准化会议决定和 ISO 7098的认可,所体现的也是汉语拼音拼写普通话的功能。人名、地名、中文文献在拼写时,都需要依据正词法。在现实生活中,对人名、地名拼写时,很多人使用给汉字注音的方式,不分词连写,不能正确使用大小写,这是汉语拼音正词法教育不普及的表现之一。

3. 辅助汉字发挥作用

在某些活动、某些场合中,汉字有时候不便发挥作用,有时候不能发挥作用。例如飞机班次、火车车次、产品型号、外文地图中的中国地名、进出外国海关凭证上的中国人姓名、参加国际活动时的中国人姓名、计算机键盘的汉语拼音编码、汉字语音排序检索等等,都常常需要使用汉语拼音,体现着汉语拼音"辅助"汉字的功能。

汉语拼音的功能还有很多,比如:

(1)中国盲文、聋人使用的手指语、船舶旗语、灯光通信(又称"灯号")等采用汉语拼音。汉语拼音为特殊教育做出了贡献,为特殊领域的通信做出了贡献。

(2)随着中国的改革开放,到中国旅游、学习、工作的外国人与日俱增,致使中国大中城市的市政名称、街道名称、交通标牌等都注有汉语拼音。汉语拼音的使用广泛度前所未有。

(3)20世纪50年代以后,中国曾经为一些少数民族制定文字方案或文字改革方案,其中许多方案都吸收了汉语拼音的成果。这些方案有的还在使用，有的已经弃用，但要看到，一些弃用的方案又在信息化中重新发挥作用。比如中国的维吾尔族和哈萨克族，在20世纪60年代曾经创制了拉丁化新文字。新文字从字母设计到正词法都受到汉语拼音的重要影响，并从1964年一直使用到1982年。当这两个民族重新恢复阿拉伯维吾尔文、哈萨克文之后，计算机语言处理和网络逐渐兴起，出现了不少维吾尔哈萨克文的拉丁方案，当年的拉丁化新文字稍加改造用于计算机语言处理，据研究是较为优化的方案。[1]

（4）计算机语言处理和现代信息产品的广泛使用，使汉语拼音的作用发挥到前所未有的程度。手机输入、计算机键盘编码、计算机程序设计语言、词汇库贮存、计算机语法信息词典、语料标注、汉字文本与汉语拼音文本自动转换系统等等，都在以汉语拼音为基础。为此，国家语委在2001年专门制定了《〈汉语拼音方案〉的通用键盘表示规范》。汉语拼音几乎成了人机对话和计算机处理汉语汉字的主要工具，同时应视为现代公民的必备素质。

很显然，随着中外交往越来越频繁，随着信息技术的发展及其产品在日常生活中的广泛应用，随着信息检索的量的激增和使用的普及化，需要用汉语拼音辅助汉字发挥作用的场合越来越多，汉语拼音的作用越来越巨大。汉语要在信息世界和国际世界中畅行，必须充分发挥汉语拼音的作用。

（二）汉语拼音正词法

汉语拼音要出色完成拼写国家通用语言文字的任务，要在"汉字不便或不能使用的领域"出色发挥作用，必须建立完善的汉语拼

【1】参见盛桂琴（2003）。

音正词法。汉语拼音正词法是指汉语拼音的拼写规范及书写格式的准则,包括音节的拼写和词的拼写等。历史上的多种汉语拼音方案、汉字拼音化方案,都涉及正词法问题,如卢戆章、蔡锡勇、朱文熊的切音字方案,如国语罗马字和北方话拉丁新文字等。

  1958年的《汉语拼音方案》,主要解决的是音节拼写问题,但已经考虑到了词的拼写,为汉语拼音正词法留下了发展空间。比如隔音符号(')的设置:"a,o,e开头的音节连接在其他音节后面的时候,如果音节的界限发生混淆,用隔音符号(')隔开,例如:pi'ao(皮袄)。"再如音节以i、u、ü开头时,为了避免同前一音节连写时发生音节界限混淆,要把i、u分别改作y、w,或是在i、u、ü之前添加y、w。[1]

  为使《汉语拼音方案》更好地发挥拼写功能,在以往实践中完善汉语拼音正词法,1982年3月,中国文字改革委员会成立了汉语拼音正词法委员会。1988年7月,国家教委和国家语委发布《汉语拼音正词法基本规则》。1996年1月,《汉语拼音正词法基本规则》(GB16159-1996)作为中华人民共和国国家标准由国家技术监督局发布。2012年6月29日,《汉语拼音正词法基本规则》重新修订发布,并同时发布了《中国人名汉语拼音字母拼写规则》。汉语拼音正词法的主要问题基本解决。

  汉语拼音正词法研制与使用的主要困难,有以下几个方面:

  1. 词的辨认存在困难。汉语的词素、词、词组之间的界限有一定的模糊性,尽管大多数词的辨认不成问题,但的确有一部分词具有辨认难度。而且由于汉语书面语是以字为单位书写的,长期的阅读习惯形成了人们的"字意识"优于"词意识"。汉语拼音正词

---

[1] ü前添加y时,ü上面的两点省略为u,如ü→yu、üe→yue、üan→yuan、ün→yun。

法实行分词连写，由于汉语客观上词与其上下单位的模糊性，由于人们主观上词的意识淡漠，便使分词连写出现一定困难。

2．成语拼式问题。汉语较多地使用成语，成语多为四字格，如果一条成语连续拼写，拼音形式过长。较为常见的处理办法，是在拼式中间加"-"，这样既保持了成语的整体性，又达到减短拼式的目的。但是，把"-"加在成语拼式的什么地方，却有不同意见和不同做法。例如：

（1）凡四字格的成语，皆采取"2+2"的切分方法。此法的优点在于好运用，但不能反映成语内部的结构关系。

（2）依照成语内部的结构关系进行切分。但是，不是每个使用者都具有足以分析成语结构的语法和构词知识，实际执行起来有相当的困难。例如"一衣带水"，可能有三种拼法：

① yīyīdàishuǐ；

② yīyī-dàishuǐ；

③ yīyīdài-shuǐ。

2012年6月出版的《现代汉语词典》（第6版）的成语拼写，一般都采取"2+2"的切分方式，但是"一衣带水"则采用了①yīyīdàishuǐ的方式，宁可让拼式长一点，也不做切分。[1]这样做法的长处是不需要分析成语的结构关系，或者说不做破坏成语结构的切分，但不足之处是整部词典成语的拼法不统一。成语拼式问题其实是一个技术问题，应当权衡利弊，做出一个利于实际应用的处理。

3．声调的标示方法。汉语是有声调的语言，如果正确反映汉语的读音，就需要在每个音节的韵腹处标上调类符号。作为注音工

【1】见中国社会科学院语言研究所词典编辑室编（2012，1529页）。

具,也许标调方式的问题并不怎么突出;但是如果作为拼写工具,标调方式的问题就凸现出来了。其一,个个音节标调,形式上不美观(有人批评说是"满脸麻子"),手写起来、键盘输入起来都不方便;其二,轻声要不要标调,如何标调;其三,变调现象如何处理,是标本调还是标变调。历史上曾经有字母重写或用几个字母专门表示调类的做法,而现在计算机学界习惯用"1、2、3、4"表示分别阴平、阳平、上声和去声。

4. 专有名词的拼写问题。专有名词在拼写上常有许多特殊性,如人名、地名、科技术语名、组织机构名、品牌型号名、特殊日期名等等。专有名词在语言中出现频率高,负载信息量大,词语构造复杂,其学术研究也比较薄弱,是汉语拼音正词法的主要研究内容,也是正词法的主要规定内容。

此外,外族、外国的专有名词怎样在汉语拼音中表现,也是一个需要解决的问题。对于使用拉丁文字的语言,是否原形照搬?对于使用非拉丁文字的语言,是依照该语言的拉丁方案转写,还是按照其汉字翻译转写?其中,中国少数民族的人名、地名等专有名词的音译转写问题,不仅牵涉到使用上的合理与方便,还牵涉到民族政策和民族感情。日本人名、地名一般用汉字,但是读音与汉语有别,汉语拼音拼写日本的人名地名,是用中国的汉字读音,还是用日文的拉丁化方案?

汉语拼音正词法还有一些其他问题,比如:汉字与汉语拼音的转换只能单向进行,从文字转换为拼音较为容易,但是从拼音转换为文字就会遇到同音词问题,特别是人名、地名的转换更为困难。汉语拼音正词法的研究不多,实践不够,特别是有人对正词法有思想成见,担心正词法的完善会使汉语拼音变成文字方案,从而对汉字的前途造成不利影响。

汉语拼音不仅中国使用,国际上也在使用。要给每个汉语词语一个合适的拼音形式，不要说外国人，就是中国人，甚至是中国的语言学工作者都有一定困难。要真正方便使用者，只有正词法的规定是不够的，应当有一个足够量的汉语拼音词汇表。据悉，国家语委正在已有辞书的词语拼音标注的基础上，研制一个15万～20万词的汉语拼音词汇表。这是一项值得期待的文化工程。

四 结语

根据本文的讨论和中国语言政策，中国的通用文字政策可以这样表述：坚持简化字的规范地位，在一个时期内保持汉字形体的相对稳定。推动汉字的规范化、标准化和信息化。充分发挥规范汉字的主导作用，依法处理好繁体字、异体字的使用问题，依法处理好国家通用文字与少数民族文字的关系。重视汉语拼音的应用。满足经济社会发展和中国走向世界的汉字应用需要。[1]

这一表述包含这么几个方面的意思：

1．维护中国自1935年以来的汉字简化成果，在中国大陆不把繁体字作为国家通用文字。

2．保持汉字形体的相对稳定，不再成批量地简化汉字。

3．推动汉字的规范化、标准化和信息化，是当前文字工作的主要任务。

4．依法处理好国家通用文字与少数民族文字的关系，处理好规范汉字与繁体字、异体字之间的关系，构建和谐的语言生活。这种和谐的语言生活在文字政策上的表现，就是国家通用文字要发挥交际上的主导作用，但也要保护少数民族文字的使用，并对繁体

【1】这一表述，受到陈章太先生的著作和交谈等多方面影响，特此感谢。

字、异体字的使用留下空间。

5. 汉语拼音方案虽然不是文字方案,但它是国家通用语言文字的拼写和注音工具,是汉字的得力助手,在汉字不便使用和不能使用的领域发挥作用。在信息化时代和国际化时代,更要重视发挥汉语拼音的作用。

6. 制定文字政策的目的,也是衡量文字政策优劣的标准,就是满足经济社会发展的需要,满足中国走向世界的汉字应用需要。

主要参考文献

曹先擢 2009 《谈谈普通话异读词审音》,语文出版社。

戴庆厦主编 2009 《中国少数民族语言研究60年》,中央民族大学出版社。

费锦昌 1997 《中国语文现代化百年记事(1892-1995)》,语文出版社。

傅永和 2000 《字形的规范》,语文出版社。

高更生 2002 《现行汉字规范问题》,商务印书馆。

国家语言资源监测与研究中心编 2006 《中国语言生活状况报告(2005)》(下编),商务印书馆。

李建国 2000 《汉语规范史略》,语文出版社。

李宇明 2004 《规范汉字和〈规范汉字表〉》,《中国语文》第1期。

李宇明 2010a 《中国语言规划论》,商务印书馆。

李宇明 2010b 《中国语言规划续论》,商务印书馆。

李宇明主编 2011 《中国少数民族语言文字规范化信息化报告》,民族出版社。

李宇明、费锦昌主编 2004 《汉字规范百家谈》,商务印书馆。

厉 兵编 2004 《汉字字形研究》,商务印书馆。

刘导生 1986 《新时期的语言文字工作》,载全国语言文字工作会议秘书处编《新时期语言文字工作——全国语言文字工作会议文件汇编（1986年1月）》，语文出版社，1987年。

吕冀平 2000 《当前我国语言文字的规范化问题》，上海教育出版社。

吕叔湘 1983 《〈汉语拼音方案〉是最佳方案》，《文字改革》第2期。

马丽雅、李红杰 2008 《少数民族语言使用与文化发展政策和法律的国际比较》，中央民族大学。

全国文字改革会议秘书处编 1957 《第一次全国文字改革会议文件汇编》，文字改革出版社。

全国语言文字工作会议秘书处编 1987 《新时期语言文字工作——全国语言文字工作会议文件汇编（1986年1月）》，语文出版社。

盛桂琴 2003 《互联网上维吾尔、哈萨克拉丁字符方案的字母选用问题》，载苏培成主编《信息网络时代的汉语拼音》，语文出版社。

苏培成主编 2003 《信息网络时代的汉语拼音》，语文出版社。

苏培成主编 2010 《当代中国的语文改革和语文规范》，商务印书馆。

孙宏开、胡增益、黄行主编 2008 《中国的语言》，商务印书馆。

王　均主编 1995 《当代中国的文字改革》，当代中国出版社。

王理嘉 2003 《汉语拼音运动与汉民族标准语》，语文出版社。

王立军 2008 《汉字的自然发展规律与人为规范》，《语言文字应用》第2期。

王　力、周有光 1983 《进一步发挥〈汉语拼音方案〉的作用》，《文字改革》第2期。

王　宁 2009 《字形调整应适应信息时代的要求》，《中国社会科学报》第3期。

王　宁 2011 《谈〈规范汉字表〉的制定与应用》，李运富主编《民俗典籍文字研究中心论文选集》（第一集），中华书局。

文字改革出版社编 1958a 《1913年读音统一会资料汇编》，文字改革出版社。
文字改革出版社编 1958b 《清末文字改革文集》，文字改革出版社。
文字改革出版社编 1988 《汉语拼音论文选》，文字改革出版社。
徐世荣 1995 《四十年来的普通话语音规范》，《语文建设》第6期。
于锦恩 2007 《民国注音字母政策史论》，中华书局。
语文出版社编 2006 《语言文字规范手册》，语文出版社。
中国社会科学院语言研究所词典编辑室编 2012 《现代汉语词典》（第6版），商务印书馆。
周恩来 1958 《当前文字改革的任务》，人民出版社。
周有光 1988 《〈汉语拼音方案〉和国际标准》，《语文建设》第1期。

[原载《世界汉语教学》2013年第1期]

论中国语言资源有声数据库的建设[*]

 用现代信息技术将我国语言的现实状况采录下来，建成可满足社会多方需求、可不断维护更新的有声数据库，是利在当代、惠及后人的事业。我国语言学的百年发展、方言学家和民族语言学家的研究积累、现代信息技术的水平和国家的经济力量，使中国语言资源有声数据库的建设具有了现实可行性。

 国家语言文字工作委员会对中国语言资源有声数据库建设筹划多年，设立多个项目进行论证性的专题研究[1]，制定了一系列工作规范和技术规范，并在江苏的五个城市前前后后进行了一年多的试点工作。本文根据国家语委的筹划、研究和试点，谈谈中国语言资源有声数据库设计的基本情况、特点及可以发挥的作用。当然，中国语言资源有声数据库的建设还没有全面展开，有些技术规

---

[*] 本文为中国社会科学院语言研究所建所60周年而作。60年来，语言研究所为国家的语言文字事业做出的贡献有口皆碑。1955年的现代汉语规范问题学术会议，奠定了我国语言规范化的理论基础。根据会议精神编写的《现代汉语词典》，在我国的语言生活中发挥着"教师"的作用；开展的方言研究，为普通话推广和方言学发展建功立勋。1955年与中央民族学院联合召开的民族语文科学讨论会，树立了民族语言文字工作的里程碑。创办的《中国语文》《方言》等刊物，培养了代代学人，推动着学术发展。值此之际，谨致敬意，并祝语言研究所为国家的语言文字工作和语言科学的发展做出更大贡献。

[1] 承担这些项目的学者主要有：曹志耘、戴庆厦、郭龙生、何瑞、黄行、李如龙、刘丹青、潘悟云、乔全生、魏晖、谢俊英、徐大明、张振兴等先生。组织开展这些项目的主要人员有李宇明、王铁琨、陈敏等先生。

范（比如：方言字的规范、少数民族语言的调查方案）还在进一步完善中。发表本文的目的，是希望得到学界和社会对这一工作的关心，也希望得到更多的指教与帮助。

一 中国语言资源有声数据库的基本情况

中国语言资源有声数据库是国家语言资源建设工程之一，它用现代信息技术采录语言数据，经转写、标记等加工程序将相关的文本文件、音频文件及视频文件整理入库，以数据库、互联网、博物馆、语言实验室等形式向学界和社会提供服务。现根据《中国语言资源有声数据库调查手册》[1]，将中国语言资源有声数据库设计的基本情况，概述如下：

（一）语言和方言调查

1. 调查点

根据县级行政单位设置调查点，原则上"一县一点"，特殊情况下可以增点或减点。本调查重在反映当下语言的实态，因此调查点选择县城等在当地影响较大的地方。

2. 调查对象

每个调查点根据性别因素和年龄因素选择有代表性的4名发音合作人，其中男女各2人，老年青年各2人。

3. 调查内容

调查内容分语言结构调查和话语调查两大部分。语言结构调查

---

[1] 中国语言资源有声数据库建设领导小组办公室编写。《调查手册》的汉语方言部分（曹志耘执笔），已由商务印书馆出版。除了项目承担者和项目组织者之外，顾黔、侯精一、刘俐李、孙茂松、汪平、杨尔弘、赵晓群等先生，为调查手册和工作规范的完善从不同的方面做出过贡献。

是基础，用1000字调查语音系统，用1200词调查基本词汇系统，用50个句子调查主要的语法现象。

话语调查是重点，分为讲述和对话两部分。讲述包括"规定故事"和"自选话题"。规定故事已经选定了《牛郎和织女》[1]，它具有中国文化的特点，分布地域也比较广泛。自选话题尽量反映当地文化特色，例如：当地口耳相传的民间故事；当地的童谣、谚语、歇后语、顺口溜儿；当地的旅游景点和土特产；当地的风俗习惯和传统节日；个人和家庭的情况；时事热点评论等。发音合作人从这些话题中自选若干个进行讲述。对话是四名发音合作人在上述话题中自选话题进行对话。

4．调查方法

采用规定的录音设备、软件进行录音，辅之以录像和照片。并且，对调查内容还要按照一定要求进行必要的国际音标转写和汉字转写。最后，对一个调查点的所有调查资料和电子文件进行命名、分类、归档。

5．建库与开发

国家组织专人进行验收，将调查材料统一建档入库。并及时组织专家对数据库进行开发，例如：编写《中国语言国情报告》，其内容包括中国语言、方言、地方普通话的基本数据，急需保护的语言、方言目录，与社会稳定和国家安全相关的"关键语言"和"关键方言"目录等。绘制详细的多媒体语言地图。通过网站、开放实验室、博物馆等方式对社会提供服务，最大限度地让这些数据造福国家与学界。

---

[1]《牛郎和织女》的故事文本，主要由汪平先生整理。

（二）"地方普通话"调查

地方普通话是由方言向普通话发展过程中呈现的各种中介语（Inter-language），它在当前跨地区交际中发挥着重要作用，也是一种重要的语言资料。了解地方普通话的状况，探索地方普通话由低级向高级的发展规律，总结地方普通话的"板结"特点，对于推广普通话、研究语言学习规律等都具有重要意义。

地方普通话调查与语言和方言调查一同进行。其选点要求也与语言和方言的调查相同，原则上是一县一点。每调查点选择3名发音合作人，这3名发音合作人的普通话水平处在不同的等级：1名相当于《普通话水平测试等级标准》[1]规定的三级甲等，1名仅次于三级乙等，1名普通话水平最差，接近方言。

地方普通话的调查内容是：1. 用普通话讲述规定故事《牛郎和织女》；2. 用普通话朗读两篇短文《诚实与信任》《大学生村官》。调查得到的音频文件等经整理验收，建档入库，形成地方普通话语料库。地方普通话语料库是中国语言资源有声数据库的一个分库。

二　中国语言资源有声数据库的若干特点

我国的语言、方言研究，取得了很多标志性成果，如《中国语言地图集》《现代汉语方言大词典》《普通话基础方言基本词汇集》《现代汉语方言音库》《汉语方言地图集》中国新发现语言研究丛书等。中国语言资源有声数据库，充分借鉴我国以往的语言调查方法和研究成果，同时也形成了自己的一些设计特点。

【1】见国家语言文字工作委员会普通话培训测试中心编制的《普通话水平测试实施纲要》，商务印书馆，2008年。

（一）具有语言普查的性质

重视田野语言调查是我国现代方言学和民族语言学的传统，但过去的调查，选择调查点一般是着重"典型性"，多是选取民族语言、汉语方言的代表点。"典型性"选点，对于了解一种语言或一种方言的基本情况是适宜的，但是对于了解全国的语言状况常有缺憾。时至今日，我国还有许多县域的语言没有调查过或全面调查过，民族地区许多地方的汉语方言未必得到了很好调查，东北、内蒙古地区的汉语方言因被认为不具典型性而调查得很不深入，边境地区的语言状况并未做到县县清楚。显然，只把眼光聚焦在民族语言、汉语方言的代表点上，并不利于对一个语言或方言的深入了解，也不利于准确了解一个语言或方言的地域变化，画不出详细到县域单位的语言地图。

中国语言资源有声数据库的数据采录，原则上是"一县一点"，估计实际选点会达到4000以上，这就使调查具有了语言普查的性质。可以相信，这种"普查"会发现许多新现象，得到不曾注意到的语言或方言的新线索。孙宏开、胡增益、黄行主编的《中国的语言》，记录了很多新发现的语言，这些新发现语言多是在突破了"典型性"选点的情况下才能被发现的。此外，普查式选点可为每一个县域单位留下一份21世纪初年的语言资料，为以后的语言国情研究树立了一个永恒的测量点。

（二）重视年龄因素和性别因素

年龄和性别是与语言和语言活动最为相关的两大因素。不同年龄、不同性别的人，在语音、词汇、语法、语用等方面会表现出不同的差异，其中年龄形成的老派、新派的语言差异，还往往预示着语言发展的方向。传统的语言调查常以老年男性为发音合作人，以求得到最为"纯正"、古老的语言面貌。这是一种学术旨趣。

中国语言资源有声数据库在着重采集老年男性的语言数据的同时,还采集老年女性、青年男性、青年女性的语言数据。这些数据将来在研究中可以处理为不同的分库,从而推进性别因素、年龄因素的语言研究。资料长期积累下来,通过不同年龄的语言差异研究,还可以对语言发展走向进行科学推演。

(三)重视语法

传统的汉语方言研究,精力基本集中在语音和词汇上。近年来,方言语法的研究兴趣大增,甚至还进行了跨方言的专题研究。中国语言资源有声数据库的语法调查,根据类型学的研究成果和我国语言的实际,设计出50个句子,以调查汉语和民族语言的若干重要的语法点。这些数据隐含着类型学的北京,因此不仅可以对汉语各方言进行比较研究,而且也可以对我国的各语言进行比较,甚至可以同世界上的许多语言进行比较,进而获得类型学上的成果。这种类型学上的语法调查,对于我国语法学的发展有积极意义。[1]

(四)立足话语

传统的语言调查基本上是语言结构调查,较少涉及话语;即便做了话语调查,那也是作为语言结构调查的附庸进行的。中国语言资源有声数据库,则把话语作为基本数据进行采录,因为它的基本理念是保存当下的语言实态。最能反映语言实态的是话语,保存

【1】语法部分的主要设计者是刘丹青先生,50例句的设计参考了不久前他出版的《语法调查研究手册》。该手册以科姆里(Bernard Comrie)、史密斯(Norval Smith)编制的《Lingua版语言描写性研究问卷》为提纲,对问卷的内容进行详细的注释、例示、补充和分析,同时也指出了其不足或不适合中国语言的地方。《Lingua版语言描写性研究问卷》,声言为各地人类语言的调查描写提供了一个尽量客观、全面和包容性强的语法框架,让调查研究者可以尽可能摆脱语种局限和学派成见,调查到尽可能多的语法事实。

语言样本的最好方式是保存话语。话语是语言的"实态样本",蕴含着语言结构的各种成素,还有包括语流音变在内的语言结构各种要素的语流变化;有语用学感兴趣的相关内容,如独白与对话的差异、话轮转换、话题关联、合作原则与礼貌原则的具体体现等;话语还负载着社会生活、风俗文化和当地人的喜怒哀乐等,这些口语文化是中华民族文化的重要组成部分,而且调查较少,保存不易。语言调查的重心放在话语上,是一种颇有意义的尝试。

(五)开展地方普通话调查

地方普通话是现实语言生活的一种实态,是语言学习产生的一种样态。近年来对地方普通话有些讨论,开始纳入研究的视野,但是,总体上看对它的研究还十分薄弱。地方普通话的语言性质、语言地位还有待确定,地方普通话的调查方法还有待探讨,地方普通话的面貌还有待描写,甚至"地方普通话"这一名称也还有待确定。地方普通话的调查是一项填补空白性的工作。

(六)充分运用信息化成果

使用录音手段辅助进行语言调查,并不新鲜,甚至一些先行者还为一些方言、语言建立了音档,但总体来看,多数语言调查还是以笔头记录为主,录音多是"备忘"性质的。中国语言资源有声数据库的数据采录,基本采取录音的形式,补之以照相录像,笔录反成了"备忘"性质的。录音质量是有声数据库关注的核心技术指标,为了保证录音质量,对录音的器材、软件、环境等都做了统一要求。同时,为了方便调查、验收和建库等工作,还专门设计了系列的工作软件。每一个参与中国语言资源有声数据库调查的人员,都需要进行信息技术的专门培训。这有望推进语言调查迈上信息化的新台阶。

（七）统一标准

中国语言资源有声数据库建设强调统一标准，为此花大气力制定了工作规范和技术规范，并不断通过试点进行完善。工作规范包括选点、遴选发音合作人、调查人员的学术素养、调查的程序、数据采录的环境、验收、建库等一系列规范。技术规范主要是调查用的字表、词表、语法表、话语方式、话语调查使用的话题和篇章材料、国际音标的应用、方言字的规范、录音技术、建库技术等一系列规范。采用同一的工作规范和技术规范，可以保证工作质量，可以使各调查点的数据合榫对接，可以对数据进行统计分析，可以最大限度地共享各地的调查成果。同时，这些工作规范和技术规范一旦被其他研究项目采用，这些项目的语言数据便可以合成到中国语言资源有声数据库中，实现数据库的更新扩展。

当然，这些标准是国家有声数据库的标准。各地在保证用统一标准完成国家库数据采集的同时，还可以根据各地的情况增加语言和文化方面的更多内容，形成各地有特色的语言数据库。

三　中国语言资源有声数据库的作用

用现代信息技术大规模采集中国语言数据，建成中国语言资源有声数据库，对我国语言生活规划和语言科学研究将产生极其重要的影响。下面简述中国语言资源有声数据库所可能发挥的一些作用。

（一）全面掌握语言国情，制定科学的语言规划

语言生活是社会生活的重要内容，语言生活状况是一种基本国情。语言是人类用于交际和思维的最为重要的符号系统，同时也是国家的重要资源，是影响社会安定和国家安全的重要因素。促进国家通用语言文字的国内推广和国际传播，自觉保护和充分开发利用

国家的语言资源，妥善处理中国境内各语言（方言）之间的错综复杂的关系，维护公民的语言权利，向社会提供高质量高效率的语言服务，构建和谐的语言生活，这些都是21世纪中国语言规划必须考虑的内容。而要制定符合国情的语言规划，必须对语言国情有全面而深入的了解。

半个多世纪以来，我国开展过数次规模不等的语言和方言调查，为国家语言政策的科学制定与有效实施，发挥了重要作用。1956年，根据国务院指示开展了汉语和民族语言普查。共普查了1849个县市的汉语方言；并组成七个民族调查队，调查了主要民族地区的语言。这次语言普查，对于推广普通话和汉语规范化，对于少数民族文字的改革与创制，对于民族身份的认定等，都起了重要作用。1999年，教育部、国家语委等11部（委）联合开展了中国语言文字使用情况调查，调查采用入户问卷的调查方式，涉及全国1063个县（市、区），直接被调查对象47万多人。[1]这次调查获得了我国语言文字使用的一些基本数据，为当今的语言决策提供了重要支撑。除了这两次大的语言调查之外，我国学者还持续进行了汉语方言、民族语言、海外华语的调查研究，取得了许多重要成果。

但是语言生活异常丰富复杂且与时而变，半个多世纪以来所进行的各种语言调查，或因时间已久，或因调查理念、调查目的、调查方式（包括调查技术）、调查领域等限制，难以较好反映语言国情。可以说，今天对语言国情的掌握还是粗线条的，许多方面是模糊不清的。语言国情不明，语言决策就会更多地依赖历史惯性，更多地依赖相关领域决策的迁移，更多地依赖"大脑实验室"的推

---

[1] 详情见中国语言文字使用情况调查领导小组办公室编（2006）。

演奇迹，这当然不适合日行千里的国家发展形势，难以驾驭纷繁日新的语言生活。随着中国社会经济的快速发展和语言状况的急剧变化，语言国情的调查已成为一项紧迫任务。中国语言资源有声数据库采取"一县一点"的普查性数据采录，调查境内的各种语言、方言的面貌和地方普通话的情况，可以获取语言国情的基础数据，有效支撑国家的语言规划。

（二）促进普通话的科学推广

自清末开始提倡国语统一[1]，现代汉民族共同语逐渐形成并推广开来，进而成为国家通用语言。现在全国60％以上的人口能够使用普通话[2]，青少年人群中能够使用普通话的比率更大。在普通话不胫而走的新时期，推广普通话需要有新的方略。这新的方略就是：调整工作重点；提高推普效率。

首先，要重点关注一些特殊地区和特殊群体，比如农村和西部地区，比如学前至小学阶段的儿童等。农村和西部地区是普通话推广较为薄弱的地区，而农村的发展，西部的大开发，必须让那里的人民掌握国家通用语言。学前至小学阶段是普通话学习的关键时期，这是语言学习规律告诉我们的。在这一时期打好了普通话（特别是普通话语音）基础，就不需要在成人期花费很高的社会成本推广普通话。

其次是提高普通话学习的效率，包括普通话学习的速度，普通话学习的质量。中国语言资源有声数据库，有助于了解汉语各方

【1】 见《清末文字改革文集》（文字改革出版社，1958年）载吴汝纶《东游丛录》、《学部中央教育会议议决统一国语办法案》。

【2】 20世纪末的统计数据，全国能够使用普通话的人数为全民的53.06％（见《中国语言文字使用情况调查资料》）。而今又过了10年，能够使用普通话的人数应当超过60％。

言、各民族语言的特点，有助于了解各地"地方普通话"的特点及其由方言学习普通话的规律，这无疑可以大大提高普通话推广的效率，提高普通话学习的质量。

（三）保存语言实态

语言及其方言是文化的重要载体，又是文化的重要组成部分。中华语言及其所负载的文化，构成了中华文化的基础。中国语言资源有声数据库将当今的语言实态记录下来，就是为中华民族留下了一部数字化的可永久保存的口语样本，留下了一幅可以进行数据加工的"中国语言地图"。在现代信息技术尚未发展起来的时代，人们只能用笔头记录语言和方言，损耗了大量的语言信息，也不可能对语言进行实态保存。而今现代信息技术和数据库技术等已经获得长足的发展，有条件将这些技术用于语言调查，使语言能以语音这种"原态"方式进行永久保存。

口语的特点是：保留着许多古老的语言成素和文化内容，但是口语在代代相传中又发展变化迅速，它的许多语言成素和文化内容会在较短的时间内流失。就此而言，对口语的保存永远都是具有"抢救"性质的工作。特别是近几十年来，随着政治经济、文化教育、大众传媒、通讯和交通事业的迅速发展，我国的少数民族语言和汉语方言已经发生了许多变化，语言的结构要素（特别是词汇）在变化，语言的使用功能在变化，使用语言的人群在变化。特别是亿万农民进城务工，我国的城市化进程在以加速度的方式前进，中国的"语言地图"在不长时间内将会大幅度地改写，许多小语言、小方言会急剧萎缩甚至消亡，中华语言资源面临着急剧流失的危险。语言濒危已经引起国际社会的广泛关注，人类文化的多样性因语言濒危而受到前所未有的威胁，有人警告到21世纪末，人类将失去90%的语言![1]在这样的国际国内背景之下，中国语言资源有声数据库的建设，显然具有抢救记录和保存语言资料的功能，具有保护中华语言文化遗产的功能。

（四）推进我国语言科学的发展

中国语言资源有声数据库的建设，将对我国语言科学的发展起到推进作用。就语言调查而言，它重视了年龄因素和性别因素对语言的影响，把年龄、性别列入遴选发音合作人的基本条件，在语言观上这是不把语言看作匀质的系统，而是看作有差异的、时刻处于发展变化之中的系统。它使语言结构的调查圆满起来，把语法数据的收集放在适当的位置，补充了以前侧重于语音、词汇的做法；而且这些语法项目是在语言类型学的参数指导下设计的，保证了语法数据的系统性和可比性。它把话语调查作为重点，兼顾独白和对话，兼顾语言和文化，从而使语言调查由抽象的结构要素层面进入到具体的话语实际层面。

中国语言资源有声数据库，以现代信息技术作为数据采集、加工、存储的基本手段，为语言调查遴选出、开发出系列的软硬件，使语言调查在技术上迈到一个新阶段。参加数据库调查的人员，虽然还需要很好的听音记音能力，但是更需要掌握相关的现代信息技术，通过数据库的建设，也为学界培养了一支新型的学术队伍。

中国语言资源有声数据库存储着一批海量的原始数据，学界在很多方面可省却实地调查之劳；学界共同对这一数据库做多方面的长期开发利用，会得到大量的直接和间接的成果。语言学的发展，在很大程度上依赖于语言事实的采录与加工。中国语言资源有声数

---

[1] 参见徐世璇《濒危语言研究》，中央民族大学出版社，2001年。

据库在语言数据采录方面走在了时代前列,如果根据共享原则做好开发利用,这个数据库就是一个学术宝库。

中国语言资源有声数据库把语言调查从结构推进到话语,把调查技术从笔头推进到现代信息技术,把海量原始数据积聚起来供学界长期开发,并在实践中培养起一支新型的学术队伍,这明显地能够把我国的语言科学向前推进一步。

(五)其他方面的作用

中国语言资源有声数据库不只是为语言学而作,对这些资源可以进行学术开发,更需要进行行政开发。它也不只是为语言文字工作而作,其作用是多方面的,面向全社会的。比如:用有声数据库训练机器,可以帮助机器识别各地的方言、各种语言和各种地方普通话,由此可以大大提高语言信息化的水平。语言信息化的这些成果,可以用于语音识别、语音合成、人机语音交换的多种领域,促进生产和生活的信息化。这些成果用于军事、公安、边防等领域,可以为公安侦破、国家安全做贡献。

再如:我国有30多种跨境语言,如朝鲜语、赫哲语、鄂伦春语、鄂温克语、达斡尔语、蒙古语、维吾尔语、哈萨克语、柯尔克孜语、塔吉克语、塔塔尔语、乌孜别克语、俄罗斯语、藏语、门巴语、珞巴语、景颇语、傣语、布依语、哈尼语、傈僳语、佤语、拉祜语、怒语、独龙语、德昂语、壮语、瑶语、京语等。迄今为止,对这些语言的跨境分布情况和各种使用情况的了解还很不充分,而深入了解这些语言,科学运用这些语言,是和边睦邻的关键,也是为国境铺设的一条新的安全线。中国语言资源有声数据库有助于对跨境语言的了解。

又如:中国语言资源有声数据库是依照一定话题采集话语数据的,采集的这些话语也可以看作是文化素材,因此,中国语言资源有声数据库也可以看作是中华口语文化库,可以对它进行文化开发。比如将各地讲述生老病死的话语素材标记出来,就可以获得各地关于生老病死的民风民俗,将各地讲述农事活动的话语素材标记出来,就是中国各族人民的农事风景画。如果在此基础上,一些有条件有兴趣的地方将当地口头文化(如戏曲、歌谣、民间传说、特色文物等)再行搜罗,并配以图片、录像等视频材料,便形成当地的语言文化数据库。这一语言文化库以当地的语言为内核,以话语为中轴,以本地文化为表层,会成为地方用于文化保护和博物展览的文化建设的重要工程。

主要参考文献

薄守生、赖慧玲 2009 《当代中国语言规划研究》,中国社会科学出版社。

曹志耘主编 2009 《汉语方言地图集》,商务印书馆。

陈章太、李行健主编 1996 《普通话基础方言基本词汇集》,语文出版社。

陈章太 2008 《论语言资源》,《语言文字应用》第1期。

达·巴特尔 2007 《论语言资源保护》,《内蒙古社会科学》第6期。

戴庆厦主编 1993 《跨境语言研究》,中央民族学院出版社。

戴庆厦主编 2009 《中国少数民族语言研究60年》,中央民族大学出版社。

邓晓华、王士元 2009 《中国的语言及方言的分类》,中华书局。

范俊军、肖自辉 2010 《国家语言普查刍议》,《语言文字应用》第1期。

国家语言文字工作委员会普通话培训测试中心 2008 《普通话水平测试实施纲要》,商务印书馆。

侯精一主编 1994—1999 《现代汉语方言音库》,上海教育出版社。

李荣、熊正辉、张振兴主编 1987、1990 《中国语言地图集》（中国社会科学院和澳大利亚人文科学院合作编纂），香港朗文（远东）有限公司出版。

李如龙 2008 《汉语方言资源及其开发利用》，《郑州大学学报（哲学社会科学版）》第1期。

李宇明 2010a 《中国语言规划论》，商务印书馆。

李宇明 2010b 《中国语言规划续论》，商务印书馆。

刘丹青 2008 《语法调查研究手册》，上海教育出版社。

孙宏开、胡增益、黄行主编 2007 《中国的语言》，商务印书馆。

王辉 2007 《语言规划的资源观》，《北华大学学报（社会科学版）》第4期。

王世凯 2009 《语言资源与语言研究》，学林出版社。

文字改革出版社编 1958 《清末文字改革文集》，文字改革出版社。

徐大明 2008 《语言资源管理规划及语言资源议题》，《郑州大学学报（哲学社会科学版）》第1期。

徐世璇 2001 《濒危语言研究》，中央民族大学出版社。

张普、王铁琨主编 2009 《中国语言资源论丛（一）》，商务印书馆。

中国语言文字使用情况调查领导小组办公室编 2006 《中国语言文字使用情况调查资料》，语文出版社。

中国语言资源有声数据库建设领导小组办公室编 2010 《中国语言资源有声数据库调查手册（汉语方言）》，商务印书馆。

周洪波 2007 《加大语言资源的开发力度》，《长江学术》第1期。

［原载《中国语文》2010年第4期］

信息化对辞书的重大影响

辞书是特殊的读物。一般读物供人系统阅读，但辞书主要功能是"备查"。要发挥备查功能，就不仅要有备查内容，还要提供对内容的检索；内容系统和检索系统，构成辞书的两个基础系统。供人系统阅读的一般读物，重视内容系统，检索则较为简略，多是通过目录发挥检索作用，顶多再在书后附上术语索引、人名索引之类，这显然与辞书有别。

一部辞书发展史，可以说就是围绕着处理检索系统和内容系统逐步展开的。过去，书斋（包括图书馆、教室、办公室）是信息的主要扩散源，纸质辞书置于书斋，便基本可以满足文化精英的查阅需求。但是当人类进入因特网时代之后，辞书的查阅需求发生了革命性变化，同时信息技术也为辞书的发展提供了划时代的机遇。研究信息技术对辞书带来的和可能带来的重大影响，是促进辞书事业发展的必备之课。

本文探讨信息技术对辞书检索和辞书内容这两个基本系统所发生的影响，展望因特网对辞书发展的意义，以唤起辞书界对信息技术的高度关注，促进辞书业的信息化步伐。

一　信息技术带来极大的检索便利

现代信息技术能够使辞书形态发生根本改变，赋予辞书前所未有的检索功能，从而可使辞书常在手头，辞书检索近乎随心所欲。

（一）辞书常在手头

信息技术对辞书发展最为直观的影响，是能够使辞书常在手头，不必时时回到书斋里去查阅。信息技术与辞书结合，产生了电子辞书这种新的辞书样式。电子辞书经过二十几年的发展，已形成光盘辞书、袖珍电子辞书（即微型芯片电子辞书，俗称"掌上电子词典"）和网络辞书（Online Dictionary）等具有多种类别的电子辞书家族。电子辞书家族的显著特点之一，就是比纸质辞书携带方便。光盘辞书和袖珍电子辞书，比纸质辞书体积小，重量轻，携带起来异常方便。电子辞书还可以用软件或硬件的方式嵌加到其他电器中，随时待用。网络辞书，根本就不需要携带，只要上网即可查询。特别是手机联网技术的发展，手机成为因特网的重要终端，因特网具有了移动性和随身性，人们可以把电子辞书装进手机，也可以利用手机随时随地查询网络辞书。信息技术可以做到"辞书常在手头"。

（二）检索随心所欲

信息技术可为电子辞书提供前所未有的强大的检索功能。就检索方式来说，可以通过键盘、手写、触屏、语音等进行检索；就检索使用的语言单位来说，可以利用字、词语、句子等不同级次的语言单位进行检索；就检索项目的多寡来说，可以进行单一检索和复合检索；就检索精度来说，可以进行精确检索和模糊检索。理论上讲，电子辞书可以用人们能够想到的任何方式进行检索。

纸质辞书的检索技术，自古至今也在不断发展，但怎么发展都是有限的。拼音文字的纸质辞书，多用字母顺序进行检索。汉语的纸质辞书，现在常见的有音序检索和字形检索，字形检索可以通过部首、笔画等方式进行，也可以采用其他编码方式（如四角号码）进行。这些检索方式与电子辞书的检索方式，不在一个水平线上。

不同的人由于接受教育的不同，使用辞书的经历不同，常常形成不同的辞书检索习惯。电子辞书已有的和可能发展起来的丰富多彩的检索方式，可以适应不同人的检索习惯，可以满足不同的检索需求，可以提高检索的效率和精准度，使检索达到"随心所欲"。

辞书常在手头，检索随心所欲，这是辞书检索的理想状态，信息技术可以最大限度地接近这一理想。

二　辞书就是人类的知识库

仔细推敲起来，辞书编纂者的工作就是把握民族语感[1]、梳理人类知识。民族语感细腻微妙，人类知识博大精深，以卡片为主要工作手段的辞书编纂者，纵是有历史的丰厚积累和个人的丰富经验，有编纂团队相互之间巧妙的分工合作，但要把民族语感准确地物化进辞书，把人类的知识科学地编织进辞书，也是相当不容易的事情。现代信息技术可以在这些方面切实有效地帮助编纂者，有望使辞书质量达到前所未有的水平。

（一）三大法宝

信息技术可以为辞书编纂者提供"三大法宝"。法宝之一是功能强大的知识库。编纂者借助知识库可以大大提高梳理人类知识的

【1】双语辞典和多语辞典，还要把握两种或多种民族语言的语感。

能力,编辑能量能够得到超常发挥,从而使辞书的条目更丰富,条目和义项的排列更合理,释义更精准。

法宝之二是足以体现民族语感的语料库。编纂者借助语料库可以更好地把握民族语感,从而保障条目及条目的义项更为理想,释义语言和例句选择更为贴切。

法宝之三是系列的"助编软件"。编纂者在这套软件的帮助下,可以使辞书的编写体例更加规范一致,编纂更快捷,修订更方便。

信息技术为编纂者提供的这三大法宝,可以显著提高辞书的内容质量。

(二)多媒体的功力

传统辞书基本上是单媒体的,即使在文字中加上一些插图、照片,那也是辅助性质的,静态的。信息技术可以采用多媒体的方式呈现辞书内容。多媒体的最大贡献,是使辞书的不同内容找到最适宜的表现方式。用文字表现最适宜的就用文字;描摹声音的,如天籁之声、禽兽鸟虫的鸣叫、语音、音乐等等,可以用音频;描写事物、事件的可以用图示、照片、摄像等视频。多媒体使辞书由静态变为动态,使辞书更加逼真生动,同时也减少了只用文字释义的笨拙。

多媒体不仅使辞书的"释义""举例"获得了超文本的巨大进展,而且由于使辞书具有可读、可听、可视的功能,也就拓宽了辞书的使用空间,扩大了使用辞书的人群。人们在从事其他活动时,比如开车、做饭的时候,也有可能使用辞书;盲人、聋人、手指病残者,也有可能利用健康人的辞书,比如盲人和手指病残者可以通过声音检索辞书,聋人和手指病残者可以通过视频或文字查阅辞书。

（三）及时更新

辞书的内容有些可以长时不变，有些则需要及时更新，比如新产生的词语、词语的新义项新用法，出现的新事物、新事态、新观念等等，辞书就需要及时反映。纸质辞书更新周期漫长，更新成本昂贵，信息技术则为辞书更新提供了极大的便利。

首先是辞书编纂者能够利用信息技术及其产品，及时把握各种新情况。不断更新的功能强大的知识库，能够帮助辞书编纂者不断更新知识，及时了解各种新事物、新事态和新观念，择其善者而入典；不断更新的各种语料库，能够帮助辞书编纂者及时捕捉各种新的语言现象，选其妥者而入书。

辞书编纂者及时把握各种新情况，辞书内容的及时更新便具有了可能性。而信息技术可以使辞书的改版升级变得十分便捷，更新成本远低于纸质辞书。特别是网络辞书，其更新操作就是用新文本替换旧文本，用户更新的成本就是信息下载的成本，更为低廉。信息技术使辞书的及时更新具有了可能性和可行性，辞书内容陈旧的问题可望在新的技术条件下得到根本解决。

（四）超级集成

由于信息技术为电子辞书提供了强大的检索功能，由于多媒体技术的应用以及辞书的容量基本上成为不需考虑的因素，现代辞书可以将所有的工具书汇聚起来，实现超级集成。例如微软公司的Bookshelf（2000年版），整合了《美国传统词典》（第3版）、《微软出版社计算机与互联网词典》《原创罗杰英语词汇和短语分类词典》《Encarta案头百科全书》《哥伦比亚引语词典》《Encarta世界地图集》《Encarta 2000新世界年鉴》《Encarta 2000世界时间长廊》《Encarta 文体及其应用手册》等多媒体的工具书，而且还有

"网络连接",这显然已经是座微型图书馆了。[1]

微软公司的Bookshelf是信息时代辞书的雏形。理论上说,信息技术可以将人类的所有文献积聚起来。辞书的大整合大集成,理论上说就会变成人类的大知识库。如此一来,辞书的功能就会发生革命性变化,不再仅仅是"备查",而且也会具有阅读学习功能,具有"知识发掘"功能,从而与知识的获取与创造发生了直接关系。在超级集成的条件下,辞书不再仅是贮存已有的知识,还能够创造新知识。

三 因特网与辞书的发展

因特网是人类20世纪最为重要的发明,它把人类的知识和智慧网络起来,带来信息快捷而高度的积聚,带来人类知识的快速检索应用,推进人类整体智慧的加速度提升。因特网给予辞书的影响,不仅仅是把辞书放在网上,不仅仅是建立辞书网站,不仅仅是使辞书的使用和更新更为方便,而是有着更为深刻的意义。

(一)网络互动

因特网对辞书发展最具意义的影响,首先应该是"网络互动"。常见的网络互动方式有以下几种:

1. 征求网民意见

辞书编纂者(或是网络内容提供商),出于完善辞书的目的,将编写好的辞书或是词条放在网上,边供网民参考试用,边征求意见。网民可以对辞书或词条进行简要评价,或是提出各种具体建

---

[1] 见罗怡(2000)。

议，也可以进行补充、修正。

2. 组织网民编典

辞书编纂者（或是网络内容提供商），在网络上提出编写意向，让网民提供词条、释义、句例等等。然后对收集到的网络成果整理完善，形成辞书。

3. 网上援答

网民遇到疑难问题，便到网上求援。网民的求援常能得到其他网民（包括相关专家）的及时回应。这种援答结果还常"链条式滚动"，得到不断补充。这样援答项目常存网上，就变成了网络共享的集体成果。

传统辞书的编写过程中，编纂者也常在一定范围内听取意见，或是回答读者来信，进行编者与读者的互动。但这种互动属于"学术民主""读者服务"的范畴，能够增加辞书与读者的联系，但不会影响辞书的固有属性，不涉及编者和读者的身份。

网络互动则不然。它打破了传统辞书的知识运动的单向性，读者（网民）由被动的知识接收者，变为辞书编纂的参与者，甚至是词典条目的提出者。编者由知识的输出者也兼而成为知识的接受者，接受网民的评价建议，接受网民对内容的补充修改，甚至是接受网民提供的条目和条目解释。

这种知识运动方向的变化，可能带来编者和读者身份的变化。在第一种互动中，如果网民对辞书补充、修正的内容达到较大比例，辞书或词条的知识产权就可能发生变化，不应为辞书编纂者（或是网络内容提供商）所独有。其他两种互动方式产生的成果，分不出编者和读者，应该看作网民共创的网络公共产品，为网民共用和共有。在这种公共产品形成的过程中，当然需要辞书编纂者对网络成果及时整理，增加其知识的信度，实现其表述上的规范性。这也许会成为辞书编纂者未来的主要工作。

网络互动的意义，还在于读者（网民）的疑难有望得到及时解决。解决这些问题，不仅靠专家，不仅靠已有的文献成果，而且还可以利用没有表现为文献的网民智慧。及时解决疑难正是辞书的社会功能，也是辞书之所以存在的理据。

（二）因特网的魅力

网络互动只是因特网的辞书功效之一，因特网的魅力还在于它本身就是个巨量知识库。因特网不仅拥有巨量信息，而且随着时间的推移会不断增添，无限累积。理论上说，凡是人类拥有的知识，都可以在因特网上寻找得到；凡是常人遇到的问题，都能够利用因特网来解答。这也正是辞书的梦想。因特网存在的问题，是信息繁多芜杂，信息质量不如精心编纂的辞书。怎样有效利用因特网的信息，是未来辞书学家必须思考的事情。

有效利用因特网的信息，首要问题是妥善处理因特网资源的知识产权。其次，是辞书编纂者如何利用因特网资源，对这些资源进行整理粹化，去其芜杂，增加信度。其三，是如何将整理粹化的成果，方便地提供给读者（网民）。这些问题如果得到了充分思考和有效解决，辞书（也许将来不用这个名称）便会永远与因特网同步成长。

四　结语

辞书的发展，一直是要解决"何人查、查什么、何地查、何时查、以何种方式查"等问题，理想的辞书应当达到这样的水平：在任何时候、任何地点都能回答任何人以任何方式查询的任何问题。网络辞书，特别是因特网的发展与利用，则可以最大限度地接近这一辞书理想。

从《尔雅》和《说文解字》的问世算起，中国辞书已经走了两千多年的路程。[1] 在信息时代到来的时期，在辞书面临天翻地覆变化的时期，辞书学界应先知春江水温，尽快逾越传统的编纂、出版阶段，不仅为纸质辞书换上电子服装，而且要充分利用信息技术建立具有自主知识产权的数据库、语料库，开发助编软件；要研究网络运行特点，预测辞书发展方向，唯陈务去，唯新务兴，为中国的辞书事业乃至人类的辞书事业做出贡献。

主要参考文献

程　荣　1997　《词典工作的科学化期待理想的计算机软件》，《辞书研究》第5期。

胡奇光、方环海　2004　《尔雅译注》，上海古籍出版社。

黄昌宁、李涓子　2002　《语料库语言学》，商务印书馆。

金丽萍　2001　《试析电子版百科全书能否取代印刷版百科全书》，《辞书研究》第3期。

李宇明　2006　《关于辞书现代化的思考》，《语文研究》第3期（百期纪念专刊）。

林申清　1997　《电子辞书的功能开发与利用》，《辞书研究》第5期。

刘奇恺　2005　《汉语网络工具书的现状与前景》，《辞书研究》第4期。

罗　怡　2000　《21世纪的微型图书馆——微软Bookshelf 2000年版评介》，《辞书研究》第6期。

马功兰　2001　《电子辞书散论》，《辞书研究》第4期。

麦志强　1994　《多媒体技术与辞书编纂》，《双语词典学研究》，

【1】 胡奇光、方环海（2004）认为，《尔雅》初稿成于战国末年、秦朝初年。（《前言》7页）

高等教育出版社。

钱厚生 2002 《语料库建设与词典编纂》,《辞书研究》第1期。

孙 辉、叶 敢 1999 《关于建立网络化英汉语料库系统的设想》,《辞书研究》第2期。

王馥芳、罗敏莉 2004 《语料库词典学的兴起与发展》,《辞书研究》第5期。

王 惠、李康年 2004 《大型词典编纂的计算机辅助开发与管理系统》,《辞书研究》第2期。

王世伟 1996 《论现代信息技术对工具书的影响》,《辞书研究》第3期。

王小海 2001 《语料库对词典编纂的影响》,《辞书研究》第4期。

王永桦、尹祝玲 1998 《电子版英文百科全书的检索系统》,《辞书研究》第2期。

王渝丽 1998 《中国百科术语数据库的建立》,《辞书研究》第5期。

解建和 1997 《语料库与双语词典》,《辞书研究》第5期。

俞 剑 1996 《新词典新观念——关于网络词典的思考》,《辞书研究》第6期。

源可乐 2004 《词典的突破——谈谈光盘词典的特殊检索功能》,《辞书研究》第1期。

乐嘉民、亢世勇主编 2009 《辞书编纂现代化研究》,上海辞书出版社。

曾泰元 2005 《语料库与汉英词典编纂》,《辞书研究》第1期。

张国强 2001 《关于工具书数字化发展趋势的几点思考》,《辞书研究》第3期。

章宜华、黄建华 1996 《电子词典的现状与发展趋势》,《辞书研究》第6期。

章宜华 2004 《计算词典学与新型词典》,上海辞书出版社。

张锦文　2001　《英语在线词典特点浅探》,《辞书研究》第5期。
张铁文　2004　《词典编纂的利器——互联网》,《辞书研究》第1期。

［原载章宜华主编《学习词典与二语教学研究》（第一届词典学与二语教学国际研讨会论文集），上海外语教育出版社，2010年］

纪念《统一国语办法案》颁布一百周年

1911年，也就是清王朝的最后一年，清朝学部中央教育会议议决了《统一国语办法案》。这是二十年来切音字运动的重大成果之一，也是中国近代史上政府通过的第一个语言规划的文件。由于历史原因，清政府并不能实施这份文件；但也不能把它仅仅看作清末留下的一纸空文，而是一份具有学术价值和历史影响力的重要文化遗产。因此，在它问世百年之后还值得纪念它，值得认真研究它。

一 《统一国语办法案》解决的主要问题

清朝学部中央委员会有196名委员，张謇为会长，张元济、傅增湘为副会长。宣统三年（1911）六月开会，就学部大臣交议各案进行议决。《统一国语办法案》于当年闰六月十六日（8月10日）第十六次会议议决通过。《统一国语办法案》[1]共有五条，与国语问题最为相关的内容主要有如下四个方面：

---

[1] 见文字改革出版社（1958，143~144页）。

（一）确定了国音标准

《统一国语办法案》第三条："定音声话[1]之标准。各方发音至歧，宜以京音为主。京语四声中之入声，未能明确，亟应订正，宜以不废入声为主。话须正当雅训，合乎名学，宜以官话为主。"此条确定的国音标准可以概括为"京音为主，保留入声"。

以北京语音为国音标准，具有划时代的意义。明清时代，南京官话一直具有较高的地位。卢戆章《中国第一快切音新字·原序》中有这样的话：

"19省之中，除广福台而外，其余16省，大概属官话，而官话之最通行者莫如南腔。若以南京话为通行之正字，为各省之正音，则19省语言文字既从一律，文话皆相通。中国虽大，犹如一家，非如向者之各守疆界、各操土音之对面无言也。"[2]

卢戆章1892出版《中国第一快切音新字》，开启了切音字运动，被誉为语文现代化的揭幕人。[3]作为厦门人的卢戆章，他认为南京话是官话中最通行者。当时持此看法者不仅是南方人。长白老民1903年在《推广京话至为公义论》中有这样的表述：

"世界各强国无不以全国语言一致为内治之要端，故近年吾国洞达治体者，亦无不深明此理，南省仁人亦多以推广京话为言，今用字母拼京话以助文字所不逮。则惟显宦及名士往往力为反对，非其心之不仁也，盖其见之不明有数端焉！其在北人，则因二百余年常隐然为南人斥吾之陋，故务作高雅之论，不敢言推广京话以取南人讥笑。实则文野之分，自在知识行能，岂在咬文嚼字之皮毛

【1】这里的"音"指的是语音，"声"指的是声调，"话"大约指的是词语、句子等。严格说，声调是语音内容之一种，两者有包容关系；语音与"话"属于不同层面的概念。将"音、声、话"并列统举，显然并不合适，但在清末，现代语言学在中国尚未建立，这种现象的出现是可以理解的。
【2】转引自文字改革出版社（1958，3页）
【3】若要全面了解卢戆章，可参见许长安（2000）。

哉！其在南人则狃于千数百年自居文明之故见，以为惟江南为正音，……"[1]

长白老民是旗人，认为南方人千百年来"自居文明"，"惟江南为正音"，而北方人怕被南方人讥笑，不敢表态推广北京话。

上述这两段文字表明，即使到了清朝末年，南京话仍然具有较高权威。语言地位常与政治中心相关。明成祖朱棣于永乐十九年（1421）迁都北京，政治中心逐渐北移。明朝虽然实行两京制度，南京也保留了一整套中央政治机构，有六部、督察院、通政司、大理寺等等，但这些已逐渐成为政治摆设。清王朝建都北京，作为政治中心的北京话，其地位在明朝的基础上进一步得到提高。王理嘉先生根据1867年出版的威妥玛（Thomas Francis Wade）的《语言自迩集》和日本汉语教学转向北京话等材料，认为在现实语言生活中，"北京话经历了明清两代的发展，至迟在1850年之前已经获得了官话正音的地位"。[2]

王理嘉先生的结论，描述的是语言生活的现时，但还不完全是语言意识、语言规划的现时。上引卢戆章、长白老民的话，都在1850年之后的四五十年。将语言生活的现实转变为语言规划的现实，是现实到理性的发展；完成这一发展，还往往需要一定的语言规划活动。切音字运动中有一系列关于语言统一的讨论，[3] 王照发明的拼写北京音的"官话合声字母"（亦称"简字"）在南北、朝野间发生了巨大影响，1904年张百熙、荣庆、张之洞等《奏定学堂章程》之《奏定学务纲要》已经要求官话进入教育：

"各学堂皆学官音。……兹拟以官音统一天下之语言。故自师

---

[1] 转引自文字改革出版社（1958，34页）。
[2] 王理嘉（2003，7页）。
[3] 参见李宇明（2003）。

范以及高等小学堂,均于国文一科内附入官话一门。其练习官话,各学堂皆应用《圣谕广训直解》一书为准。将来各省学堂教员,凡授科学,均以官话讲解……"【1】

总之,到了清末,不管是在现实生活中还是在语言规划中,北京话都具有了与南京官话一决高下的资格。1906年,连当年主张用南京话统一全国语言的卢戆章,也改变了主张,提出"颁定京音官话,以统一天下之语言"。【2】《统一国语办法案》把"京音为主"作为国音标准,正是在这一历史关头对这一历史大势的肯定。自此之后虽然不断出现些反复,但百年实践表明,将北京语音作为汉民族共同语的标准音,是符合语言发展方向的。

同时还应看到,《统一国语办法案》以一地语音为主做国音的标准,符合语言规划的通行做法,而且具有可行性。比之两年后的1913年读音统一会用各省代表投票的方式来确定字音的做法,要科学得多。北京语音中没有入声,《统一国语办法案》保留"入声"的决定,历史证明是不成功的,因为各地入声读法差异很大,人们不知道国音的入声具体该读什么音值。《统一国语办法案》之所以要保留入声,是官话传统势力的影响,学术上看是没有理性认识到国音标准必须以一地语音为准,虽然实践上它已经这样做了。将入声逐出国音,国音真正地以北京语音为标准,还需要经历1920年开始的所谓"京国之争"。黎锦熙1923年在《京音入声字谱·叙言》中说:"近来国语界,国音京音不复有争……现在纯粹地准照北京的活人活语而得到了圆满的解决。"【3】1924年,国语统一筹备会讨论《国音字典》增修时,"决定以漂亮的北京语音为标准

【1】转引自璩鑫圭、唐良炎编(1991,499页)。
【2】卢戆章《颁行切音字书十条办法》,见文字改革出版社(1958,73页)。
【3】转引自王理嘉(2003,26页)。

音"。[1]北京话的国音标准地位,到此时方才确立。

(二)规定了拼音制定的原则与方法

《统一国语办法案》第四条:"定音标。音标之要则有五:一、音韵须准须备;二、拼音法须合公例;三、字画须简;四、形式须美;五、书写须便。无论造新征旧,必以兼合此要则者,方能使用。又须兼备行楷两种。该音标订定后,先在各省府厅州县酌定期限,试行传授,遇有滞碍,随时举报总会修正。修正确当后,再行颁布,作为定本。"

《统一国语办法案》所谓的"音标",就是后来说的"注音字母""汉语拼音"。使用"音标"这一术语,界定了这些符号的功能是标音的,它们不具备文字的性质,从而与作为文字方案的许多"切音字"划清了界限。《统一国语办法案》为音标设专条,说明当时已经认识到了音标在标记国音和推行国语中的重要地位。

《统一国语办法案》对音标的规划是相当科学的。第一,在语音上,要求记音准确(须准);第二,在数量上,要求能够完备记录国音(须备);第三,在拼音方式上,要求合乎国际公例;第四,在符号形体上,要求简单、美观、便于书写;第五,在体式上,要有大写有小写(兼备行楷);第六,在符号来源上,可以新造,也可以选用已有的(造新征旧);第七,在推行上,要先试行,修订完善后再颁布定本。

(三)提出了国语的标准及其包含的内容

《统一国语办法案》没有直接定义国语的标准和内容,但是通

【1】 转引自王理嘉(2003,27页)。

过对它前三条的分析，可以看出该办法案对国语标准的认识，对国语都包含些什么内容的看法。

第一条提出要进行全国语言调查："先由学部在京师设立国语调查总会，次由各省提学使设立调查分会，办理调查一切事宜。该会调查之件，分语词语法音韵三项，其余关涉语言之事项，亦一律调查。"

第二条是对调查材料的"选择及编纂"："各省分会调查后，录送总会，由总会编制部逐加检阅，其雅正通行之语词语法音韵，分别采择，作为标准，据以编纂国语课本，及语典、方言对照表等。"

上引材料很清楚地显示，国语应包括语音、词汇、语法三个方面的内容：语言调查的内容必须有"语词语法音韵三项"，之后要对"语词语法音韵，分别采择，作为标准"。需要特别指出的是，在国语中明确列出语法一项，是具有学术慧眼的。国人所著的第一部语法著作《马氏文通》，1898年才出版，距《统一国语办法案》的议决只有两年多的时间。《马氏文通》之前，汉语语法著作多是由传教士编写的，国人对传教士的汉语语法著作了解并不多。在讨论国语问题时，资政院议员江谦在宣统二年（1910）的《质问学部分年筹办国语教育说帖》中，才明确有国语中应包含语法的表述：

"各国国语，皆有语法，所以完全发表意思之机能。语法之生，虽原于习惯，而条理次序之规定，则在读本。学部编订此项课本，是否兼为规定语法？"[1]

回顾国语（普通话）的推广史会知道，直到1956年，国语（普

【1】转引自文字改革出版社（1958，117页）。

通话）才有了明确的语法标准："以典范的现代白话文著作为语法规范"。[1]

《统一国语办法案》不仅提出国语应包含语音、词汇、语法等内容，而且也提出了国语的标准。第二条要求，总会编制部在检阅各地送来的调查材料时，采择"其雅正通行之语词语法音韵"作为标准，编入国语课本等。第三条指出："话须正当雅训，合乎名学，宜以官话为主。"所谓"雅正通行""正当雅训""合乎名学"等等，概括而言就是一要"雅正"，二要"通行"，类似于当时的北京官话。"雅正""通行"作为国语的标准，虽显模糊，但也合适。

（四）明确了推广国语的若干措施

《统一国语办法案》在国语推广方面明确了若干主要措施：

措施之一，编纂国语课本、国语辞典（语典）、国语与方言对照表等，为国语推广准备材料。

措施之二，设计音标，为国语推广准备工具。

措施之三，设立国语传习所。《统一国语办法案》第五条专讲"传习"："先由学部设立国语传习所，令各省选派博通本省方言者到京传习，毕业后遣回原省，再由各省会设立国语传习所，即以前项毕业生充当教员，以此推及府厅州县。凡各学堂之职教员不能官话者，应一律轮替入所学习，以毕业为限。"国语传习所的设立，为国语推广进行了机构、师资、"轮替入所学习"制度等方面的准备。

措施之四，学校设立国语课程，要求教师把国语作为教学语

---

[1] 1956年2月6日，国务院发布《关于推广普通话的指示》。见费锦昌主编（1997，221页）。

言。《统一国语办法案》第五条还规定:"各学堂学生,除酌添专授国语时刻外,其余各科亦须逐渐改用官话讲授。"[1]把国语推广落实到课程和教学语言上。

二 《统一国语办法案》与切音字运动

《统一国语办法案》之所以能够议决,而且能够达到语言规划领域的如此成就,与切音字运动是分不开的。可以说,《统一国语办法案》就是切音字运动的结晶。

(一)切音字运动促成了《统一国语办法案》的议决

从1892年卢戆章出版《中国第一快切音新字》至1911年的清末20年,出现了影响深远的文字改革运动,即后人所谓的"切音字运动"。切音字运动由民间开始,逐渐有许多官员参与其中,如林辂存、严修、王照、吴汝纶、劳乃宣、端方、周馥、袁世凯等达官贵人,便是切音字运动的积极支持者。有人还上书直隶总督、都察院、学部等,并且还劳动了外务部、军机处等机构,甚至得到当时最高掌权者的过问。

1901年至1911年,清朝进行了一系列的社会改革,史称"清末新政"。清末新政中最为浓重的一笔是日俄战争后的预备立宪。1907年7月,光绪皇帝颁布上谕设立资政院;同年10月,要求在各省设立谘议局。1908年8月,颁布《钦定宪法大纲》,并宣布实现宪政的时间表。[2] 1910年9月,全国资政院举行第一次开院礼。切

【1】这显然是吸收了1904年张百熙、荣庆、张之洞等《奏定学堂章程》的一些规定。
【2】预备立宪以9年为限,计划在1909年召开各省立宪会议,1910年召开全国立宪会议,1917年召开国会。

音字运动早期的社会关注点,主要集中在切音字对于普及教育、国家强盛的作用上。随着预备立宪的政治改革和议会制度的设立,切音字运动开始议论切音字与宪政的关系,特别是与选民资格的关系。支持切音字的主张进而由官员呼吁发展到民意代表上书。

资政院议员江谦的《质问学部分年筹办国语教育说帖》,联署者32人;庆福等满族人士联署的《陈请资政院颁行官话简字说帖》,联署者超过百人;韩德铭等人的《陈请资政院颁行官话简字说帖》,联署者竟然达到189人。资政院特任股员会股员长严复,对直隶官话拼音教育会江宁程先甲等、四川刘照藜等、天津韩德铭等、度支部郎中韩印符等、掌山东道监察御史庆福等共六件陈请推行官话简字书的说帖进行审查,形成了《审查采用音标试办国语教育案报告书》。南方之南京,北方之保定、天津、北京,是当时推行切音字的活跃地区,他们办学堂、组织"简字研究会"、印书印报,仅拼音官话书报社就发行六万余卷。

在官民互动中,在议场内外的互动中,切音字运动形成了当时有相当影响力的文化风潮。切音字运动的大量实践,相关的议论和说帖等,终于促成了清政府的《统一国语办法案》。

(二)《统一国语办法案》对切音字运动的成果集成

切音字运动的主要旨趣虽然是设计、推广切音字,但其理论、其活动却远远超出了文字领域。李宇明《清末文字改革家论语言统一》一文,曾经将切音字运动的主张归结为:1.字画简易;2.字话一律;3.语言统一。[1] 这些主张,在卢戆章《中国第一快切音新字·原序》中已见端倪:

【1】李宇明(2003)。

"窃谓国之富强，基于格致。格致之兴，基于男妇老幼皆好学识理。其所以能好学识理者，基于切音为字。则字母与切法习完，凡字无师能自读，基于字话一律，则读于口遂即达于心，又基于字画简易，则易于习认，亦即易于捉笔，省费十余载之光阴。将此光阴专攻于算学、格致、化学以及种种之实学，何患国不富强也哉！……又当以一腔为主脑，……中国虽大，犹如一家。"[1]

"字画简易"要求文字简单便捷，这一主张带来了各种"切音字"方案，并为后来的注音字母、汉语拼音方案的产生以及汉字简化等，做了理论和实践的铺垫。"字话一律"的逻辑延伸就是要求口语与书面语一致，实为后世白话文运动的先声。"以一腔为主脑"，就是要用最通行的官话统一全国语言，这开启了国语运动的先河。《统一国语办法案》的主旨是国语统一，它充分吸收了切音字运动关于语言统一的成果，如"国语"的名称、国音的标准、推广国语的措施与步骤等等。就此而言，可以说《统一国语办法案》是切音字运动的集成之作。

（三）《统一国语办法案》摒弃了切音字运动的文字主张

《统一国语办法案》没有采纳切音字运动的文字主张。切音字的主要提倡者，早年是希望用切音字取代汉字，但是一直受到维护汉字正统地位者、特别是清朝学部的批评抵制。后来，切音字提倡者改变了策略，把切音字的功能定位于"补助汉字"，而不是取代汉字，甚至还"言不由衷"地把汉字吹捧一通。用切音字补助汉字的主张可以概略表述为：1. 有文化者用汉字，没文化者学习切音字，即所谓用汉字教"秀民"以造人才，用简字教"凡民"以开民

---

[1] 转引自文字改革出版社（1958，2—3页）。

智。2. 由于切音字可以为汉字注音，所以"凡民"还可以通过切音字再学习汉字。例如劳乃宣1910年《致唐尚书函》：

"窃闻教育之道，其用有二：一在造人才，一在开民智。造人才者教秀民，开民智者教凡民。天下秀民少而凡民多，秀民有教而凡民无教。……夫我中国文字，有形、有声、有义，孳乳相生，文成数万，闳括万有，贯通天人，为环球所莫及。然其精播在此，其繁难亦在此，故优于教秀民而拙于教凡民。……独京师官话字母，完美便用，为诸家之最。弟于乙巳岁在金陵得此谱，深赏之，但惜其专用京音，于各省方音尚未包括，因以其谱为本，而增益母韵声为宁音一谱，吴音一谱，请诸江督周公，设简字学堂于江宁省城。以方音为阶梯，以官音为归宿，奏明立案，行之数年，毕业多人，成效颇著，其足为教凡民之利器，确有明征。"【1】

再如潘籍郛1907年《推行简字非废汉文说》：

"凡民识汉文难而行简字易，军学商政诸界与民皆有关系而议推行简字，所以冀民智之开通，教育之普及，毋使上下贵贱之情或有闭塞而隔阂也。夫军学商政诸界中人，不过于汉文外增识简字一类。……北洋简字已出报年余，凡诏谕暨天文、舆地、人伦、历史、姓名寻常有用之字，莫不旁注汉文。其意欲使人由简字以略识汉文也。然则吾议推行简字，亦谓识汉文识简字可以各行其是，可以并行不悖，可以使简字与汉文相因相成而不相刺谬。非谓人人学简字直可以废汉文也。"【2】

三如劳乃宣1909年《奏请于简易识字学塾内附设简字一科并变通地方自治选民资格折》：

"顾或者虑新字盛行，有妨古学，不知我国文字肇自圣神，有

【1】 转引自文字改革出版社（1958，113~114页）。
【2】 转引自文字改革出版社（1958，76页）。

形、有声、有义，传心载道，万古常新，断无磨灭之理。简字有声无义，仅足以代口语。义理之精微，经史之渊雅，仍非汉字不可，简字万不足以夺之。日本之有假名已千余年，而汉字至今盛行，毫无所损，是其明证。今请于简易识字学塾内附设此科，本塾正课仍以用学部课本教授汉字为主，简字仅为附属之科，专为不能识汉字者而设，与汉字正课并行不悖，两不相妨。盖资质不足以识千余汉字之人，本无识字之望，今令识此数十简字，以代识字之用，乃增于能识汉字者之外，非分于能识汉字者之中也。汉字正课，极其功效，能令百人中五人识字，而此附属之课，能令不识汉字之九十五人，皆识简字。则百人皆识字矣，不尤足为教育普及之助乎？若专学简字之人，能兼识汉字数百数十，则更为有用，亦可量其资质，酌加教授。且汉字以形为主，故多而难识；简字以音为主，故少而易识。既识简字，即可以简字注汉字之音，则汉字亦易识矣！是简字非特无妨汉字，且可补助汉字，为识汉字之门径也。"[1]

尽管如此，不少人仍然担心切音字会"觊觎"汉字的宝座，不能让它冠以"字"名。1910年资政院特任股员会股员长严复在《审查采用音标试办国语教育案报告书》中，仍根据"有补助教育之利，而无妨碍汉文之弊"为宗旨，审慎地将"简字"正名为"音标"：

"简字当改名音标。盖称简字，则似对繁体之形字而言之；称推行简字，则令人疑形字六书之废而不用。且性质既属之拼音，而名义不足以表见。今改名音标，一以示为形字补助正音之用，一以示拼音性质，与六书性质之殊。"[2]

《统一国语办法案》第四条"定音标"，既吸收了切音字运

――――――――――

【1】转引自文字改革出版社（1958，106~107页）。
【2】转引自文字改革出版社（1958，134页）。

动关于简字在推行国语中的作用的探讨，又继承了官方（包括严复《审查采用音标试办国语教育案报告书》）维护汉字正统的态度，不称"简字"而称"音标"。

此外，《统一国语办法案》关于设立国语调查总会、分会进行全国语言调查的办法，关于以"雅正通行"作为国语标准，关于编纂方言对照表的主张等，也都超出了切音字倡导者的思想范围。

三 《统一国语办法案》的历史影响

《统一国语办法案》议决诸事，即使用今天的学术眼光看，也具有很高的语言学水平，具有语言规划的系统思考，具有较强的操作性。它在语言规划方面的意义可以从直接影响和长远影响两个方面看。

（一）对民国初年语言规划的直接影响

《统一国语办法案》议决在清朝之最后一年的1911年，清政府已经没有时间来实施它。但是就在1912年（民国元年7月10日），"中央临时教育会议"就召开了；在议决的23件提案中，就有《采用注音字母案》。倪海曙认为："这决议案可说是清末的'中央教育会议'所决议的《统一国语办法案》的移花接木。"[1] "移花接木"四字是批评"采用注音字母案"不进行文字改革，但这句话也反映出清末民初两个决议案之间的联系。

1912年12月，教育部根据"中央临时教育会议"的《采用注音字母案》，制定《读音统一会章程》。《章程》第五条规定：

---

[1] 倪海曙（1948，66页）。

"一、审定一切字音和法定国音,二、将所有国音均析为至单至纯之音素,核定所有音素总数,三、采定字母,每一字母均以一字母表之。"[1]

这些规定,显然是"落实"《统一国语办法案》的审定国音和确定音标两项任务。

1913年(民国二年)2月25日,"读音统一会"在北京召开,审定了7100多字的国语读音[2],产生了注音字母方案,议决了《国音推行办法》。《国音推行办法》共有七条:

"一、请教育部通咨各省行政长官饬教育局从速设立'国音字母传习所',令各县派人学习。毕业回县,再由县立传习所,招人学习,以期推广。

二、请教育部将公定字母从速核定公布。

三、请教育部速备'国音留声机',以便传播于各省而免错误。

四、请教育部将初等小学'国文'一科改为'国语',或另添'国语'一门。

五、中学师范国文教员,必以国音教授。

六、《国音汇编》颁布后,小学课本应一律于汉字旁添注国音。

七、《国音汇编》颁布后,凡公布通告等件,一律于汉字旁添注国音。"[3]

这七条,可以看作对《统一国语办法案》有关"传习"内容的细化。

【1】 转引自倪海曙(1948,66页)。
【2】 先审定了清李光地等的《音韵阐微》中的6500多个汉字的标准国音,后又审定了600多个俚俗及外来学术新字的国音。
【3】 转引自黎锦熙(1933,70页),个别处做了技术更正。

参加读音统一会者，多是当年积极参与切音字运动的人士，如王照、王璞、卢戆章、马体乾等；讨论的内容也基本上就是《统一国语办法案》的有关内容。因此就某种意义而言，可以把民国初年的"读音统一会"，看作1911年清朝学部中央教育会议讨论《统一国语办法案》会议的继续。正如王均主编的《当代中国的文字改革》中所说的：

"这个决议通过了，但只是一纸空文，不能实施。辛亥革命以后，民国的教育部决定召开'读音统一会'，才把切音字运动的原班人马召集在一起，实现了清末资政院的'决议'精神，制定出一个注音字母方案。"[1]

民国教育部1918年11月23日正式公布注音字母。当时的教育总长傅增湘签署的《教育部令第七五号》，是这样开头的：

"查统一国语问题，前清学部中央会议业经议决。民国以来，本部鉴于统一国语必先从统一读音入手，爰于元年特开'读音统一会'，讨论此事。经该会会员议定注音字母三十有九以代反切之用，并由会员多数决定常用诸字之读音。呈请本部设法推行在案。"[2]

这些话也表明了《统一国语办法案》对民国初年这些活动的直接影响。

（二）对后世的长远影响

《统一国语办法案》的影响是广泛而深远的。在《统一国语办法案》之前，国家的语言政策基本上是隐态的，是通过语言意识和语言实践来体现的。《统一国语办法案》是用国家文件的方式来明

---

[1] 王均主编（1995，15页）。
[2] 转引自黎锦熙（1933，38页）。

确国家语言政策。受此影响,其后百年以来的国家语言政策,不管是民国时期还是中华人民共和国时期,都采用显性的表现方式,用国家文件明确表述。语言政策由隐性到显性,是世界上多数国家的语言规划的行进路向。

《统一国语办法案》的许多规定,对后世的影响也是深刻的。例如:

1．提出了国语的"通行、雅正"标准,明确国语应包括语音、词汇、语法三个方面。

2．确立了北京话在国语中的地位。

3．重视音标在国语推广中的重要性,科学论述了音标应具有的特点。

4．重视教育在国语推广中的重要地位,编写国语教科书,培训国语教师,设置国语课程,并且提出了将国语作为教学语言的主张。

5．重视词典编纂工作,并且提出了国语词汇与方言词汇的对照。

6．重视专门的语言机构在国语标准制定和推行中的作用,例如为做好语言调查成立国语调查总会及各省的调查分会,为培养国语师资而成立各级国语传习所。

7．提出音标制定出来应先试行,经修正后再正式颁布。这虽然是就音标制定讲的,其实符合语言规范标准的制定规律;此后发布的语言文字规范,都重视"试行"环节。

8．主张通过语言实际的调查研究来确定国语标准,实乃语言国情调查之先声。

有些主张或办法,一直为后代所遵循,证明是行之有效的,例如教育、词典、音标、专门语言机构等在国语推广中的重要作用等。有些主张或办法,在后代的语言规划中进一步得到细化或完善。例如国语以北京话语音为标准音,割除留下的"入声"尾巴;例如对国语"通行、雅正"标准的进一步明确,对国语语音、词汇、语法等内容的完善等。而有些主张或办法倒是很晚才开始提到语言规划的议事日程上,甚至到今天还没有完成。例如语言调查,在20世纪50年代之前都是零散进行的,50年代之后才开始在全国范围内进行,但是直到今天语言国情调查的任务还没有最后完成,有些地区的语言面貌仍然不是很清楚,全国方言对照表的编纂还有许多工作要做;再如教师都会讲国语、学校各科都用国语作为教学语言的要求,在今日的西部和农村地区还有一定差距。

总之,国语统一的规划与举措,未因朝代更替而终止。《统一国语办法案》充分吸收了清末切音字运动的成果,开启了政府规划语言文字的首例,并形成了百年传统。百年来中国的语言规划,有很多内容都是在完成它提出的任务,有很多举措都受到它的启发,而它提出的全国语言调查、将国语作为教学语言等任务,时至今日尚未完成。

屈哨兵先生指出:"在某种意义上讲,它开启了我国在现代化进程中语言规划的大门。"并"对当时学部中央教育会会员决议通过的'统一国语办法案'表示一种历史的尊重"。[1]这是很有道理的。当然,今日纪念《统一国语办法案》,除了科学评价它的历史贡献和对当事人表示历史的尊重之外,更应当尽力做好当今的语言规划,推进当今语言文字事业的科学发展,并努力通过语言规划来促进社会和谐,来促进人类的语言沟通和文化互信。

主要参考文献

黎锦熙　1933　《国语运动》,商务印书馆。

---

[1] 屈哨兵(2011)。

费锦昌主编 1997 《中国语文现代化百年记事（1892～1995）》，语文出版社。

李宇明 2003 《清末文字改革家论语言统一》，《语言教学与研究》第2期（百期纪念刊）。

倪海曙 1948 《中国拼音文字运动史（简编）》，时代书报出版社。

璩鑫圭、唐良炎编 1991 《中国近代教育史资料汇编·学制演变》，上海教育出版社。

屈哨兵 2011 《"统一国语办法案"所涉问题三论》，《云南师范大学学报》第6期。

苏培成主编 2010 《当代中国的语文改革和语文规范》，商务印书馆。

王均主编 1995 《当代中国的文字改革》，当代中国出版社。

王理嘉 2003 《汉语拼音运动与汉民族标准语》，语文出版社。

王理嘉 2011 《国语运动与汉语规范化运动》，《云南师范大学学报》第6期。

威妥玛 1867 《语言自迩集——19世纪中期的北京话》，张卫东译，北京大学出版社，2002年。

文字改革出版社编 1958 《清末文字改革文集》，文字改革出版社。

许长安 2000 《语文现代化先驱卢戆章》，厦门大学出版社。

于锦恩 2007 《民国注音字母政策史论》，中华书局。

［原载《澳门语言学刊》2012年第1期］

语言文字标准六十年

语言文字在人类生活中作用巨大。《说文解字·序》:"盖文字者,经艺之本,王政之始,前人所以垂后,后人所以识古。"许慎关于文字功能的精辟论述,可以推衍到语言文字的整个领域。正因如此,人类社会发展到一定阶段,必制定些语言文字的标准,供人遵循,供人教习。比如战国时期,"田畴异亩,车途异轨,律令异法,衣冠异制,言语异声,文字异形。"[1]秦始皇听从丞相李斯所奏,用小篆统一六国文字;李斯作《仓颉篇》,赵高作《爰历篇》,胡毋敬作《博学篇》,用小篆编写童蒙课本,作为"书同文"的举措之一。

自此以降,许多朝代都有韵书、字书、教科书等,以为当世语言文字之准绳。当这些标准具有官修、官颁性质时,当这些标准与科举考试关联时,其权威其作用便如钢铁一般。清末以来,随着社会的步步向前,伴之以系列的社会语言文字运动,汉语发展到现代汉语阶段,现代汉民族共同语逐步确立,渐传渐广;汉字经简化与整理,形成了威望越来越高的现行汉字。在国人百年努力中,特别是新中国60年的语言文字工作中,建立了现代汉语、现行汉字的基

【1】见《说文解字·序》。

础性标准体系,开辟出信息等领域语言文字标准的新作业场,为构建和谐语言生活,为促进社会进步,做出了巨大的历史贡献。

一 语言文字标准建设的第一黄金期

1949年至1965年,是新中国语言文字标准建设的首个黄金期。此期制定的语言文字标准,大都属于语言文字的最为基本的标准。比如:

普通话的标准(1956年)

《普通话异读词三次审音总表初稿》(1963年)

《第一批异体字整理表》(1955年)

《汉字简化方案》(1956年)

《简化字总表》(1964年)

《印刷通用汉字字形表》(1965年)

《标点符号用法》(1951年)

印刷物竖排改横排(1955年)

《汉语拼音方案》(1958年)

这些标准都是基础性的。它们使普通话语音有了较为明确的标准,使现代书面语在用字、行款和标点符号等方面有了基本规范,使汉语有了科学的拼音方案。

除此之外,这期间还建立了一些特殊交际领域的"准文字"标准,如《汉语手指字母方案》(1963年)、《汉语拼音盲字方案》(1958年)、《汉语拼音电信局名簿》(1958年)、《汉语拼音通报用字》(1958年)[1]、旗语(1959年)、灯号(1958年)等。

---

[1] 1981年5月停用。

显然，这些标准也是这些领域的基础标准。

此期语言文字标准，除了"基础性"这一特点之外，还具有"史成性"。这些标准，基本上是在回答历史上提出的问题，每个标准几乎都有一长串历史故事。比如《汉语拼音方案》，最早可溯至明代，来华传教士利玛窦1608年出版《西字奇迹》，之后有大量的教会罗马字，有西洋人的汉语译音。清末的切音字运动产生的诸多拼音方案，民国初年的注音字母运动，"五四"时期的国语罗马字运动、拉丁化新文字运动等，都为汉语拼音方案的形成做出了贡献。《汉语拼音方案》便是对这350年拼音历史的回答，是这期间民间、官方无数方案的集成。《汉语拼音方案》运用到特殊交际领域，还产生了以其为基础的盲字、手语、旗语、灯号和电报代码等。而盲字、手语、旗语、灯号和电报代码在中国的产生和发展，也都各有一串动人故事。

史成性，表明这些标准是数代语言学人科学探索的结晶，是社会发展进步的需求，反映着语言文字的发展规律。比如普通话以北京语音为标准音，以北方方言为基础方言，以典范的现代白话文著作为语法规范，是中国社会和汉语几百年发展而形成的历史必然，是切音字运动、国语运动、白话文运动和新中国现代汉语规范化工作的成果的集结聚合，有吴汝纶首倡、王照"官话合声字母"拼北京口音、清朝学部中央教育会议议决《统一国语办法案》《新青年》提倡白话文、京国之争等历史掌故。鉴史则明，这些掌故使人们看到了普通话标准形成过程中学人的努力、社会的潮动，看到了语言规律认识历程的艰辛与曲折，看到了语言规律"青山遮不住，毕竟东流去"的必然性。作为历史财富受惠者的当代人，可以根据时代的进展和自己的学术认识对这些标准进行修订与评说，但不问史事便虚论妄说，似不妥帖。

早期的语言文字标准，多自民间倡议始，后由政府接手完成。

比如标点符号，我国早期文献基本不用。汉代出现了句读。宋代始用圈点符号：句号用圆圈，读号用点。19世纪60年代，张德彝著《欧美环游记（再述奇）》，首次向国人介绍西文标点符号。1897年，王炳耀出版《拼音字谱》，创构了10种标点符号。1904年，严复出版的《英文汉沽》是最早使用西方标点符号的汉语著作。

"五四"时期，白话文运动兴起，使用新式标点的白话文报刊越来越多。《新青年》一边使用新式标点，一边讨论完善，贡献颇大，到第七卷第一号，已制定13种标点符号。1919年，国语统一筹备会向教育部提交《请颁行新式标点案》，提出了12种标点符号。1920年，教育部发布《通令采用新式标点符号文》，这是以政府名义首次发布的标点符号。1951年，中央人民政府出版总署制定了《标点符号用法》。

"民间首倡，政府颁布"的操作模式，1949年之后有了巨大改变。政府成了标准制定的第一推手。政府组织专家制定，过程中广泛听取社会意见。官民角色的转变，不仅提高了标准制定的效率，且可以在更大范围内听取民意，集中民智，也表明政府把语言文字工作纳入新文化建设的国家蓝图中。

二　语言文字标准建设的第二黄金期

经历过文化大革命，中国社会进入新的发展时期。1986年1月召开的全国语言文字工作会议，制定了国家新时期语言文字工作的方针，语言文字标准建设也迈开了新步伐。

这一阶段语言文字标准建设的首要特点是总结，对已有语言文字标准进行总结。在总结中反思，在总结中前进。比如，在普通话异读词三次审音的基础上发布了《普通话异读词审音表》（1985年），重新公布《简化字总表》（1986年），修订《标点符号用法》（1990年），试行《聋哑人通用手语图》（1982年）并在此基础上修订为《中国手语》[1]，等等。这些标准，或是对已有标准的集成，或是根据新情况对已有标准进行了补充修订。

语言文字标准的反思，常常不只在技术层面，而在政策层面。比如《第二次汉字简化方案（草案）》，1977年12月20日在报纸上刊发，在全国范围内征求意见，其中第一表在出版物上试用。1978年4月和7月，教育部和中宣部分别通知停止试用。1986年6月24日经国务院批准正式废止。《第二次汉字简化方案（草案）》的废止，不是"二简字"简化得如何这样的技术问题，而是对国家文字政策进行反思之后的变化，"对汉字的简化应持谨慎态度，使汉字的形体在一个时期内保持相对稳定，以利社会应用"。这就是说，自此开始，我国汉字工作的主要任务由简化转向整理，使汉字达到"四定"的标准化目标。

正是总结、反思带来的文字政策调整，此期才有了一系列与汉字整理相关的新标准，使汉字标准向着精细化的方向发展。比如：

《现代汉语常用字表》（1988年）

《现代汉语通用字表》（1988年）

《汉字统一部首表（草案）》（1983年）

《GF0011-2009　汉字部首表》

《GF0012-2009　GB13000.1字符集汉字部首归部规范》

《GF3002-1999　GB13000.1字符集汉字笔顺规范》

《GF3003-1999　GB13000.1字符集汉字字序（笔画序）规范》

《GF2001-2001　GB13000.1字符集汉字折笔规范》

---

[1] 1987年5月，在山东泰安举行的全国第三次手语工作会议，确定将《聋哑人通用手语图》易名为《中国手语》。1994年出版《中国手语》（续集）。2003年5月，《中国手语》再次修订出版。

《GF3004-1999 印刷魏体字形规范》
《GF3005-1999 印刷隶体字形规范》
《GF0014-2009 现代常用独体字规范》
《GF0013-2009 现代常用字部件及部件名称规范》

其实"精细化"不仅表现在汉字标准上，也表现在其他标准上，是此期标准的重要特点。例如《中国地名拼音字母拼写规则（汉语地名部分）》（1984年）、《汉语拼音正词法基本规则》（1988年）、《中文书刊名称汉语拼音拼写法》（1992年）、《GF3007-2006中国通用音标符号集》等，使汉语拼音的使用精细化，使语音记录工具标准化。

三 语言文字标准建设的新领域

此期标准的更为重要的特点，是还开拓了一些新领域。如《GB/T15835-1995出版物上数字用法的规定》《GF1001-2001 第一批异形词整理表（试行）》等，把标准的触角伸展到了词语领域，当然也与篇章中字形的使用相关。为了做好语言文字工作，还开始制定工作标准，如《普通话水平测试等级标准（试行）》（1997年）、《一类城市语言文字工作评估指导标准（试行）》（2000年）、《GF2002-2006汉字应用水平等级及测试大纲》等。这也是语言文字标准建设正在探索的新领域。

在语言文字标准开拓的所有新领域中，信息领域是最为突出、最为重要、最为闪亮的一个领域，也是标准数量最多、制标最快的领域。例如：

《GB/T12200.2-1994汉语信息处理词汇 02部分：汉语和汉字》

《GF3006-2001汉语拼音方案的通用键盘表示规范》

《GB2312-1980信息交换用汉字编码字符集基本集》

《ISO/IEC10646.1信息技术 通用多八位编码字符集》

《ISO/IEC10646-2004 信息技术 通用多八位编码字符集(UCS)》。

《GB18030-2005 信息技术 中文编码字符集》

《GF0013-2009 现代常用字部件及部件名称规范》

《GB/T15732-1995汉字键盘输入用通用词语集》

《GB/T13715-1992 信息处理用现代汉语分词规范》

《GB/T20532-2006信息处理用现代汉语词类标记规范》

除了上面列举的标准之外,还有多个字符的扩充集、大量的字库点阵标准、我国少数民族文字的编码标准、面向信息处理的术语标准等等,一些信息技术评测标准中也包含有不少语言文字的内容,还有正在研制的语料库建设标准、中华大字符集等等。

信息化是近十几年讨论最多的话题,语言文字的信息技术产品运用越来越广泛。语言文字负载着社会信息的80%左右,故而促进国家信息化,首先需要语言文字的信息化,需要制定信息领域的语言文字标准。1986年1月的全国语言文字工作会议,已开始关注信息领域的语言文字标准问题;1997年的全国语言文字工作会议,把信息领域语言文字标准建设,列为国家语言文字工作的重要内容;之后不断充实政府工作机构,制定了"以信息化为主线"的语言文字标准建设战略,国家语委成立或挂靠的相关标准化机构就达十数个之多。许多行业也十分关心并积极参与语言文字标准的制定。

信息领域的语言文字标准及其研制,表现出许多新特点。第一,语言文字标准具有了工业标准的性质。过去的标准基本上是面向人的,而信息领域的语言文字标准主要面向机器,解决计算机语言文字的输入、加工、贮存、传递和输出等一系列问题。这样一来,语言文字标准就成为高新科技的一部分,具有了生产力的性质;这些标准支撑着一些语言产业的发展,因而需要根据信息产业发展的需要制定或修订。第二,需要利用语言工程来制定语言文字标准,比如各种语料库、语言文字知识库等。由此也带动了其他领域利用语言工程来制定标准,推动了语言文字标准建设的现代化。第三,信息产品的标准具有国际性,信息领域的语言文字标准也需要ISO／IEC标准的支持,需要"玩国际游戏"。特别是汉字标准,需要中日韩等国家和地区的技术合作。过去制定语言文字标准主要考虑中国大陆,而今则需要考虑大陆以外的地区,中国之外的国家。第四,信息化与企业关系很密切,特别是与语言信息产业关系密切。企业非常关注信息领域的语言文字标准,常常制定自己的语言文字标准,或是企业联合制定标准。语言文字标准由政府组织制定正在转向以企业为主。ISO／IEC就是企业为主的国际标准机构。这些特点,我们需要进一步去认识,去适应,逐渐完善语言文字工业标准体系的建设。

六十年语言文字标准建设功勋卓著,保证了国家语言文字生活的正常运转,促进了国家的文化教育、科学技术和信息化事业的发展。六十年,回答了历史提出的语言文字问题,建立了国家通用语言文字和一些少数民族语言文字的基本标准体系,建立了一些特殊交际领域的标准。在标准"精细化"发展的同时,紧随信息化发展的步伐,开拓了信息领域的语言文字标准。信息领域的语言文字标准具有工业标准性质,促进了制标手段的现代化,特别是在"民间首倡,政府颁布"转变到政府为主之后,又开始出现"企业为主、国际合作"的制标新体制。

时代日行千里,新的语言生活领域不断出现,一些领域对语言文字标准会有新需求。比如,汉语国际传播需要建立语言文字标准、语言文字教学标准和相关的工作标准;计算机屏幕的书面语显示,需要有新的标点符号、行款格式标准;信息时代的小学识字教学，需要有合适的小学信息教育软件和支持识字教学的软件；需要研究中西文混排、汉语与民族语混排等的技术标准；等等。语言文字标准制定应有战略性思考，在机制、体制等方面要有新举措，特别需要认识新形势，研究新问题，理念更新，思想解放，开拓语言文字标准建设的新局面。

主要参考文献

费锦昌主编 1997 《中国语文现代化百年记事（1892—1995）》，语文出版社。

李宇明 2003 《搭建中华字符集大平台》，《中文信息学报》第2期。

李宇明 2009 《信息时代的语言文字标准化工作》，《语言文字应用》第2期。

厉兵主编 2004 《汉字字形研究》，商务印书馆。

王均主编 1995 《当代中国的文字改革》，当代中国出版社。

文字改革出版社编 1958 《清末文字改革文集》，文字改革出版社。

［原载《语言文字应用》2009年第3期］

语言生活状况

中国语言生活的时代特征

双言双语生活与双言双语政策

汉语的层级变化

语言生活需要用法调节

了解 包容 优化

形译与字母词

字母词与国家的改革开放

中国语言生活的时代特征[*]

中国现代化的进程起步于清代晚期。在艰难曲折走向现代化的风雨历程中，中国语文现代化思潮叠浪而兴，语文现代化运动接踵而起，并形成了不同时期的语言规划，促进语言生活逐渐现代化。

政府的职责之一就是管理语言生活。管理好语言生活，必须全面、深入了解语言生活的状况，准确把握语言生活的时代特征，在此基础上方能制定包括语言政策在内的科学的语言规划。进入21世纪，中国语言生活的基本状况如何，发展到了什么样的阶段，有哪些基本的时代特征，这是做好当今中国的语言规划必须考察的。

不过，语言生活这一话题学界讨论还不充分，语言国情的诸多方面还不怎么清楚，要全面准确地认识当下语言生活的时代特征还存在较大的学术困难。就当前的认识水平看，笔者认为中国语言生活最为重要的特征有如下四个方面：

---

[*] 本文根据在国际中国语言学学会（International Association of Chinese Linguistics）第19届年会（南开大学，2011年6月12日）的学术报告改写而成。文中的一些内容，在一些学术报告中曾有所涉及。

一 "双言双语"(多言多语)[1]的语言生活初步形成

(一)中国古代的"单言单语"生活

总体上看,我国古代的语言生活是"单言单语"型的。汉民族共同语的书面形式形成很早。"雅言""通语"在秦汉时代已经存在,其后又有代行民族共同语职能的官话。但是,汉民族的口语在古代基本上是方言,即便是全国有大体相似的读书音和官场音,然而能够操读书音、官场音的人并不多,对全民的口语交际影响也不大。古代的中国是农业国,民众"乐土重迁",交通、通信不发达,除了饥荒、战乱和有计划的移民之外,整体上看人口活动的半径、流量和频率也都相当有限,因此能够操两种及多种方言的人数也不会很多,汉民族基本上是"单言生活"。

对于古代少数民族语言生活的研究,成果更是有限,哪些民族语言有方言差异,有多大程度上的方言差异,这些民族其成员操单言、操双言的情况如何,都不大清楚。但是根据当时人口流动的情况推测,有方言差异的少数民族,其语言生活也基本上应当是单言的。

我国是一个多民族国家,在边境地区,在民族杂居地区,在国

【1】在本文中,作为学术概念使用的"语"和"言"是不同的。"语"是语言,"言"是语言的变体,包括"地方方言"和共同语;方言是语言的地方变体,共同语是语言的高级变体。根据掌握语和言的数量,可以把人分为单言人、双言人、多言人和单语人、双语人、多语人等,为讨论问题的方便,一般情况下不严格区分双言人和多言人、双语人和多语人,说"双言人"时往往包含了"多言人",说"双语人"时,往往包含了"多语人"。根据社会交际使用语和言的数量,也可以把语言生活分为单言生活、双言生活、多言生活和单语生活、双语生活、多语生活等类型,同样为讨论问题的方便,语言生活一般情况下不严格区分双言生活和多言生活、双语生活和多语生活,说"双言生活"时往往包含了"多言生活",说"双语生活"时,往往包含了"多语生活"。

家的政治中心，在专门处理民族事务和涉外事务的机构中，在许多民族的执政班子里，自古就有懂得两种或多种民族语言的人，也有懂得某种国外语言的人。但是双语人（包括多语人）在全民中必然是少数，双语使用的地域和社会领域必然不多，中国古代基本上是单语生活。

因此可以说，中国古代虽然存在一些双言双语人，有些地区、有些领域存在双言双语生活，但总体上看语言生活是"单言单语"的。

（二）百年来语言统一的成就

现代意义上的语言统一运动，以1911年清朝学部中央教育会议议决《统一国语办法案》[1]为标志。《统一国语办法案》承继了清末切音字运动的成果，开启了具有深远影响的国语运动。1949年以后新中国持续的大力推广普通话，台湾光复及民国政府迁台之后台湾地区的国语普及，香港、澳门回归之后的普通话教育，以及新加坡1979年开始，持续30余年的讲华语运动，都是当年国语运动的纵向的历史延伸和横向的地域延展。

语言统一的百年历程，成就辉煌。这辉煌的成就表现在如下几个方面：

第一，确立了"以北京语音为标准音、以北方方言为基础方言、以典范的现代白话文著作为语法规范"的汉民族共同语。而且，普通话在实践中和法律上都发展为国家通用语言，发挥着国语的职能。

第二，制定并推行了注音字母和汉语拼音方案。在广播、电

---

[1] 见文字改革出版社编（1958）。

视、电影等有声媒体不发达的时代,这些拼音工具对推行汉民族共同语的标准读音,是不可缺少的;在当今有声媒体广泛普及的时代,这些拼音工具仍在发挥着多方面的重要作用。

第三,培养了大量的双言双语人,形成了双言社会和部分地区的双语社会。据统计,二十世纪末大陆能够使用普通话的比例为53.06%[1],随着时间的推移,现在能够使用普通话的人数应当达到了70%[2]。台湾能够讲国语的人口比例更高。香港、澳门能够讲普通话的人数也在不断增加。当然,在普通话推广过程中,也出现了一批只会讲普通话不会讲方言的新的单言人,这种现象值得关注、值得研究。

就全国范围来看,普通话与汉语方言"共存共用"的局面已经形成。普通话是国家通用语言,主要用于教育、公务、新闻出版、大众服务等高层次、跨地区、跨民族、大范围的交际,汉语方言主要用于家庭、社区交际和乡土文化活动等方面。

有些民族由于各种各样的历史原因,已经放弃了自己的语言而转用汉语,如回族、满族等。但他们的语言转用,常常是因居住地不同而转用不同的汉语方言;随着普通话的推广,这些民族也形成了汉语的双言社会。有些民族在保持本民族语言的同时也使用汉语,他们所使用的汉语也多是汉语方言;随着普通话的推广,这些民族成为双语双言民族,能够讲汉语方言,也能够讲普通话。有些单语民族随着普通话的推广,其成员也逐渐掌握了普通话,开始发展为双语民族。概言之,随着普通话的推广,汉族和转用汉语的少

【1】见中国语言文字使用情况调查领导小组办公室编(2006)图1。
【2】根据谢俊英(2011,6页)的报告,语言文字应用研究所2010年运用与"中国语言文字使用情况调查"(1999年8月—2001年9月实施)相近的方法,对河北、江苏、广西三省(区)进行了普通话普及情况的调查,发现这三省(区)能够用普通话交谈的比例达到了70%~80%。

数民族由单言社会发展为双言社会；原来只讲本族语的民族发展为双语民族，原来的双语民族发展为双语双言民族。

不能忽略的是，我国许多少数民族语言也有方言的分歧。几十年来，这些有方言分歧的少数民族语言，也有了不少发展变化，比如蒙古语、壮语等都确立了民族共同语的语音标准，并且还先后开展了标准音的测试。通过学校教育、标准音测试等，这些民族也出现了越来越多的掌握本民族共同语和本民族方言的人，在一些地区或领域也形成了民族的"双言"生活，并呈现不断发展的趋势。

（三）一百多年来外语教育的影响

中国现代意义上的外语教育，起码可以上溯到清末京师同文馆（1862年）和上海广方言馆（1863年）的建立以及洋务学堂中外语课程的设立。[1] 此后，我国建立了现代学校制度，有了专门的外语院校，一般学校开设外语课程，一些教会学校使用外语作为教学媒介语，还有各种外语培训班、预科班以及社会上各种形式的外语学习。现在，据说外语学习者超过3亿人。

百多年来的外语教育，培养了大批的外语专门人才，同时也使许多受过一般教育的人有了外语知识或一定的外语能力，使单语人成为双语人或三语人。当然，由于特定的历史环境，决定了我国有大规模的外语教育，有一定数量的双语人，但是基本上没有外语生活。从长远的发展来看，公民的外语水平还会不断提高，对外语的学习、利用还会加强，但是仍然不大可能形成外语生活。这很不同于曾经做过西方殖民地的香港、新加坡、印度、巴基斯坦以及一些阿拉伯国家、非洲国家；这些国家和地区，原来宗主国的语言或是

【1】 参见高晓芳（2006）。

官方工作语言，或在教育、商务等领域中继续应用。

（四）"双言双语"社会的语言问题

研究"双言双语"人和"双言双语"社会的特点，做出科学的语言规划，是时代提出的新课题。就语言生活的这一时代特征而言，有如下几个方面的问题值得注意：

1．应当对"双言双语"社会给以积极评价。由"单言单语"人发展为"双言双语（多言多语）"人，由"单言单语"生活发展为"双言双语（多言多语）"生活，是社会的进步、教育的进步、语言生活的进步，应当正确评价它，积极促进它，不断完善它。我们习惯了"单言单语"社会，形成了思维惯性，对"双言双语"社会缺乏必要的认识，因此，在认识上和实践中都会遇到许多新问题，都会有许多不适应，需要逐渐建立一系列的新理念，需要逐渐形成适合中国国情的"双言双语"社会的语言规划，需要采取一系列的新政策新举措。

2．要处理好"语言关系"。"单言单语"社会的主要矛盾是克服语言交际障碍，"双言双语"社会的主要矛盾是处理好语言关系，具体到我国当前的国情而言，就是处理好中华各语言、各方言的关系，处理好母语与外语的关系。保证国家通用语言在高层交际中发挥作用，同时也要发挥其他的语言和汉语方言的作用，构建和谐的语言生活。

3．探讨建立公民语言能力标准。我国的教育实践和用人实践，已经基本形成了"双言双语"社会对公民语言能力的要求，即：

1）汉族和一些转用汉语的民族，其成员应当具有"双言双语"的能力，即掌握普通话和某种汉语方言，并具有一定的外语能力；

2）没有转用汉语的少数民族，其成员应当具有"三语"能力，即掌握母语和国家通用语言，并具有一定的外语能力；

3）受过研究生教育的精英人才，应当掌握两门外语。

应当把这种实践"物化"为教育标准，并进而形成公民的语言能力标准。"双语"能力或"三语"能力，已经是许许多多国家的教育标准，是国际发展的大趋势。

二 现实与虚拟两个空间的语言生活相互促进

（一）虚拟语言生活的产生与发展

在人类漫长的历史中，语言生活只有现实语言生活，只存在人与人的交际，即"人—人交际"。在牧民、农民、猎人和驯兽师、骑兵那里，人类也可能用有声语言或是特殊的符号、身姿同动物进行交际，但这种交际不是真正的语言交际，起作用的不是语义而是符号，与人类的交际不在一个性质层面上。[1]

人类在20世纪上半叶发明了计算机，之后不久就尝试让其进行语言翻译，从此开始了艰难而又充满魅力的语言处理之路，发展人类与机器的交际，即"人—机交际"。计算机语言处理技术的不断发展和普及，各种语言技术产品逐渐发明并进入日常语言生活，人与计算机的语言交际逐渐形成。"人—机交际"由使用符号交际到趋近于语音、文字交际，由技术人员与计算机交际发展为一般人与计算机交际。特别是互联网的发明并逐渐商业化，机器之间的信息传输（"机—机交际"）开始出现且迅速发展起来，人类在现实世界的基础上又构建起一个虚拟世界，同时在现实语言生活的基础上

---

[1] 参见李宇明（1989）。

产生了虚拟语言生活。

(二) 虚拟语言生活产生的巨大效应

虚拟语言生活对社会的影响是广泛、巨大而深远的。首先,人类的语言交际形式发生了巨大的变化。虚拟语言生活是由现代语言技术做支撑的,现代语言技术以计算机语言处理为基础,它的逐步发展和快速普及,使语言交际在"人—人交际"的基础上又发展出"人—机交际"和"机—机交际"。到了现在,"人—人交际"也越来越多地依赖机器的帮助,形成了"人—机—人"(包括"人—机—机—人")的混成式交际。在过去,书写是受过教育的公民必须具备的素养;而混成式交际的发展,使得现代语言技术成为公民应当具备的语言素养。

其次,语言进入国家的"硬实力"范畴。现代语言技术的发展在相当大的程度上依赖于语言文字知识,一些语言文字知识还转化为信息工业的标准。现代语言技术的发展虽然只有几十年的历史,但已经孕育了一批语言新职业,如语言速录师、语言工程师、字库设计师等;产生了一批语言新产业,如语言文字的输入与识别、计算机字库、语言文字的传输与输出、自动翻译、语言文字信息的检索与加工、电子阅读等高新技术所形成的产业。由此而形成了宏富的语言经济。同时像打字员、字模铸造、纸质信件通信、电报等一些传统的语言职业和语言产业,也在蜕变或消逝,从而带来社会经济结构的变化。语言是国家的"软实力"已有共识,但仅有此等认识是不够的,应当看到语言已经发展为国家的"硬实力"。[1]

其三,虚拟语言生活对现实语言生活的影响越来越大。虚拟语

---

[1] 参见李宇明(2011)。

言生活是在现实语言生活的基础上产生的,但反过来又在影响现实语言生活,而且这种影响越来越大。其主要表现如:

1. 以新词语为代表的许多语言新现象,首先在虚拟语言生活中聚集萌生,然后进入现实语言生活。虚拟空间成为新词语等新语言现象的主要滋生地和繁衍区。

2. 产生了电子邮件、BBS、QQ、博客、微博等许多新的信息传播方式,网络逐渐成为信息的集散地和"反应堆",以新媒体的身份深刻地影响着现实语言生活。

3. 人类在现实生活中的许多活动,都尝试着迁移到网络上去运行,如电子政务、电子商务、电子学务、电子出版、电子娱乐等,构成了当今的虚拟生活。这些虚拟生活往往都伴随着现代语言技术进行,成为虚拟语言生活的组成部分。

4. 网络已经成为人类最大、更新最快的信息贮存库,纸媒出版物(包括辞书)、图书馆、档案馆、博物馆的许多职能,将越来越多地让位于网络。但是,网络的信息有许多是需要过滤、挖掘和整理的,应充分认识网络信息贮存库的作用,努力发展网络信息挖掘技术,及时有效利用网络信息。

特别是随着云计算、物联网由概念逐渐变为现实,互联网正在发生质的跃变,其功能将更加强大,其对现实生活的介入将更为全面而深入。与之相应,虚拟语言生活将更为发达,其对现实语言生活的影响也将更为全面、深入和强烈。

(三)虚实语言生活背景下的语言规划

过去的语言规划,主要处理语言与人的关系,现在必须要处理语言、人、机器三者之间的关系。过去只考虑现实语言生活的问题,现在需要考虑两个空间的语言生活问题。由于虚拟语言生活产生时间不长,对它的研究还较为浮浅,因此虚拟语言生活还较少进

入语言规划者的视野,这显然是落后于时局的。在虚实两个空间的语言生活的背景下,语言规划应当注意如下一些问题:

1. 促进虚拟语言生活的健康发展。应当以积极的态度来看待虚拟语言生活,不能无视它的存在与发展,更不能把它仅仅作为现实语言生活的附庸,用现实语言生活的观念去看待它,用管理现实语言生活的办法去管理它,甚至用削足适履的方法去限制它。语言规划应当促进虚拟语言生活的快速而健康的发展。

中国虚拟语言生活的网络空间,应当尽可能地适合国人的生活习惯,最大限度地适合中华语言文字的使用习惯。这关系到硬件、软件和各种语言信息技术,一方面,需要拥有更多的信息技术方面的知识产权,另一方面,应在软件设计、语言文字应用乃至各种细枝末节上,都要充分重视国人的文化习惯,与人"友好"。

要不断提升国人虚拟语言生活的质量。从发展眼光看,虚拟语言生活不是少数人或某一部分人的语言生活,而应当是大多数人的语言生活,具有普惠性。到2011年9月底,中国互联网用户已突破5亿,互联网普及率接近40%。我们应当帮助更多的人步入虚拟语言生活,减少"信息边缘化"的人群。应当放开思路,设想在虚拟空间中可以过哪些语言生活,并有计划地孕育它发展它。应当着意建立虚拟语言生活的各种运行规则,建立合理的秩序,着力提高虚拟语言生活质量。并把这些规则、这种秩序尽力向外延展,为国际虚拟语言生活做出中国人的贡献。

2. 虚实语言生活相互促进。研究虚拟语言生活对现实语言生活的影响,例如:电脑的使用是否会带来书写水平的减退?怎样看待书写能力的减退?影响汉字发展演变的主要动因是书写,"书写"方式的演变对汉字的发展演变会带来什么影响?人们的阅读习惯、信息获取习惯、语言表达习惯等都会发生一些什么样变化?通过这些研究,采取一定措施,减少其负面影响,扩大其积极作用。

同时要努力做好虚实两界语言生活的沟通,相互促进,保证语言生活的和谐。

3.更加重视"语言资源"的理念。不仅把语言看作"问题",而且把语言看作文化资源和经济资源的理念,称为"语言资源"理念。在现代语言技术快速发展的背景下,语言资源理念得到了突显和新阐释。今天的语言规划,必须在语言经济学的支持下充分重视、尽力保护、全面开发语言资源,促进现代语言技术的发展,促进语言职业和语言产业的发展,充分发挥语言对社会的经济贡献,收取"语言红利"。

三 城市与乡村的语言生活正在发生巨变

(一)快速的城市化进程

当前,中国社会最为突出的变化是快速发展的城市化(或称"城镇化")进程。新中国早期的城市化率很低,且长期徘徊不前。1950年城市化率为11.2%,1978年为17.92%,年增长率约为0.23%。改革开放之后,城市化进程不断加速。1980年城市化率为19.4%,1998年为30.42%,2008年为45.68%,年增长率超过13%。[1] 2009年中国城市化率已达47%,2011年大约为50%左右。世界城市化率2000年为48%,估计现在为50%左右,这就是说,中国的城市化已经与国际平均水平大体相当。

2009年底召开的中央经济工作会议,要求继续促进大中小城市和小城镇的协调发展,并放宽中小城市和城镇户籍限制。国务院批转的发改委《关于2010年深化经济体制改革重点工作的意见》,

---

【1】参见范恒山等(2009)。

提出要"深化户籍制度改革,加快落实放宽中小城市、小城镇特别是县城和中心镇落户条件的政策。进一步完善暂住人口登记制度,逐步在全国范围内实行居住证制度",这将更加方便农业人口逐步向城镇转移。2011年3月5日公布的我国"十二五"规划纲要草案指出,"十二五"期间还将积极稳妥推进城镇化,到2015年城市化率提高到51.5%。可以预计,中国城市化进程还将飞速发展,2050年之前可能达到70%以上,向先进国家的城市化水平靠近。

城市化使农民变成市民或是"农民工";使许多农村变成城镇,使小城市变为大城市,使大城市变得更大,激发成为国际化大都市的雄心,并逐渐形成若干城市群。这些变化将使我国的"语言地图"快速改写,语言生活发生前所未有的重大变化。

(二)城市语言规划

城市需要建设规划,也需要语言规划,其实可以认为城市语言规划就是城市建设规划的有机组成部分。城市语言规划主要有如下几个方面的内容:

第一,城市语言生活中主导性的语言文字。主导性的语言文字,是指在政府公务、教育、新闻出版、大众服务等领域主要使用哪种或哪些语言文字。依照《国家通用语言文字法》,我国城市的主导性语言文字应当是国家通用语言文字。在民族自治地方,主导性语言文字还包括自治地方的民族语言文字。

第二,对新老市民、进城务工人员进行语言培训与指导。城市语言生活与农村语言生活有很大不同,对于新市民和进城务工人员,在使用的语言或方言、同周围交换信息的内容与方式等方面,都需要进行指导或培训,以便使其尽快适应城市语言生活。由于时代的发展变化,也由于郊区人口向城市中心区的移动,由于新市民和大量进城务工人员的涌入,老市民也面临新的语言生活,也会出现焦虑等各种不适应，严重时还会发生新老群体的语言冲突乃至社会冲突。因此，对于一些发展较快的城市，需要有计划地指导老市民适应新的语言生活。

第三，社会语言服务。社会语言服务已经成为城市应很好规划的信息服务功能。社会语言服务的内容十分广泛，包括道路街巷、公共单位的各种牌匾标示，商贸、旅游、交通、邮政、金融、医疗、文化娱乐等领域的语言文字应用。特别是一些特殊的社会语言服务，更是城市语言规划所应特别考虑的，比如对盲聋等残障人士的语言服务，对语言不通的外来人士的语言服务，包括对外国来华人员的外语服务等。

第四，通过语言特色展现城市文化风貌。城市建设应当有各自的文化特色，而不同的文化特色不仅表现在外部建筑上，也体现在文化内涵上。语言及其负载的文化艺术是展现城市文化风貌的重要资源，例如报纸、广播、电视适当地体现地方语言文化，带有地方特色的语言文化博物馆，曲艺、歌谣、传说等地方语言文化的收集整理与展示、传承等。

（三）保存当今的"语言地图"

伴随着城乡地图的快速变化，在不长的时间里，中国"语言地图"必将大幅度改写。这种改写也许无法避免，但应当用多媒体技术把现代语言实态记录下来，留下语言的有声数据，留下今日语言地图的轮廓，以此作为"科学保护各民族语言文字"的重要举措。2011年9月6日，在纪念中央文史研究馆成立60周年座谈会上，冯骥才先生指出，五千年历史留给我们的千姿万态的古村落的存亡，已经到了紧急关头。每座古村落都是一部厚重的书，可是没等我们去认真翻阅它、阅读它，便在城镇化大潮中很快消失不见了。语言和方言也是一部部厚重的书，许多中华语言（包括方言）所面临的状况，不会比冯骥才先生描述的古村落的状况好，而且更加不为人所关注。中华语言及其各种方言的濒危与消亡，是国家语言资源的严重流失，是中华文化的不可复现性的损失。

提倡双言双语制度。这既是对我国已经初步形成的"双言双语"生活的认定，也是解决语言沟通和语言保存的治本之策。掌握国家通用语言可以顺畅进行地区间、民族间的交际，同时传承民族母语、传承方言，可以保存语言文化的多样性景观。当城市化率较低、城市化进程较为缓慢的时期，当国家通用语言文字普及程度较低的时期，推广普通话是国家语言文字工作的主要任务。而当今在大力推广和规范使用国家通用语言文字的同时，也必须认真考虑语言保护的各种问题，"两条腿走路"。

当然，保存当今的"语言地图"，也还有其他办法，比如在可能的条件下建立"语言保护区"，以便对濒危语言或濒危方言进行"活态语言"保护。通过非物质文化遗产的保护项目，对与非物质文化遗产关系密切的一些语言或方言进行保护。鼓励有条件的地方建立语言文化博物馆，或在博物馆、展览馆中专辟语言文化展室。互联网的发展为语言保护提供了新手段，可以建立虚拟的语言文化博物馆，用现代信息技术进行语言文化的收集、保存与展览、开发等。

总之，在快速的城市化进程中，会产生一些新的语言矛盾，出现一些新的语言问题。在此境况下，必须认真思考它会对我国的语言面貌产生何种影响，会有哪些新的语言问题需要解决，会有哪些特殊人群需要特殊的语言服务，怎样通过科学的语言规划和有效的语言行动，来保证城市化进程的顺畅前行，保障城乡二元语言生活的和谐。

四　国内和国外两个大局统筹兼顾

改革开放开启了我国新时期的国际化进程，30余年的改革开放，中国人有了更多的国际语言生活和外语需求，汉语也伴随着国家走向世界的步伐快速向世界传播，语言文字事业逐渐形成了国内和国外两个大局。当代中国的语言规划必须兼顾国内、国外两个大局。

（一）推进中华语言的国际传播

随着国家的改革开放和国家国际地位的提升，中国语言也加快了向海外传播的步伐，不少外籍人士已经把汉语看作仅次于英语的第二大商务用语。为加快中华语言的国际传播，需要注意几个方面的问题：

第一，科学推进汉语在国际上的传播。衡量其是否科学，大概有以下几个可以考虑的指标：

1. 能否满足世界各国学习汉语的需求；
2. 能否为汉语学习者带来学习之后的应有的实际效益；
3. 在教学标准、教材教辅、教学方法、考试、师资供给、教学声望等方面，能否赶上当前向外传播较好的语言；
4. 我国是否收到了应得的"语言传播红利"，包括经济利益和文化利益等；
5. 汉语传播事业能否可持续发展。

这些指标，标志着汉语国际传播的理想状态。要达到如此的理想状态，就需要分析古今中外语言传播现象，研究语言传播规律，据此制定汉语国际传播规划，并在实践中不断调适完善。

第二，协调好与海外华语的关系。海外华语是汉语走向世界的先遣队，普通话的规范标准、汉语作为第二语言的教学标准，都应考虑到海外华语的存在现状，最大限度地实现本土与海外的语言沟通，使"以普通话为基础的全世界华人的共同语"这一"大华语"

的概念[1]，在本土与海外的语言沟通中发挥作用。华语之间的协调，进而可以发展为各地华语教育机构的协调，其理想状态是形成同盟关系，联合制定教学标准，编写教材和教辅材料，研讨教学方法，协调考试办法，共认考试结果，促进华语教学事业的良性发展。

第三，与国内语言文字事业结合起来，形成合力。国内语言文字事业是汉语研究、汉语教育和普通话推广的大本营，拥有丰厚的人力资源和智力资源，将这些资源转换为汉语国际教学资源，会源源不竭，可持续发展。这方面的结合，也是语言文字事业的国内大局和国外大局协调发展的最为重要的体现。

同时，汉语的国际传播也要同我国少数民族语言的国际传播结合起来。我国许多少数民族语言，如蒙古语、藏语、维吾尔语、彝语、傣语、满语等，国际上都有数量不等的学习者和研究者。汉语国际传播同少数民族语言的国际传播，应有所统筹，共同发展，形成中华语言国际传播的磅礴阵势。向外传播少数民族语言，满足国际需求，既是我国的国际义务，同时也关乎国家安全。

（二）提升国家外语能力

国家在处理海内外各种事务时，都需要得到合适的语言支援。能否得到合适的语言支援，取决于国家的语言能力，包括国家的外语能力。过去我国的外语学习，除了外交的需求之外，主要是向西方学习先进的科学文化，因此外语语种单寡，教学的重点是外语的标准语和书面语，外语界的学术研究也侧重在外语教学上。在国门封闭的时代，这种情况尚能基本适应国家的需求，但就当今国家改

---

[1] 见李宇明主编（2010）《全球华语词典·前言》。

革开放的形势及国家的未来发展看，已经远远不能满足国家需求。

随着我国改革开放和国际地位的提升，外国朋友来华工作、学习、开会、旅游甚至定居者与日俱增，一些大型的运动会、博览会、商贸洽谈会、学术会议等也常在中国召开。中国需要为他们提供必要的外语服务。外语服务涉及诸多方面的问题，比如公共服务领域的外文标示、说明文字及口语服务等，许多外国人聚集社区的外语服务等，重大国际会议、会展的外语服务等，非通用外语语种人才的培养和社会工作者的外语培训等。

我国的海外事务越来越多，对国家的发展越来越重要。比如：到各种国际组织中任职服务，国际维和、反恐、救灾等人道主义合作，劳务输出，国际经贸、科技、文化活动，塑造国家的良好国际形象，争取国际话语权等。当今的国家利益已超出本土，如何用世界各国人民习用的语言介绍真实的中国，减少误解与冲突，如何通过语言保护国家的海外利益和出国人员的安全，已是必须考虑的国务大事。正因如此，我们需要全方位的了解世界，仔细的研究世界，学会进行"国际游戏"。这些都需要更多语种的外语人才，需要更多的兼通多门外语或兼通某种专业的复合型外语人才。

提升国家的外语能力，已成为国家发展之大计。要尽快了解各行业的外语需求，盘点国家的外语人才状况，成立具有多方协调能力的外语管理机构，制定合适的外语发展战略，制定国际化人才的语言培育规划，拿出具体有效的措施，尽快解决外语语种单寡、外语人才单纯的问题。

（三）解决好跨境语言问题

跨境语言问题，既是国内语言问题，也是国外语言问题。解决好跨境语言问题，是睦邻戍边的需要，也是提升国家语言能力的重要环节。我国的跨境语言（包括跨境方言）估计超过30种，情况错综复杂。跨境语言处理得当,境睦边安,中华文化与科学技术能够自然延展,四邻受惠。处理不好,会损失语言资源,削弱语言能力,诱发各种语言矛盾,出现文化"倒灌"现象,带来国家安全方面的种种隐患。

当前,我们对跨境语言的重要性认识不足,对跨境语言的现实情况不太了解,特别是这些语言在邻国的使用情况。应当利用多种方式开展跨境语言的调查研究,科学制定跨境语言政策,有计划地培养跨境语言人才。做好跨境语言工作,就等于为国境铺设了一条新的安全线,为四邻架设了座座友谊桥。

(四)履行国际语言义务

作为一个负责任的大国,必须履行一系列的国际义务,其中包括语言方面的国际义务。国际领域的语言事务主要是:对人类面临的主要语言问题进行研究,利用国际力量来正确对待这些问题,合理解决这些问题;建立健全国际语言秩序,化解语言矛盾,为各国的语言规划进行咨询或建议,帮助世界人民过好语言生活。据笔者陋见,当前最需关注的有如下三个方面:

第一,维护语言权益。语言权益是人权的重要组成部分。个人、民族、国家都拥有各种语言权益,这些语言权益需要国际社会通过公约、倡议等各种方式来维护。比如移民的语言权益,弱小民族的语言权益,发展中国家的话语权问题等。

第二,保障语言沟通。国际社会需要相互沟通,因此需要科学规划国际多边组织、跨国的地区组织等的工作语言,需要通过公平的国际标准等保障互联网上的语言传输。通过沟通增进了解,增加互信,减少误会。

第三,保护濒危语言。语言是文化的贮存库,语言的消逝是人类文化的不可挽回的损失。据估计,人类现存的6000种左右的语言，有90%可能会在21世纪消逝。面对这种"文化劫难"，人类需要采取切实的措施，尽量延缓这些语言的消亡，或是进行"活态"保护，或是通过现代信息技术将这些语言的资料保存下来。

五 结语

双言双语社会的逐渐形成、虚实两个空间语言生活的分野与连通、城乡语言规划问题及"语言地图"的快速改写、国内外两个语言大局的统筹兼顾，构成了当下我国主要的语言国情。认识这种语言国情，准确地把握这种语言国情，是国家语言规划的基础，也有许多崭新的学术课题。

在这种形势下，语言与国家的关系提到了新高度。语言与国家认同、民族认同、地区认同，语言与国家安全，语言与国家的创新能力，语言与国家信息化发展，语言对社会的经济贡献等，成为政界学界常议之话题。语言矛盾呈现易于激化的态势，许多社会的、文化的冲突往往伴之以语言冲突，或者直接表现为语言冲突。这种倾向在世界许多国家也都有明显表现，甚至引发政府危机和"语言战争"。此外，语言生活的多需求，对语言服务的要求越来越多样，越来越迫切。必须尽快建立政府指导、社会参与、多种机制并发的社会语言服务体系。

语言规划就是要解决国家和人类发展中遇到的各种语言问题。当今之世，要求我们必须站在国际化的角度关注中国的语言生活，站在信息化的高度观照现实语言生活，站在世界大国的立场做中国语言规划，努力提升公民的语言应用能力，尽快提升国家的语言能力，切实履行国际领域的语言义务，促进中国乃至世界语言生活的和谐。

主要参考文献

伯纳德·斯波斯基 2011 《语言政策——社会语言学中的重要论题》（张治国译），商务印书馆。

陈章太 2009 《语言资源与语言问题》，《云南师范大学学报》第4期。

戴庆厦主编 1993 《跨境语言研究》，中央民族学院出版社。

戴庆厦 2010 《语言关系与国家安全》，《云南师范大学学报》第2期。

范恒山等 2009 《中国城市化进程》，人民出版社。

高晓芳 2006 《晚清洋务学堂的外语教育研究》，商务印书馆。

郭龙生 2008 《中国当代语言规划的理论与实践》，广东教育出版社。

何俊芳、周庆生 2010 《语言冲突研究》，中央民族大学出版社。

李现乐 2010 《语言资源和语言问题视角下的语言服务研究》，《云南师范大学学报》第5期。

李宇明 1989 《人对动物语言交际的特点》，《语言学通讯》（华中师范大学）第2期。

李宇明主编 2010 《全球华语词典》，商务印书馆。

李宇明 2011 《语言也是"硬实力"》，《华中师大学报》第5期（《新华文摘》2011年第23期）。

屈哨兵 2010 《关于〈中国语言生活状况报告〉中语言服务问题的观察与思考》，《云南师范大学学报》第5期。

谢俊英 2011 《普通话普及情况调查分析》，《语言文字应用》第3期。

王建勤 2010 《美国"关键语言"战略与我国国家安全语言战略》，《云南师范大学学报》第2期。

文秋芳 2011 《国家外语能力的理论构建与应用尝试》，《中国外语》第3期。

文字改革出版社编 1958 《清末文字改革文集》,文字改革出版社。

赵蓉晖 2010 《国家安全视域的中国外语规划》,《云南师范大学学报》第2期。

中国语言文字使用情况调查领导小组办公室编 2006 《中国语言文字使用情况调查资料》,语文出版社。

[原载《中国语文》2012年第4期]

双言双语生活与双言双语政策[*]

语言规划是为语言生活服务的。语言规划该如何制定，语言规划制定得合适与否，要看它是否切合语言生活的实际，是否能够引导语言生活健康发展。因此要科学制定语言规划，必须了解语言生活，了解语言生活的发展趋势。语言生活既是语言规划学的研究对象，也是社会语言治理的对象和基本依据。

一 双言双语生活

中国当下的语言生活虽有某些不和谐现象，但总体上还是健康且充满活力的，其最重要的特征之一，是由单言单语生活正快速向双言双语生活发展。

（一）双言生活

"言"是指一种语言的不同使用变体，普通话、方言、甚至文

---

[*] 此文是为《中国语言生活状况报告（2014）》写的序言。文中的一些内容，曾经以《双言双语生活与双言双语人》为题在"2014年中青年语言学沙龙"报告过。该沙龙已经持续多年，这次活动在2014年1月18日举行，由中国社会科学院语言研究所、商务印书馆和北京语言大学联合举办，沙龙主题为"双言双语与当下中国"。近闻《语言政策与规划》创刊，谨奉此文，以表祝贺！

言都是当今汉语的使用变体。双言生活也包括多言生活,是指在语言生活中使用两种或多种语言变体的情况。双言生活已经成为我国的基本语言生活。

双言生活古已有之,方言邻接处、移民都市里,古来都是双言兼用。但那时的双言生活是"自然双言生活",其特点是双言生活自然形成,双言中共同语的作用不突出,分布范围较小。而今的双言生活是"理性双言生活",是通过语言统一的社会语言规划形成的,是通过学校教育形成的,普通话在双言中占主导地位,双言生活遍及全国。

(二)双语生活

"语"指不同的语言。"双语"包括"多语",双语生活包括民族语和国家通用语、民族语和汉语方言、民族语和民族语、母语和外语等多种类型。我国双语生活也是自古有之,当今的大概情况是:

民族地区双语生活逐渐成为主流。当然不同地区、不同民族在双语使用上有些差异,有的地区、有的民族以母语为主,有的可能较多使用国家通用语言。

就全国范围来看,双语生活还只是部分领域和部分场合的。在国家重要的政治生活中,蒙、藏、维吾尔、哈萨克、朝鲜、壮、彝等少数民族语言,是会议工作语言。地名标牌、公共指示等城市指示系统,基本采用了双语或多语。政府、企事业单位的网页多数都有双语,起码会有一个英文网页。在国际事务方面,双语居多。在中国召开的国际会议,基本上都采用双语。高等教育领域也有对双语课程的提倡。在通信、交通等公共服务领域,也有较多采用双语。甚至在个人生活里也有双语应用,比如名片的正面印中文,背面多数印英文。

总体来说，双语生活在我国还是地区性的和领域性的，没有达到双言生活那样的普及程度，从发展趋势来看也不可能达到普及程度。

二 多元文化生活

双言双语生活是多元文化生活在语言领域的表现。可以毫不犹豫地说，我们处在多元文化生活的时代。中华民族是由56个民族构成的大家庭，各民族的文化交融在一起，形成了独特的多元文化。许多民族都有历史文化和方言文化，比如汉文化就有东西南北的差异，有传统文化与现代文化的差异，古今方域的文化交汇在一起，绽开一朵朵文化奇葩。外国文化不断引入中国，比如古代的印度文化，现代的欧美文化、俄罗斯文化、日本文化和韩国文化等，都在不同程度地影响着我们的文化生活，中外文化交合在一起，形成文化的百花苑。特别是欧美文化、日韩文化的影响，使中国由传统的多元文化社会发展到现代多元文化社会。

多元文化生活形成的重要原因之一，是有大量的双言双语人。是他们把不同的文化汇集在一起，促进了文化的交流与交融。大量的双言双语人把不同的文化汇集起来，纵使是单言单语人，也能够了解和享用多元文化。传统的中国早就是多元文化并存，但是儒家文化占据着统领地位，在文化接触中常常同化其他文化，而且由于社会发展节奏缓慢，文化之间接触的频度、力度相对较小，一般人常常感受不到异文化的影响。而今不然，交通、通信和网络的快速发展，不同文化的交流速度加快，交流范围加宽。现代通信、传媒和网络，将"秀才不出门，全知天下事"的小夸张说法变成了鲜活的生活现实。

特别值得提出的是人口大流动。中国的人口流动前所未有，流动人口不断从农村到城市，从小城市到大城市，从西部到东部。放眼世界，中国这种人口流动其实只是世界人口流动的一个缩影，全世界人口也在快速流动，从一个国家到另一个国家，从小国家到大国家，从不发达国家到发达国家。人口流动在世界各地都像是"俄罗斯套娃"，打开一个套娃，里面有一个相似的套娃，再打开一个套娃，里面还有一个相似的套娃。大幅度、高频率的人口流动，带动着文化的流动，给流动者和流动地带来不同文化的体验，多元文化生活逐渐成为生活的常态。

纵向文化传承和横向文化传播是文化发展的两个方向，也是文化扩展的两种方式。过去，文化以纵向传承为主，而今横向传播成为重要甚或是主要方式。横向传播的力度加大，使得文化代沟越来越深，形成代沟的时间急剧缩短，过去几代人才能形成文化代沟，而今一代人、甚至是20年、10年就能形成一条代沟。祖、父、孙三代同堂，60后、70后、80后、90后同戴一片天，但世界观、价值观甚至是生活嗜好，却可能大有不同，甚至是大相径庭。与之相关，纵向文化的传承明显受到阻减，故而常常引发社会的文化焦虑。这种文化焦虑，促使社会采取各种"文化保护"措施：第一，努力宣扬、弘扬传统文化，努力防范外来文化的"渗透"，试图让本我文化在后代中顺利传承；第二，利用横向文化传播的机理与机会，让自己的文化"走出去"，更多地对其他民族发生影响。同时也引发人们思考两个问题：第一，如何吸收人类的优秀文化成果来发展自己的文化，使自己的文化更加强盛；第二，让社会能够更好地适应多元文化生活。当然，这种文化焦虑有时也可能助长"民粹主义""原教旨主义"等情绪，助长"语言纯洁观"的流行，外来词、外语学习常常成为社会批评和改革的对象。

不管人们怎样思考与行动，多元文化生活是不能回避、不可改变的现实。多元文化生活要求人们具有跨文化生活的能力。跨文化生活能力应主要包括如下方面：第一，应当成为双言人和双语人，具有跨文化的交际能力；第二，建构多元文化的知识框架，了解不同文化的历史与现状；第三，树立正确的文化观，既能了解和守望本我文化，又要学会对异文化的包容与尊重。

三 双言双语政策

双言双语生活，既是多元文化生活的表现，也是多元文化生活的促进因素。大量研究表明，双言双语对个人的发展具有诸多优越性，比如：可以有更宽阔的文化胸襟，更易客观看待不同文化和亚文化；可以有较强的跨文化交际能力，扩大活动半径和生活半径，易于找到较为合适的工作，双语人的就业机会明显多于单语人；有利于开发不同脑区，丰富大脑的智慧等。双言双语人有利于国家进步，能够引进异文化而增加本我文化的发展活力，能够向外传播文化而增加本我文化的影响力，能够提升国家的语言能力以帮助完成国家使命，能够提升国家的文化软实力甚至是与军事、经济等相关的硬实力。

造就双言双语人，营造双言双语生活，需要政策支撑。我国的教育正在批量培养双言双语人：推广普通话造就了大量的双言人；推行国家通用语言、民族之间相互学习语言、外语教育等，造就了大量的双语人或三语人。但是，对公民的语种能力国家还没有出台相应的要求，对双言双语现象还缺少政策视域的研究和政策层面的自觉。在大量的教育实践的基础上，为满足多元文化生活的需要，应制定合适的双言双语政策，并采取相应的有效措施。

合适的双言双语政策，首先能够指导双言双语生活，规范某些层面、某些领域的双言双语生活，减少普通话与汉语方言、国家通用语言与民族语言、中国语言与外语的矛盾冲突，有利于构建和谐的语言生活。其次有利于培养优势双言双语人。优势双言人，其掌握的双言中包含国家通用语言；优势双语人，其掌握的双语中，包含地区或世界较为通用的语言。优势双言双语人是国家人力资源开发的重要内容。第三，能够保证国家特需的双言双语人的培养。国家特需语言，是指国家在外事交往、国家安全、国际维和、文化传承、学术研究、社会服务、经济发展等方面特殊需要的语言或方言。培养国家特需的语言人才，是国家能够拥有处理国内外事务的语言能力的保证。

当前的语言规划表现出较浓的"单言单语"意识。在多元文化和双言双语生活的现实中，应当确立"双言双语意识"，认识到双言双语是先进的语言生活，是未来公民的素质，是强国智民的必由之道。在这种语言意识的基础上，认真研究双言双语生活，研究双言双语人，语言规划及相关政策都能有利于双言双语人的培养和发展，有利于营造双言双语生活。从而使国家和公民都能够适应已经成为常态的多元文化时代。

[原载《语言政策与规划研究》2014年第1期（创刊号）]

汉语的层级变化[*]

一般情况下，使用人口较多的语言都有多种地域方言和民族共同语，这些地域方言和民族共同语都可以看作语言的使用变体。根据语言地位和使用范围，可以把这些语言使用变体分为不同的或高或低的层次，形成语言交际上的层级构造。

语言层级随着时代的发展而产生各种变化。许多文献都证明，汉语早在春秋战国之时，就形成了民族共同语——"雅言"。《论语·述而》之"子所雅言，诗，书，执礼，皆雅言也"，便是书证之一。有了雅言，汉语就有了共同语和地域方言两大语言层级。

古代的汉民族共同语在不同的时代以及域外，有不同的称说。先秦称"雅言"，汉代称"通语""凡语""凡通语""绝代语"，明清称"官话"。张美兰（2011，1—2页）指出，日本早年曾将汉语（共同语）称为"唐话""中国语""清语""支那语""北京官话"，朝鲜曾称为"汉儿言语""汉儿文书""官

---

[*] 谨以此文，献于"人民的语言学家"吕叔湘先生110年诞辰。本文内容曾先后在"第五届世界华语文教学研究生论坛"（华侨大学，2013年1月19日）、教育部"《语言文字规划纲要》专题培训班"（浙江大学，2013年3月27日）、韩国启明大学（2013年4月2日）、"北京大学国际汉语讲坛"（2013年12月20日）、北京语言大学人文学院（2014年3月31日）、"国际中国语言学会第22届年会（IACL-22）暨第26届北美汉语语言学会议"（美国马里兰大学，2014年5月2日）等处做过学术报告。

话""京语""清语""华音"。英语则用Mandarin指称汉语官话，至今如此。[1]

古代的汉民族共同语有如下一些基本特点：第一，很早就有了共同的书面语，而且随着时代的发展，书面语与口语逐渐脱节，渐行渐远。第二，口语不统一，但在庙堂上、官场中、都市里可以相互通话。且自《切韵》时代始，各时代都有代表标准语音的韵书。第三，靠宦海与教育支撑其运行。李建国（2000）认为，早在西周就进行过"书同名"的语言文字规范[2]，并通过朝堂活动、学校教育、輶轩使者等来传播规范。这种传统一直被后世所继承、所加强。但是，古时的共同语必然与官与士的关系密切，与平民百姓的关系相对疏远。

中国方言史的研究成果，还不足以描述古代方言的基本面貌及其演变轨迹，只能有个模糊的认识。李如龙（2007，25—42页）曾经梳理过汉语方言的形成与发展，指出"五方之民，言语不通，嗜欲不同"（《礼记·王制》）的情况自古有之。古代"小国寡民"的社会特点和历时不断的生民迁徙、民族融合，造成方言状况的异常复杂，层次繁多。方言是古代社会最为主要的交际工具，但古代的方言很少具有书面形式。由于交通、通信、印刷的发展，使得不同地方人的交际逐渐频繁，加之历代大规模移民、军队换防等原因，汉语方言逐渐形成了若干大方言区，大方言之下还有一层一层的次方言、土语等。

【1】梁培炽（2014，118页）认为：mandarin一词在1524年就出现了，而清军1644年才入关进京，不应是"满大人"的音译。mandarin是由梵语的mantrin（部长）、经马来文menteri（朝臣、部长）和葡萄牙文辗转传入英文的。用Mandarin指称今天中国的"国语"，已不合时宜，应称为Standard Chinese，或者Chinese，或者直接写作Putonghua。

【2】《管子·君臣上》："衡石一称，斗斛一量，丈尺一绰制，戈兵一度，书同名，车同轨，以至正也。"

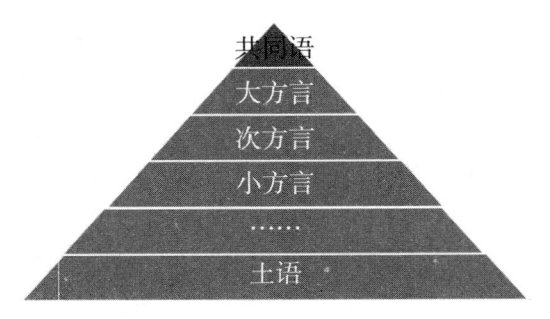

图1 古代汉语层级示意图

古代的汉语层级如图1示意的那样，是一个塔式构造。方言是交际的主体且层次繁多。共同语虽然已经形成，但其表现形式主要是书面语。共同语的地位虽然重要，但在语言生活中的作用必然单薄，只是居于塔尖之上。

以卢戆章1892年《中国第一快切音新字》的出版为标志，中国进入现代语言规划阶段。在这120余年里，汉语的层级发生了并继续发生着巨大的变化。本文试图从宏观的角度来描述这种变化，并对语言规划如何适应语言生活的这种巨变发表些意见。

一 汉民族标准语的发展

一百多年来，在现代语言规划的推动下，经过国语运动、白话文运动和普通话（国语、华语）的规范与推广，数代人坚韧不拔、前赴后继、接踵而进，汉民族共同语具有了现代标准，书面语和口语的形式都相对完善。在"现代语言维护系统"的支撑下，汉民族标准语不仅是汉民族的共同语，而且也是国家通用语言，对外还代表国家行使语言职能。

1. 建立共同语标准

古代虽然已经产生了汉民族共同语，但是并没有明确的共同语标准，而且"言文不一"，书面语与口语最后达到了严重脱节的程度。1911年清朝学部中央教育会议议决《统一国语办法案》[1]，这是中国近代史上政府通过的第一份语言规划文件，也是一份至今仍具有重要的学术研究价值的文献。《统一国语办法案》的主要成果是：意识到国语应包括语音、词汇、语法三个方面，十分重视音标在推广国语中的重要性，并根据当时语言生活的实际确立了北京话的地位，虽然在语音标准上留了"入声"等不切实际的"尾巴"。[2]

此后40余年的时间里，尽管中国内忧外患，朝改权更，社会变动不居，但是语言规划的步伐并未停歇。"学者努力、政府认可"，是此期语言规划的基本运作模式。经过"京国之争"割除了当年留下的"入声"等语音尾巴，真正做到了"以北京语音为标准音"。在核定汉字国语读音的过程中产生了"注音字母"，使汉字有了中国化的注音工具。20世纪20年代，以小学课本由文言变国语为标志，白话文运动与国语运动的合力促成了白话文成为书面语的标准。在整理俗字、手头字和常用字的基础上，国民政府公布了324字的《第一批简体字表》。在《国音常用字汇》《国语辞典》等辞书的编纂过程中，在科学名词编译审定过程中，逐步进行了共同语的词汇规范。[3]

在此后的60年，[4]在历史工作的基础上，1956年首次全面定义了普通话："以北京语音为标准音，以北方方言为基础方言，以典范的现代白话文著作为语法规范。"大陆对汉字进行了简化，并一步一步对汉字进行了全面整理，2013年，在以往汉字规范的基础

【1】见文字改革出版社编（1958）。
【2】参见李宇明（2012）。
【3】详见黎锦熙（1935）、苏培成主编（2010）、黄晓蕾（2013）等。
【4】这60年的具体情况，可参见苏培成主编（2010）、郭龙生（2008）。

上发布了《通用规范汉字表》；台湾也对"正体字"和"俗字"进行了整理规范；[1]而且中国四地学者与日韩学者一起实现了汉字的国际标准化，ISO/IEC汉字国际标准为汉字汉语的信息化奠定了坚实的基础。在明代传教士利玛窦、金尼阁以来300多个汉字拉丁化、汉字注音、汉语拼音方案的基础上，特别是在国语罗马字和拉丁化新文字的实践中，制定了《汉语拼音方案》，汉字注音和汉语拼写有了标准工具，也为汉语的信息化、国际化搭建了桥梁。时至今日，汉民族共同语的标准可以说已基本完备。

2. 完善语言维护系统

标准语的建立、推行和维护，需要有"语言维护系统"。如前所述，汉民族共同语的维护系统，早在周代已初步建立，并为后人所承继发展。汉语标准语的维护系统，亦即现代的语言维护系统，是从民国时期开始建立的，发展到今天，已经形成了五个方面的支撑系统：

第一，建立了以《国家通用语言文字法》为代表的法律、法规、规章、规范标准体系；

第二，形成了以普通话为教学语言的学校教育体系，建立了以普通话水平测试为代表的社会培训测试体系，并在逐渐发展汉语作为第二语言教育的国际体系；

第三，形成了代表语音、汉字、词汇等规范的辞书体系；

第四，形成了报纸、电台、电视台等普通话的媒体示范体系；

第五，特别是有各级语言生活的管理机构，有与语言文字规划相关的学术团体、学术刊物以及推广、咨询服务机构。

现代语言维护系统保证了民族共同语的标准逐渐完善，特别是在语音、文字、词汇（包括地名、科技术语等专有名词）等方面规

【1】 参见戴红亮（2012）。

范的建立和及时的修订维护；采取多种措施不断增强普通话在国内外的语言声誉，保证国家的语言统一和国际传播；把语言文字标准推送到需要者的手上，推广到社会各相关领域，保证语言文字规范充分发挥作用，满足社会生活的语言需求。正是强大的语言维护系统，将普通话推广到了70%左右的人群中，成为我国教育、公务、新闻出版和公共服务等领域最为重要的语言，成为汉语交际层级中最为重要的一个层面，甚至逐渐成为国际上学习者青睐的语言。

二　地域普通话

带有地域方言[1]色彩的普通话，称为"地域普通话"，也称"地方普通话""方言普通话""方言口音普通话""带方言腔的普通话"，或干脆叫"××普通话""×普"的，如"上海普通话""川普"等。所谓地域方言色彩，包括方言口音、方言词语、方言语法以及方言的特殊表达方式等。地域普通话中，还可能出现普通话和方言都没有的语言成分，表现出"中介语"的特点。由于一个方言区的人学习普通话有大致相同的过程和特点，所以，同一方言区会产生具有特点相同或相似的地域普通话。不少学者把地域普通话看作由方言到共同语的一种"中介语"或"过渡语"，用中介语理论对地域普通话给出一些解释。

人们常把方言表述为民族共同语的"地域变体"，那是从"语言地位"的维度上说的；若从发生学的维度看，许多方言并不比共同语的历史短，甚至也并非是由共同语直接演化而来，当今的方言与普通话的关系更是如此。地域普通话才是发生学意义上的普通话

【1】 自从社会语言学建立以来，"方言"既指"地域方言"，也指"社会方言"。本文的"方言"指的是地域方言，行文时尽量带上"地域"二字。

的地域变体，是方言人在学习普通话过程中产生的带有地域方言色彩的语言现象。

地域普通话显示的主要是推广普通话的一种成果，虽然与早年的"蓝青官话"可能有学理上的共性、甚至有发生学上的关系。地域普通话具有如下一些主要特点：

第一，地域普通话是自然发展的，不是通过教育形成的。一般人不会将地域普通话作为学习对象，也没有专门的教育机构教授地域普通话。地域普通话没有语言维护系统，比如报纸、广播、电视等。正因地域普通话是自然发展且没有维护系统，所以它没有语言规范，它是由接近方言到接近普通话的一个连续性的语言梯级，如果把某方言设为L_0，把普通话设为L_1，那么某种地域普通话就处在大于L_0而小于L_1的语言梯级中。

第二，在现实语言生活中，地域普通话发挥着重要的交际作用。能够讲标准普通话者，在说普通话的人群中并不占多数；除了播音、朗诵、话剧等特殊行业或特殊场合，许多人讲的普通话并不标准或不怎么标准，多属于地域普通话。国家普通话水平测试分出三级六等，除一级属于标准的普通话之外，其他都应属地域普通话。说地域普通话者，自诉自己讲的就是普通话，而不是方言。综合以上多种因素考虑，学界基本上把地域普通话看作共同语的层级范畴，而不是将其置于方言的层级范畴。陈章太（1990）指出："地方普通话是一种中介语，是方言区的人学习普通话过程中必然产生的语言现象，它既有方言成分，又有普通话成分，但基本上摆脱了方言而进入普通话范畴，可以看作是低层次的普通话。"侍建国、卓琼妍（2013）最近提出，应将共同语区分为"标准语"和"通用语"，其所谓的"通用语"就是地域普通话，并明确认为"通用语"也是"我国的国家语言（the National Language）"。

第三，地域普通话在语言生活中如此重要，但至今没有得到应有的社会地位和学术地位。社会对它认识不够，学界对它研究不够。20世纪90年代前后，地域普通话开始引起学界较多关注，特别是1990年6月，语言文字应用研究所在北京召开了"普通话与方言问题学术讨论会"，地域普通话成为会议的重要话题，提交会议的70篇论文中，多半都与之有关。之后，一些学者从方言演变、普通话推广、语言接触等角度来研究地域普通话。[1]国家语委2007年开始谋划的"中国语言资源有声数据库"，也设有地域普通话的专门调查项。[2]但是迄今为止，由于这一课题的研究难度及学界投放研究力量不足等原因，对地域普通话仍然缺乏基本的了解，比如地域普通话应如何分类，每种地域普通话有何基本特征，如何科学地描述地域普通话，地域普通话对方言、对普通话会发生什么样的影响，地域普通话与少数民族学习普通话形成的中介语、与不同国家的人学习普通话形成的中介语有何异同等，都还是没有触及或是涉而未深的课题。

三　大华语

"华语"一词早在隋唐时代就出现了，《隋书》、刘知几《史通》中都有用例，[3]其意为"汉语"，与"夷言、夷音、夷语"

【1】早期关于地域普通话的研究，有陈亚川（1987）、李如龙（1988）、姚佑椿（1989）、汪平（1990）、陈章太（1990）、陈亚川（1991）等。汪平先生十几年来还指导他的研究生做了多篇相关的学位论文：吴琼《徐州口音普通话初探》、陈建伟《临沂方言和普通话的接触研究》、傅灵《方言与普通话的接触研究——以长沙、上海、武汉为背景》、江燕《南昌方言和普通话接触研究》。
【2】见中国语言资源有声数据库建设领导小组办公室（2010）。
【3】刘知几《史通·通释·言语第二十》："而颜鸾修伪国诸史，收、弘撰《魏》《周》二书，必讳彼夷音，变成华语……"《隋书》卷三十二："又云魏氏迁洛，未达华语，孝文帝命侯伏侯可悉陵，以夷言译《孝经》之旨，教于国人，谓之《国语孝经》。"

相对。20世纪50年代,东南亚华人自称"华族",汉民族共同语在那里也便自然被称为"华语"。后来,大陆、台湾也把面向海外华人华裔的语文教育称为"华文教育"或"华语文教育"。20世纪末,周有光(1995)等先生建议将华语定义为"全世界华人的共同语"。这一建议的最为重要的意义,是提出了"全世界华人的共同语"问题。郭熙(2004)对"华语"的产生、发展、意义、用法等进行了系统梳理,全面而深入地比较了"华语""汉语""中文""普通话""国语"等名称在现实生活中的使用情况,预估了这些名称的未来活力,并将华语定义为"以现代汉语普通话为标准的华人共同语"。陆俭明(2005)专文发表了关于建立"大华语"概念的建议,引起学界对这一问题的新关注。2010年出版的《全球华语词典》,在其《前言》中把华语定义为"以普通话为基础的全世界华人的共同语"。本文为把这一意义上的"华语"同东南亚华族所谓的"华语"有明显区分,响应陆俭明先生(2005)的提议,将其称为"大华语"(Suprachinese),表述为"大华语是以普通话/国语为基础的全世界华人的共同语"。"以……为基础"比"以……为标准"更为柔和,为大华语未来的发展留下了较大空间。在定义中加入"国语"的因素,既照顾到历史,又考虑到各华人社区的语言文字生活现实。

大华语有若干华人社区变体,如大陆之普通话,台湾之国语,东南亚之华语等。香港的超方言的社区语言主要表现在书面语中,有标准中文,也有所谓的"港式中文"。[1]随着华人外出的脚步,历史上在世界各地形成了而且今天还正在形成不少华人社区(包括新老"唐人街"),许多华人社区甚至拥有了中文报纸等大

【1】 香港书面语的情况,可参见田小琳(2012)、石定栩、邵敬敏、朱志瑜(2006)、邵敬敏(2006)等。

众媒体，如美国的洛杉矶[1]、欧洲的比利时等。这些已经形成的华人社区也可能产生大华语的变体。

大华语这些变体的形成是由多种语言因素造成的。有这些华人社区的方言底子的影响，有所在地语言的影响，有各社区的语言新创造，也有各社区显性或隐性语言规划的影响。尽管如此，各种变体还是具有超方言的共同语言内核，大同而小异。值得重视的是，由于历史原因，大华语使用着两种现代汉字变体：一种是经过简化和整理的"规范字"，即常说的"简化字"；一种是经过规范整理的传统"正体字"，即常说的"繁体字"。这两种汉字变体的使用，曾经被置于意识形态或文化传承的敏感层面上，而今在多数华人社区，汉字问题已经"脱敏"或正在逐渐"脱敏"，开始理性对待简繁并用的语文现实，并考虑简繁互通、甚至是如何实现民族的新一次"书同文"的大问题。

大华语与地域普通话同属共同语的层级范畴，但两者却有不同。其最大的不同是大华语具有语言维护系统。在中国香港、澳门、台湾地区，新加坡、马来西亚等华人社区，那里的华语/国语都有教育、辞书、大众传媒等支撑，甚至还有语言文字政策规定和语言文字规范标准。正因它有语言维护系统，所以大华语的各社区变体是在社会干预中存在和发展的，有基本的语言规范，较全面地发挥着一种语言的职能，且有人将其作为一种语言来学习。故而它不像地域普通话那样是纯自然发展的，不像地域普通话那样表现为一个语言梯级。曾有学者把大华语的各种社区变体与地域普通话相提并论，大约是没有充分考虑语言维护系统及其对语言的一系列影响。

---

[1] 参见田飞洋（2014）。

"大华语"是一个新概念，使用这一概念不仅是来概括世界华语的现实状况，更是希望用这一概念来唤起对世界华语的关注。理论上讲，大华语可能有两种发展趋势：趋势A，各社区的华语变体逐渐接近，走向统一。这需要各华人社区共同努力，畅通社区语言交流，在交流中求同化异；需要学者搜集各社区的语言现象，进行全面比较而提出优选方案；需要各社区的语言规划者，协商制订适应不同对象的教育标准和语言标准。这样，全世界的华语便有望渐行渐近。趋势B，进一步分化为不同的华语，像现在的全球英语逐渐变为"复数"（Englishes）一样，将来可能出现Chineses。

大华语的未来发展虽然存在着A、B两种趋势，但从目前情况看，趋势A表现出一定优势：当前不同华语社区的语言交流较之过去空前频繁，书报互通，人员互面，电视互看，语言软件互用。在大华语观念下的学术工作也空前活跃，继《全球华语词典》出版之后，《全球华语大词典》就开始编纂，已接近完成；"全球华语语法研究"获国家社科基金重点支持，研究工作正顺利展开；各华语社区间的语言学术交流也逐年增多、逐年深入。多数华语社区的语言态度，呈现出包容阔达的状态。这种语言态度是促使华语朝A方向发展的重要因素。

四　方言层级系统的演变

百余年来，尽管共同语层级有了巨大的发展，但地域方言仍在社会交际和民族文化的保存、传承等方面，发挥着十分重要的作用。从交际方面看，中国的"双言社会"已基本形成，普通话和方言"共存共用"已成语言生活主流，并将长期存在。

国家层面的语言生活以普通话为主，但是方言也在特定场合、特别领域发挥作用。比如在全国的"两会"上，有用方言讨论国是者；一些高级公务员，有用方言行使理政职责者；国家级的广播电视，也常能听闻方言之音者。省域层面的语言生活，基本上是普通话和方言"双言兼用"；书面语以普通话为主，口语中方言与普通话平分秋色。县域层面的语言生活可能是以方言为主，但普通话使用的场合越来越多，能说能听普通话的人越来越多。

从社会领域来看，广播电视领域以普通话为主，但也存在一些方言台、方言频道和方言节目。方言在广播电视中的应用，基本倾向是：南方多于北方，地方多于中央，不上星节目多于上星节目。教育领域以普通话作为基本的教学媒介语，但也有不少教师用方言讲课，方言作为教学媒介语的基本倾向是：非师范类学校多于师范类学校，理科教师多于文科教师，老年教师多于青年教师，高学段多于低学段。此外，方言知识或是方言课，也纳入一些中小学的校本课程。大众服务领域也是双言并用，对外服务较多使用普通话，企业内部的工作语言，方言占有一定的使用比例。

双言人和双言生活带来了普通话与方言的相互影响。普通话对方言的影响主要表现在两个方面：其一，方言从普通话吸取了多方面的语言成分，因而方言能够与时俱进，充满活力；与之相应的结果，就是方言朝着普通话的方向"向心"发展。其二，普通话与方言经过合理的较长一段时间的"语言竞争"，各自服务的交际空间和文化空间已较为明确，相辅相成，各展其长。同时也应看到，方言对普通话的发展也持续地做出了贡献。普通话从各个方言中汲取着营养，包括方言成分和经由方言借入的外语成分。强势方言对共同语的贡献大于弱势方言，不同时期，各方言对共同语的贡献有大有小，以其对共同语的贡献度可以评价方言的强弱地位。认识到普通话与方言的相辅相成关系，是妥善处理普通话与方言关系的思想基础。

南方的一些方言，如粤、闽南、客家、吴等，近百年也有较大的发展。最重要的发展是一些大方言出现了书面语，有文艺作品，有广播和电视的频道或节目，逐渐建立了一定程度的语言维护系统，成为强势方言。一些大方言[1]、次方言之间也在发生"语言竞争"，比如吴方言的代表点由苏州转到上海，粤方言在广东逐渐挤占了客家、闽南等方言的空间，在香港基本上占去了客家、潮汕、吴、疍家等方言的地盘。一些大方言对其次方言、次次方言、土语等也在发生影响，或是吸引其向着自己的方向发展，或是"吸附"它们，挤占它们的语言空间。

土语是最底层的方言，是农村、乡镇或县城的儿童从父母、家庭和社区习得的方言。土语受到大方言和共同语的双重影响，也在发生变化。特别是随着农村的快速城镇化，农村大批人员进城务工，土语的代表点在迅速向乡镇或县城上移。在土语的这种微妙变化中，一些传统的生活词语在快速流失，一些小的方言岛濒危甚或消失。

在大方言和土语之间，还有若干方言层次。这些层次受到多方面的挤压，上有普通话和大方言的压力，下有土语的反作用力。这些层次的方言，由于没有大方言那样的语言维护系统，没有土语那样的草根力量，如果没有另外的特殊的力量支撑，其语言空间就将被压缩，最终带来方言的中间层次的减少，甚至消失。在许多方言区，其方言层次在在逐步减少，由多层向着三层发展，有的方言区甚至会形成大方言和土语的双层构造。

五 总结

百余年来，汉语的层级在国家的语言规划下，发生了异常巨

【1】本文所谓的"大方言"，不仅包括1987出版的《中国语言地图集》的十大方言，也可能包括这些大方言下面的某些"小区"或"片"的方言，比如官话区下面的东北官话、北京官话、冀鲁官话、胶辽官话、中原官话、兰银官话、江淮官话、西南官话就应以"大方言"看。详见张振兴（2013）。

大的变化，比较图1和图2，可以发现最为重大的变化是"共同语增层次，方言减层次"，现在或不久的将来，汉语会呈现图2所示的"两层级六层次（或五层次）"的层级构造。

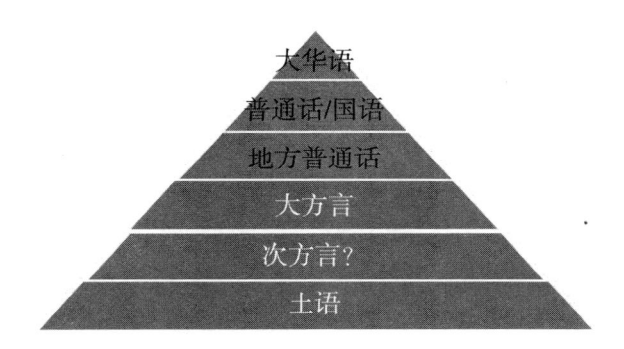

```
        大华语
      普通话/国语
      地方普通话
        大方言
       次方言？
         土语
```

图2 现代（或未来）汉语层级示意图

共同语层级由不完善的单层发展为三层。百余年来，民族标准语建立并逐渐成为最有威望的语言，而且拥有了较为完善而强大的现代的语言维护系统。其下为地域普通话层，地域普通话发展快、使用广、作用大，但对其认识不到位，研究很有限。最上层为大华语层，认识到大华语层次的存在，意义重大，但是其发展前途待卜，须由全世界华人的语言规划来决定其走向。

方言层级将逐渐简化，在一些方言区可能简化为三层甚或两层结构。一些大的方言因有一定的语言维护系统而将长期存在，并会与共同语相互影响，共同发展。"双言生活"将成为我国相当时期内的基本语言生活，也是理想的语言生活。土语是语言之根，文化之根，需要保存，需要保护。大方言与土语之间的次方言、次次方言等，将受到来自多方面的语言压力，逐渐失去自己的语言空间，呈现濒危趋势。

汉语的语言规划也须适应语言生活的这种现实与趋势，因时因势逐步调整，由主要关注普通话调整到全方位地关注汉语问题，由主要关注大陆的语言问题调整到关注全世界的华人语言问题。

应正视方言问题，认识到方言的交际价值和文化价值，认识到它对普通话的重要意义，要诚心地对方言进行科学的保存和维护工作。同时也要重视一些大方言之间的语言竞争，重视对其下层方言的挤压问题。对这种"语言竞争"和"语言挤压"现象要进行调查研究，评估其对我国语言生活可能产生的影响。

共同语层级的工作任务主要是规范与协调。要重视普通话的规范使用，加强普通话的规范标准建设，特别是应用领域的规范标准建设。要重视共同语不同层面的协调，特别是标准语与大华语两个层面的协调和不同华人社区之间的语言协调，既要尊重各华人社区的语言存在现实，也需注意促使大华语向着趋近趋同的方向发展。最后还需强调，要重视地域普通话的现实作用和学术价值，加强对地域普通话的研究。

主要参考文献

文字改革出版社编 1958 《清末文字改革文集》，文字改革出版社。

曹志耘 2001 《关于濒危汉语方言问题》，《语言教学与研究》第1期。

曹志耘主编 2008 《汉语方言地图集》，商务印书馆。

陈亚川 1987 《闽南口音普通话说略》，《语言教学与研究》第4期。

陈亚川 1991 《"地方普通话"的性质特征及其他》，《世界汉语教学》第1期。

陈章太 1990 《关于普通话与方言的几个问题》，《语文建设》第4期。

戴红亮 2012 《台湾语言文字政策》，九州出版社。

黄晓蕾 2013 《民国时期语言政策研究》，中国社会科学出版社。

郭龙生 2008 《中国当代语言规划的理论与实践》，广东教育出版社。

郭　熙　2004　《论"华语"》，《暨南大学华文学院学报》第2期。另载郭熙《华语研究录》，商务印书馆，2012年。

黎锦熙　1933　《国语运动》，商务印书馆。

李建国　2000　《汉语规范史略》，语文出版社。

李如龙　1988　《论方言和普通话之间的过渡语》，《福建师范大学学报（哲学社会科学版）》第2期。

李如龙　2007　《汉语方言学》（第二版），高等教育出版社。

李宇明主编　2010　《全球华语词典》，商务印书馆。

李宇明　2012　《纪念〈统一国语办法案〉颁布一百周年》，《澳门语言学刊》第1期（总第39期）。另载陈强、孙宜学主编《汉语国际传播研究论丛2012·中外学者同济大学演讲录》，上海三联书店。

梁培炽　2014　《美国华文教育论丛》，中国华侨出版社。

鲁国尧　2003　《鲁国尧语言学论文集》，江苏教育出版社。

陆俭明　2005　《关于建立"大华语"概念的建议》，《汉语教学学刊》第1期。

邵敬敏　2006　《香港书面语应用的现状和语言政策的调整》，两岸四地语文政策国际学术研讨会论文。

石定栩、邵敬敏、朱志瑜　2006　《港式中文与标准中文的比较》，香港教育图书公司。

侍建国、卓琼妍　2013　《关于国家语言的新思考》，《语言教学与研究》第1期。

苏培成主编　2010　《当代中国的语文改革和语文规范》，商务印书馆。

田飞洋　2014　《"两岸三地"异名词语在美国华语中的互动关系研究——基于洛杉矶华报的考察》，北京语言大学博士学位论文。

田小琳　2012　《香港语言生活研究论集》，人民教育出版。

汪　平　1990　《上海口音普通话初探》，《语言研究》第1期。

王建勤 2010 《汉语国际传播标准的学术竞争力与战略规划》，《云南师范大学学报》第1期。

徐　杰、王　惠 2004 《现代华语概论》，新加坡八方文化创作室。

姚佑椿 1989 《应该开展对"地方普通话"的研究》，《语文建设》第3期。

张美兰 2011 《明清域外官话文献语言研究》，东北师范大学出版社。

张振兴 2013 《方言研究与社会应用》，商务印书馆。

中国语言资源有声数据库建设领导小组办公室2010《中国语言资源有声数据库调查手册·汉语方言》，商务印书馆。

周清海 2007 《论全球化环境下华语的规范问题》，《语言教学与研究》第4期。

周有光 1995 《语文闲谈》（上），三联书店。

庄初升、黄婷婷 2014 《19世纪香港新界的客家方言》，广东人民出版社。

［原载《中国语文》2014年第6期］

语言生活需要用法调节

语言具有个人与社会的双重属性，语言活动是个人和社会的重要生活。为使社会语言生活和谐，为使个人语言生活顺畅，社会管理者必须设置一定的规则来为语言生活提供管理与服务。在现代社会，这规则就是法及其配套的规章制度。

一

张目四域，当今世界许多国家都有关于语言文字的法律，或者是法律中有关于语言文字的条文。如加拿大、法国、西班牙、澳大利亚、印度、土耳其、苏联地区的国家等。法国，不管是王室还是共和国，都不止一次用法律法规强制法语在国内的使用。西班牙宪法第3条规定："西班牙语是西班牙的官方语言，所有西班牙人都有义务掌握西班牙语，同时有权利使用西班牙语。"苏联的加盟共和国、俄罗斯及其自治共和国制定的语言法，起码也得有十几部。一些国际组织，也有关于语言的宣言、决议等，如联合国教科文组织2001年11月2日通过的《联合国教科文组织世界文化多样性宣言》、2003年通过的《普及网络空间及促进并使用多种语言的建议书》，欧盟的《欧洲区域性和少数人语言宪章》等。

回溯历史，中国自古以来也都重视语言文字问题。先秦时期，儒家以礼来规约人们的语言行为，诸子百家曾广泛讨论"正名定分"，逐渐形成了早期的语言伦理，并为各诸侯国所遵循。秦吞六国而有书同文，汉尊儒术而立熹平石经。历朝历代都有颁定字书韵书的传统。1911年清朝学部中央教育会议议决《统一国语办法案》，这是封建社会最为明确的国家的语言规划行为。民国时期，内忧外患，灾难深重，然而执政当局仍出台了包括国语读音、注音字母、简体汉字在内的多项政策与规范，至今还有参考意义。

以法调节语言生活，到新中国进入自觉阶段。1949年9月29日通过的《中国人民政治协商会议共同纲领》第五十三条规定"各少数民族均有发展其语言文字……的自由"。这一精神一直体现在我国的宪法和相关法律中。1956年1月28日，国务院全体会议第23次会议通过了《关于公布〈汉字简化方案〉的决议》和《推广普通话的指示》。1958年2月11日，第一届全国人民代表大会第五次会议批准通过《汉语拼音方案》。1982年12月4日第五届全国人民代表大会第五次会议通过的我国的第四部《宪法》，第十九条规定"国家推广全国通用的普通话"。1986年，国务院批准重新发布《简化字总表》，废止《第二次汉字简化方案（草案）》，并要求汉字在一个时期内保持稳定。2000年10月31日，第九届全国人民代表大会常务委员会第十八次会议通过了《国家通用语言文字法》。新中国的这些法律、法规、规章等，为新中国语言生活乃至国家各项事业的发展做出了重大贡献。

《国家通用语言文字法》是新世纪中国实施的第一部法律，是对我国50年语言文字工作经验的全面总结，也为其后的语言文字工作提供了法律依据。应该说，它的颁布标志着我国的语言文字工作正式、全面地纳入法制化的轨道。

二

语言文字工作的法制建设是一项长期的重要工作。"法"具有很强的系统性，有四个组成部分：

第一，国家的法律。如《宪法》《民族区域自治法》《国家通用语言文字法》《教育法》（1995年）、《居民身份证法》（2003年）等；

第二，国务院的行政法规和规范性文件，如《地名管理条例》（1986年）、《文物保护法实施条例》（2003年），如《国务院批转关于改用汉语拼音方案作为我国人名地名罗马字母拼写法的统一规范的报告》（1978年）、《国务院批转国家民族事务委员会关于进一步做好少数民族语言文字工作报告的通知》（1991年）等；

第三，国务院部门规章和规范性文件，如《广告语言文字管理暂行规定》（1998年）、《普通话水平测试管理规定》（2003年）、《汉语作为外语教学能力认定办法》（2004年），如《关于普通中学普及普通话的通知》（1993年，国家语委、国家教委）、《关于在各种体育活动中正确使用汉字和汉语拼音的规定》（1992年，国家体委、国家语委）、《关于规范企业名称和商标、广告用字的通知》（1996年，国家工商局）；

第四，地方性的法规和规章，如《西藏自治区学习、使用和发展藏语文的规定》（1987年通过，2002年修正）、《新疆维吾尔自治区语言文字工作条例》（1993年通过，2002年修正）、《湖北省实施〈中华人民共和国通用语言文字法〉办法》（2004年）等。

这些效力不等的四个部分，构成了我国语言文字工作的法的体系。与语言文字相关的法律法规，形成时间前后60年，制定者涉及中央和地方多个层次，涉及政府的许多职能部门，分布在数百个甚至上千个文件当中。这些文件的效力有的可能过期，有的不适应当今语言生活；颁布的部门有不少更换名称，或分或合，甚至取消。就法律法规的效力而言，上位文件覆盖下位文件，后发文件覆盖同位的、下位的前发文件。尽管如此，在依法行政的当今时代，仍急切需要根据《国家通用语言文字法》和当下的语言生活，对相关的语言文字法律法规进行系统的梳理整合。需要修订的修订，需要重申的重申，需要新定的新定，形成臻于完备的法律法规体系。

三

语言文字的法律法规，常常需要语言文字规范标准的支撑。比如在国内推行国家通用语言文字，就需要有关于普通话和规范汉字的标准，需要有衡定普通话能力和汉字水平的测试标准；要用汉语拼音方案作为我国人名地名罗马字母拼写法，就需要有完善的汉语拼音正词法。因此，广义的语言文字"法"的外延，也应当包括国家、地方、行业颁布的语言文字规范标准，如《普通话异读词审音表》（1985年）、《标点符号用法》、江苏地方标准《公共场所标志英文译写规范》（2009年）等。

语言生活的和谐，语言文字的规范，历来以宣传、引导为主。语言文字工作部门依法行政当然离不开行政命令，但更重要的是转变政府职能，做好语言服务。据调查，语言文字的法律法规的社会知晓度并不高，普法宣传是当前的重要工作。除了传统的宣传途径之外，更要重视网络的作用。应当把梳理整合后的语言文字的法律法规、规范标准尽快数字化，置于互联网上，免费向社会提供语言服务，使需要者"触手可得"。要组织专家力量编写相关的辅导读本或实用手册，特别是利用《国家通用语言文字法》实施十周年之机，加大普法宣传和执法检查，增加知晓度，使"有法不依、有规不循"的局面有所改观。

近些年来，社会对语言文字问题的关注度越来越高，语言文字问题不断形成社会舆论的热点话题，比如：汉字简繁之论争；字母词的使用；姓名权与人名用字管理；网络新词语的社会效应；"火星文"对中小学生的影响；教学中淡化汉语拼音问题；民汉双语教学和英汉双语教学；汉语人名地名的拼音规范；母语地位及其所受到的外语压抑；城镇地名标牌的外文标注……

这些热点话题，有些是语言生活发展提出的新问题，有些是历史"文化官司"的再过堂；在讨论中，有学术争鸣，有政策切磋，也有情感的喧腾。这些热点话题，有许多都涉及语言文字的"法"的问题。或者是法律法规已有规定而未被注意，或者需要完善法律法规、规范标准以适应新的语言生活。

社会快速进步，语言广泛接触，语言生活也异常活跃。和谐语言生活有许多手段，其中最重要的是用法来调节。

［原载《语言文字应用》2010年第3期］

了解　包容　优化

——关于简繁汉字的点滴思考

2013年11月初，在澳门召开"两岸汉字使用情况学术研讨会"。两岸四地学者济济一堂，坦诚述怀，和气空前，多有共识。会前会后，促使笔者对简繁汉字的历史、使用现状、未来发展等做些思考，有点滴体会，植字成文，以就教方家。

一

汉字已有三千多年的历史，经甲骨文、钟鼎文、大小篆、隶书等发展嬗变，孕育出方正隽雅的楷书。楷书成于汉末，兴于六朝，沿用至今。楷书在历史长河中，字体或简化，或异化，甚或繁化。历史上多个朝代都曾对汉字进行收集整理，至《康熙字典》集其大成。

1935年，民国政府公布《第一批简体字表》，于是便有了简繁汉字的正式区别。虽然这个简体字表后来"暂缓执行"，但因简体字来自大众，出乎砚端，故而仍活跃在民间，流动于笔头。

1949年，时局大变，海峡两岸分治。有趣的是，大陆顺着《第一批简体字表》的方向继续前行，整理异体字，遴选简体字，推行以简化字为特征的"规范字"。而台湾则逆回《康熙字典》的历史节点上整理汉字，推行以繁体字为特征的"正体字"。香港、澳门以及海外华人社区或沿用繁体字，或改用简化字，从而形成了一个民族两种文字变式的使用格局。

由于特殊的历史原因，近50年来，不，应该说近80年来，简繁汉字承受了过多的语言文字之外的甚至是意识形态领域的负担。近80年来，最常听到的批评是：

1. 繁体字难读、难写、难认，妨碍了教育普及。但是，使用繁体字的台湾、香港，今天看来并没有影响到教育普及。

2. 简化字割断传统文化。但是回顾历史便会明白，儒家要典"十三经"原本也不是用楷书承载，后代将其更写为楷书，有些甚至还经过了"更小篆、变隶书"的过程，但经典并未泯逝。那变动比起繁简之变，岂止百步与五十？

尽管这些批评仍然不绝于耳，但是这些批评显然带有情绪、囿于时代，应当从学理和现实等角度对这些批评进行"再批评"。

二

古今语言生活中，汉字大约都是正俗、简繁兼用的。唐代颜元孙《干禄字书》将字分为"正、通、俗"，便是古代正俗兼用的证明，只不过具体使用要分场合罢了。海峡两岸当今的语言生活亦是"简繁兼用"：大陆在通用领域使用简化字，但古籍印刷、古文教学、书法篆刻等特殊领域，可用甚至必用繁体字，手头书写或简或繁，悉听尊便。台湾使用繁体字，但街头上、观光地也能见到简体字，至于"臺湾"更是常写作"台湾"。官方编有俗字（包括简体字）手册，手头书写也夹用简体字，时而也阅读简体字书籍。其他华人社区，情况与之相似；而澳门，汉字常常同场使用，几乎就是繁简汉字的"博览会"。

大陆与台湾通用的汉字差异有多大？统而观之，差异主要表现在三大方面：

1．简繁不同。如大陆用"办、号、问"，台湾用"辦、號、問"。

2．异体字的处理不同。如大陆以"况、秆、挂"为规范字，以"況、稈、掛"为异体字；而"況、稈、掛"在台湾为正体字。

3．印刷字形标准不同。如大陆的"户、吕、黄"，在台湾为"戶、呂、黃"。

将这三个方面的差异都算上，两岸差不多有半数汉字存在差异。但这些差异多数并不影响识认，如"户（戶）"的字形差异，"车（車）、马（馬）、鸟（鳥）、鱼（魚）、饣（食）、钅（金）、讠（言）"等偏旁简化类推出来的字等。识认方面的难点是整体简化的字，使用方面的难点是"一对多"现象，这两类字约五百左右。

三

简繁汉字并没有分化为两个不同的文字体系，而是一个文字体系的两种变式。若将简繁汉字的争论请下意识形态的祭坛，简繁之沟壑并非如楚河汉界。

简繁汉字同根而生，皆为华夏智慧孕育，都在协力为世界各华人社区服务。应平心论简繁，客观看差异，包容已有的历史与现在，消弭歧见，消减误会。在语言政策上不再人为阔沟增壑，并根据各地实情逐渐放宽简繁兼用尺度，让简繁汉字在使用中逐渐优化，为再次"书同文"提供可能。

在简繁汉字领域争吵多，研究少，静下心来发现还有不少课题需要研究。微观的如：台湾与港澳繁体字的异同，台港澳字形与《康熙字典》的异同，大陆繁体字形与台港澳的差异；中观的如：海峡两岸和香港、澳门社会用字情况调查，手写字情况调查，相互学习文字的重点难点和心理状态；宏观的如：信息领域中简繁汉字应用及国际编码的协调，简繁文本机器自动转换系统的完善，海外华文教育、汉语国际教育中的汉字教学协同，新世纪"书同文"的可能性与对策研究，等等。

在相互包容的心态下，在真正的学术研究中，各华人社区在文字上相互了解，在使用中自然趋同，最终实现民族文字的整合优化。如是而为，相信是合乎民族大义、顺应历史潮流的。

[*原载黄翊主编《繁简并用 相映成辉——两岸汉字使用情况学术研讨会论文集萃》，中华书局，2014年*]

形译与字母词

近来，不少人士关注字母词问题，也有人担心它会成为毁坏汉语千里长堤的"蚁穴"。今日之汉语长堤，由钢筋混凝土筑造，蝼蚁难以筑穴；即便筑穴，也难毁溃。不过，字母词是不是毁堤"蚁穴"，倒还是有些学术问题需要梳理。

一　词语翻译

词语翻译的作用主要有二：一为丰富词汇系统和知识系统，二为满足交际的各种需要。词语翻译方式常谈到的有意译、音译两大类。

意译者，将外语词的意义拿来，据意重赋一个汉语词形，如电脑（computer）、计算机（computer）、蜜月（honeymoon）等。意译时重赋词形，多数可根据外语词的原有构词理据，如计算机（compute+er）、蜜月（honey+moon）；也可以"异想天开"，如电脑（Computer）。

音译者，将外语词的意义拿来，并根据外语词音重新赋形，如麦克风（microphone）、沙发（sofa）、啤酒（beer）等。有些音译词也兼顾一些意义，或是"穿凿附会"出点意义，于是除了纯音译词之外，还可以析出音兼意译（如"沙发"）、音加意译（如"啤酒"）等变式。

词语翻译就是外来词语的民族化。翻译前后的意义或相同或有异。比如beer，在英语中有啤酒、（一般）发酵饮料等意思，还用来表示人名"比尔"（Beer），但是汉译词"啤酒"，不表示"（一般）发酵饮料"，光学中的"比尔定律"也不能说成"啤酒定律"。再如"沙发"，在汉语中表示一种坐具，这与sofa的意义相同；在现代网络语言中，"沙发"还表示"跟随博客贴出的第一条迅速响应的帖子"，这意义，sofa过去不曾有过，现在也许还没有。

在语音上，意译词跟译前词没有关系，音译词有关系，但是由于各种语言的语音系统有或大或小的差别，音译前后的读音也有或大或小的差别。汉语是有声调的语言，汉语音译词的突出特点，就是给每个音节加上声调。

在语法上，汉译词不再有形态变化，组合关系也会同译前词有别，比如"沙发"可以受量词"张"修饰，而sofa却可以直接同数词、指示词、冠词等组合。

引入词语的民族化，主要表现在语音、语义、语法等方面，但有时候还表现在语言意识的变化上。例如汉代以来翻译的西域、印度等语言中的"葡萄、玻璃、因果、报应、世界、刹那"等词语，在汉语中使用的时间长了，一点"洋味"也没有了，彻底民族化了。这是语言意识上的认同所导致的民族化。

二 形译

词语翻译还有另外一种方式，那就是"形译"。形译者，将词形"照搬"进来，这种情况一般发生在文字系统相同或相近的语言间。从20世纪初开始,汉语从日语中源源不断地引进了大量词语,引进方式基本上采用形译。在英语、法语、德语、意大利语、西班牙语、葡萄牙语、马来语等使用拉丁字母的语言之间,形译也是较为常用的词语翻译方式。

将形译视作一种词语翻译方式,是因为形译词表面上看是"照搬",其实形译前后会有一系列的变化,这些变化符合翻译词的特点。形译词在词形上常常根据译入语言的文字特点要做适当调整。例如日语之"図書館",译为汉语时字形要变为"圖書館"或"图书馆";"運転"译为汉语时字形要变为"運轉"或"运转"。读音上要适合译入语言的读音系统,例如所有进入汉语的日文词,包括人名、地名等,依照的都是汉字读音,而不是日语读音。意义上、语法上也都会被民族化。拉丁文字之间的形译也是如此,比如法语词形译为英语,要根据英文的字母表在书写和读音上做适当调整,意义和语法也要遵守英语的习惯而不是法语的习惯。

三　字母词

"字母词"可以定义为构成要素中含有字母的词语,当然也包括全由字母构成的词语。字母词是一个外延较为明确、内涵却不具有同一性的词语集合,起码有如下几类:

第一类,是形译西文的,如"CT、GDP、WTO、X射线"等。这类词占字母词的大多数,其中形译英文的占大多数,缩略语(大写字母)占大多数。

第二类,用汉语拼音构成的字母词,如"RMB、HSK"等。

第三类,用西文字母作为代号或形状描述而构成的词,如"A股、B股、α粒子、β粒子"中的"A、B、α、β"是代号性质的,"T型台、T恤衫、V型曲线"中的"T、V",描述的是台子、衬衫、曲线的形状。

字母词虽然多数引自外语,但也有国人的杰作,如"RMB、HSK、A股、B股、T恤衫"等。"U盘"(USB闪存驱动器,英文意义为USB flash disk)这个字母词,也很可能出自国人之手,因为U盘的发明者是中国的朗科科技股份有限公司。

汉语从日语中形译了大量词语,多数被汉语接受并成为现代汉语词汇系统的成员。而形译西文的字母词看起来却显得"特殊",这是因为它突破了以往形译的常规条件:文字系统相同或相近。形译类字母词能够突破这一常规条件,其主要原因是:

1. 汉语拼音的广泛应用;

2. 国人外语水平的提高;

3. 中外交往的空前密切;

4. 全球出现的科技术语和某些社会词语的国际化惯性,像GDP、WTO、CPI、IT等词语,几乎进入了世界所有的主要语言中。

形译类字母词的"译"的性质如果能被认同的话,那么这类字母词也应该看作是汉语词汇系统的组成部分,字母词在汉语中的存在应该是常态,而不是异态,甚至变态。当然,形译类字母词是靠某些社会的、语言的力量支持而突破形译的常规条件的,这也决定了它在汉语中的发展十分受限。而且,形译词同其他翻译词一样,在使用的过程中也常会发生变化,变化的基本方向是进一步民族化,即向着音译、意译的方向变化。

一个词语一下子能够有一个合适的翻译,那只能是"妙手偶得",而多数翻译需要在语言使用的实践中"千锤百炼",因此这种变化过程是必要的,甚至是必需的。

比如,将Laser译为"激光",人们称道不已,但不要忽略了它所经历的一段语言使用过程,而且至今还有"雷射、镭射"两个并行词的存在。

　　再如，Tea break翻译为"茶歇"，尽管用的是意译方式，但总觉得并不特别妥帖，因为"歇"的动词意味太浓，口语色彩太浓，且"～歇"这种构词方式汉语几乎不用。当然，似乎现在还找不到比"茶歇"更好的翻译。

　　有时，即使找到了一个更好的翻译形式，但要推广起来也不可能一蹴而就。比如CT，是computerized tomography的缩写，意为计算机层析成像，通过CT来检查身体在中国医院已很常见。如果将它翻译为"析体"，民族化的程度比CT要高，而且音意兼顾，但是要在社会推行开来，且要将医院标牌、医疗器械说明书、相关的医疗书籍等都改换过来，也是需要时日的。

　　最后想说的是，不管如何看待字母词，字母词的社会使用谁都无法禁绝，哪怕是用行政命令。古今中外无数事例早已证明，对语言生活的管理"堵"不如"疏"，辞书根据自己的特点酌情收录字母词，便是对字母词使用的疏导。当然，辞书收录字母词的数量多大合适，收录甲词还是收录乙词，怎样注释，怎样编排，这些都是可以讨论而且也应当讨论的。辞书编纂者大都能够倾听学界和辞书使用者的意见，以便使词语的处理更科学，使辞书更适用。不过，辞书编纂本质上还是学术工作，学术工作就应当按照学术规范行事，特别是应当给辞书编纂者以学术探索、学术创造的自由空间。这也是辞书编纂者的学术权利，也是繁荣辞书事业的重要条件。

［原载《中国语文》2013年第1期］

字母词与国家的改革开放

中国三十多年来的"关键词"就是"改革开放"。打开久闭的国门,进入世界民族之林,方有了被称为"中国模式"的当代中国发展历程。何为开放?开放就是:中国要走出去;外国要走进来;中国要更多更深地参与国际事务。

对于立志开放的中国,诸事都要重新审视,既要有战略远谋,又需有跬步之积。就文化方面而言,起码有三者需要审慎思考:

一、更加理性地认识中华文化。系统收集中华文化,包括文献记载的、民间存留的和流传到外国的;在收集的基础上认真梳理,披沙拣金,通过纵向教育传承优秀的中华文化;同时还要讲好中国故事,推动优秀的中华文化出国渡洋,香熏外域。

二、引进吸收外来文化。文化从来就是在交融中进化繁盛的,中国自古以来富有文化兼容传统,秦汉盛唐莫不如此而为,莫不因此添彩。21世纪的中国人,更应以包容、平和的心态看待外来文化;要全面了解外国文化,不仅是欧美发达国家的文化,更包括亚非、拉美、澳洲的文化;要把这些文化介绍进来,精心研究,仔细甄别,并努力吸收其优秀者。

三、关心人类的文化发展。要想走入世界,就必须关心世界,为世界做贡献。在国际上,要逐渐获取语言文化领域的话语权,努力维护人类文化的多样性,保护人类的物质文化和非物质文化遗产,推进不同文化间的对话和相互理解融通,鼓励人类新文化的创造、传播与应用。

开放的国家必有开放的社会理念和社会生活,当然也有开放的语言生活。语言生活是社会生活的重要组成部分,对于社会而言,语言及语言生活有三个方面的作用:1.记录社会生活,是社会生活的镜子,是社会生活的晴雨表;2.满足社会发展的交际需要,故而语言要不断丰富自己,吐故纳新;3.通过语言的发展反过来促进社会发展。中国当代的语言生活,总体上看正是满足了国家改革开放的需要,而且也促进了国家的改革发展。

语言与社会互动最迅疾的是词语,包括一些名言警句。近来不断有国内外媒体报道,汉语词如中国大众的"出国游"一样,正源源不断地向域外"输出",很多词语还被收入英语的权威词典。当然,目前汉语输出的词语较多的还属于"土特产"之列,如"豆腐、功夫、土豪、大妈"等;随着国家的文化、科技等领域的发展,随着国人词语输出意识的悟觉,相信会有更多的思想、经济、科学、技术、艺术等领域的词语输出。

汉语每年也有大量的新词语、新用法产生。据不完全统计,每年产生的新词语约有三千之数,包括科技术语和"待我长发及腰"类的流行语句。在这三千来个新词语中,有昙花一现的,也有稍能稳定的,还有能长久进入汉语词汇库的。其中能够稳定使用一个阶段的约有千余个。国家语委的新词语课题组利用计算机在海量数据中认真筛选,每年发布新词语(不包括科技术语、流行语句等)500左右。这些新词语是国家改革开放的写照,记录着社会生活的进步,也测试社会思想的活跃度。上述3000、1000、500等这些新词语"年产量"意味着什么?是否可以作为衡量中国社会进步的语言尺度?

分析这些新词语，其中有相当部分是外来词。外来词是词源起自外域的词语，它们要进入汉语，绝大多数需要翻译。翻译的方式有"意译、音译、形译"三类，这三类交叉合用又会生出很多细类，形成多姿多彩的翻译方式。关于形译以及这三类的交叉合用情况，我曾在《术语论》（《语言科学》2003年第2期）和《形译与字母词》（《中国语文》2013年第1期）两文中有所论述，此处不赘，但想强调的是：由于中国文化意识和语言意识的作用，这些翻译方式的接受度是不同的：

1. 意译最受欢迎。

2. 音译不易为人接受，历史上许多音译词都改作意译词。但是，"音兼意译"却常受赞赏，因其能使人感到翻译之妙，如"幽默、浪漫、可口可乐"等。近年来音译有发展的趋势，比如"麦克风"已经改译作"话筒"了，但又"复辟"了，甚至还简作"麦克""麦"，甚至还造出了新词"麦霸"。

3. 形译是将外文中的词形"照搬"进来，这种情况一般发生在文字系统相同或相近的语言间，比如中日文之间，使用拉丁字母表的文字之间。近几十年来，全世界出现了一个新趋势：拉丁字母词形较多进入到非拉丁字母系统。对于形译方式的态度有三种：其一，没有意识到这也是一种词语翻译方式；其二，比较容易接受从日语中形译来的词语；其三，比较排斥拉丁字母形译词，也就是常说的字母词。

词的翻译很难一蹴而就，妙手偶得者少。现实情况是，往往需要较长的实践探索，才能寻找到合适的翻译形式。社会快速发展，国内外频繁交往，要求语言即时反映这些发展和交往，于是在翻译上较为便捷的音译、形译方式就较多采用，音译词、字母词就多了起来。音译词、字母词的增多，引起了社会的关注、担心和批评，特别是对拉丁式字母词的批评，更是激烈而词严。

在汉语文本中嵌镶许多字母词，不符合传统的文化意识和审美习惯。字母词的涌入，虽然有快节奏语言生活的需求，但也有"秀洋气、亮时髦"的意味。但是对社会现象往往需要多面观察，多维思考。换个角度看，适当使用一些字母词也是必要而有利的。当前，我们正处在世界一体化、信息大交换、人口大流动的跨文化时代，在这样的时代，无疑要重视本我文化的守护、传承乃至横向传播，但也要重视国际生活的便利。在科技界或国际标准学界，科技术语国际化、人名和地名拉丁转写唯一化等主张早有提倡，且正被包括我国在内的许多国家所响应。汉语拼音作为中国人名、地名的国际拼写标准，便是这一国际化的重要成果。

除了科技术语等领域的国际化之外，在日常生活领域适当使用一些国际通用的字母词，对国人也是有所便利的。便利之一，是这些字母词多为缩略语，比中文词形要简短；便利之二，国人出境不至于"两眼一抹黑"，可以稍有裨益。比如：

日常生活：WC、SOS、VIP、ISO、GPS、CT、CBD、CEO、PM2.5

与虚拟生活相关的：E-MAIL、WIFI、DVD、CD、IT

一些常见的国际组织、地区组织的名称：WTO、WHO、CEPA、ECFA

一些广播电视台、通讯社等：CCTV、CNN、BBC、NHK

描述经济生活的：GDP、CPI

当然，即使是这类字母词，也应注意探寻合适的意译词。但是，掌握这些字母词对于今人来说也许是必要的，应当有一批国际通用词进入"公民知识库"。还需要看到，字母词并不都是外来词，"RMB"（人民币）、"HSK"（汉语水平考试）、"GB"（国家标准）等都是汉语词；拉丁字母在理工科教育、铁路交通、产品命名等诸多领域，也在发挥着"甲、乙、丙、丁"所不能代替的重要作用。

　　《现代汉语词典》是一部中型的汉语工具书。从编纂试用本到第6版修订，前后数十年，其收词、释义、用例、附录等都有诸多变化。这些变化，从一个侧面反映着语言生活的发展变化，反映着社会的发展变化。不同的辞书应有不同的功能，比如有学习性辞书，有专业性辞书，有汇集人类知识的百科性辞书。窃以为还应当有一部"理想的公民常识"的辞书，它所收录的词语与字种，知识广度与深度，释义的方式与用语等，都应当以"理想公民"应具有的"常识"做考量，其中当然应包括收录多少字母词以及用何种方式收录字母词等。

　　所谓"理想的公民常识"，应当这样理解：

　　1．不同时代有不同标准，应当据时渐进。

　　2．从知识水平上看，当今之世应当超过高中、达到大学毕业的水平。

　　3．常识虽然侧重于社会文化领域，不是各种专业知识。但是应当包括公民应备的专业知识，包括进入社会生活的某些专业知识。因为科技进步的表现之一，就是科技产品进入社会生活；社会进步的表现之一，就是社会生活具有更高的科技含量；公民素养的提高，不仅是思想文化素养的提高，也包括科学素养的提高。

　　"理想的公民常识"的辞书，《现代汉语词典》也许与之相类。这一想法，也许能为《现代汉语词典》的修订与评价，提供参考。

[原载《中国社会语言学报》2012年第2期（2014年出版）]

语言教育与传播

什么力量在推动语言传播?

当代中国:汉语国际教育必须重视的事体

汉语传播的国际形象问题

孔子学院语言教育一议

海外华语教学漫议

两岸携手 共建华文教育规范体系

语文教育之七维度

什么力量在推动语言传播？

一 问题提出

什么叫作语言传播？目前似乎还没有一个十分恰切的定义。张西平教授和我主编过《世界汉语教育丛书》（外语教学与研究出版社，2007年开始出版），当时，西平教授要我为丛书写个序言，序言的题目是《探索语言传播规律》。我在序言中写道："语言传播，指A民族（包括部族）的语言被B民族（包括部族）学习使用，从而使A民族（语言领属者）的语言传播到B民族（语言接纳者）。"这是对语言传播的一个描述，不能看作严格意义上的定义。在此基础上进一步分析，当一个民族的语言传播到另一民族时，其可能的结果是：

1．B民族可能将它作为外语来使用，如英语之于中国；

2．B民族也可能放弃本民族的语言，接受A民族的语言，如汉语之于满族；

3．B民族可能两种语言并用，实行双语制，如汉语之于畲族、英语之于新加坡等；

4．还会有其他一些情况。

尽管学界还不能恰切定义"语言传播"，但是自古至今语言传播现象都大量存在，特别是近半个世纪以来，世界交往和人口流动以级数的形式增频加速，语言传播的规模在加大，语言传播的速度在增快，语言传播的方式、种类在增多，这为语言传播研究提供了大量案例，也对语言传播研究提出了急切的社会需求。

语言传播是通过语言学习来实现的，多数是通过第二语言学习（当然也包括第N语言学习）来实现的。学习一种语言的成本极为昂贵，既要花费大量的金钱，也要花费大量的精力，而且第二语言学习的效果还往往不大理想。例如中国，学习外语的人数据称有三个亿，但这些外语学习，除了考学、应聘、晋级、升职等应试之外，似乎没有起到太大的作用，通过外语获取的真正效益其实非常低。既然语言学习成本那么高，真实的收益又那么不肯定、不稳定，人们不禁会问，为什么B民族的成员还要学习A民族的语言呢？人们还可以进一步问，为什么学习的是A民族的语言而不是别的民族的语言呢？

这种提问，其实是问这样的问题：某个民族的语言向另一民族、另一地区的传播，是被某种力量推动着的，这种力量可以称为语言传播的动因。那么，这种力量是什么力量？这种动因是什么动因？了解语言传播的动因，有利于从一个方面认识语言传播规律，并在此基础上制定科学的语言传播规划。

二　历史上的语言传播

研究语言传播动因，可以从研究语言传播的各种典型事例着手。历史上，语言传播的重大事例不胜枚举，比如：希腊语的向外传播，至今在许多科学领域、在许多语言中，还可以找到希腊语和希腊字母的踪影；再如拉丁语，作为中世纪西方的国际媒介语，在历史的长河中传播到世界很大一部分地区，至今仍在科学、神学等领域中发挥着作用；阿拉伯语随着阿拉伯帝国的扩张和伊斯兰教的传播不断向外传播，南传到北非，北传到中亚，东部影响到马来半岛和印度尼西亚。西班牙语、葡萄牙语、法语、德语、俄语等，在不同的历史时期也向世界各地传播，至今还都是有影响的国际语言。目前，人们研究较多的是英语的传播，英语在欧洲西北角的岛国上孕育，之后伴随着英国殖民者的脚步和商人的船队走出英伦，走向世界，以至于形成了今天的国际超级大语言。

考察历史上语言的传播过程可以发现，不同时代不同语言的传播，有着不同的动因。有些语言是通过殖民和移民来实现传播的，或者说是军事动因，因为殖民扩张的过程始终伴随着军事与征服；有些语言通过宗教来实现传播，有些语言通过文化来实现传播，有些语言通过意识形态来实现传播。

阿拉伯语的传播主要是宗教动因，世界各地信奉伊斯兰教的人增多，阿拉伯语随之不断向外传播，有的国家和地区直接使用了阿拉伯语，有的吸收了大量阿拉伯语的成分，有的改用了阿拉伯字母，传播的结果有很大差异。

俄语在"十月革命"之后的向外传播，"意识形态"动因起到了最为重要的作用。20世纪50年代，新中国曾经掀起了大规模的学习俄语的热潮，俄语在中国外语教学中的地位十分显耀，而当时英语在中国仅是一般的外语，与俄语的地位不能同日而语。中苏关系紧张之后，特别是苏联解体之后，中国的俄语教育面临极大危机。俄语在世界其他地方的传播情况，与在中国的情况十分近似。当年，受苏联意识形态影响的国家，都把俄语教育与学习苏联的意识形态紧紧粘连起来，而随着苏联的衰落与解体，俄语教育也多转换成英语等其他外语教育。甚至连当年的苏联的加盟共和国也多是如此。今天，俄语在中国又有了转机，尤其是在东北边境贸易兴盛的地区，机场、贸易区、公共场所都有俄语标识。不过这种转机，动因不是意识形态，而是经济贸易。

语言传播动因是复杂的，有的是单一动因起作用，多数情况下是多种动因复合起作用；多种动因在复合作用时，又有主导有辅助，错综复杂，相辅相成。还应看到，语言传播的动因会因历史条件的发展变化而发生各种变化，如不同动因作用强弱的变化，动因的增减变换等。不同语言的传播，都是在一定时空背景中发生的，研究各种社会时空条件对语言传播动因的影响，有利于全面把握语言传播的规律。

三 汉语传播的动因问题

汉语传播也是历史上语言传播的经典事例，研究语言传播不可能不研究汉语传播。早在先秦时代，汉语就向四方传播，远及八荒。而影响最大的，是汉唐以来向朝鲜半岛和日本的传播，形成了影响至今的东洋汉学。明代以后，通过传教士和旅行者，汉语传到西洋，形成了至今犹在的西洋汉学。汉语也伴随着劳工和移民漂洋过海走到东南亚，形成当今东南亚华人的华语。

历史上汉语传播的动因主要是文化和移民。汉语当年在日本、朝鲜半岛等东亚的传播，主要是汉文化的优势。历史悠久的汉文化，特别是汉唐文明，对周边国家产生了很大吸引力，他们纷纷学习汉语和汉字，用汉字记录他们的语言文化，或者通过借鉴汉字、演绎汉字来创制本民族文字。西洋汉学的形成，也主要是由于西方对中国文化的兴趣。继利玛窦之后，许多传教士来到东方传教，马可波罗等旅行家及一些商人也来到中国，他们把汉文和汉文化传到西方。南洋华语的形成主要是移民因素。当年，华侨背井离乡，辗转来到南洋各地，在当地扎下了根，还有一些华侨则走得更远。不管是老移民还是新移民，他们都是把汉语带向世界各地的一支力量。今天世界许多地方都有唐人街，唐人街上的汉语，也是移民动因形成的。

曾经有一段时期，汉语国际传播的步伐几乎停止。清朝末年，国力衰微。之后国难不断，内忧外患，国家积贫积弱，哪有人来学汉语？1949年新中国成立，中国历史翻开新的一页。1950年，新中国第一个对外汉语教育机构——"清华大学东欧交换生中国语文专修班"成立。此后的相当长一段时间，对外汉语教学的主要对象是东欧、越南等国家的学生，那时汉语传播的动因主要是政治，也可以说是意识形态。

当代，汉语真正再次有规模地向世界传播，是20世纪80年代以来，特别是2005年首届世界汉语大会召开之后。这一波的汉语国际传播动因是什么？

是文化动因吗？我认为主要不是。因为中国文化几千年来都存在，为什么清末以来汉语传播几乎停顿？由于近代的社会思潮，特别是"文化大革命"，中国传统文化受到严重冲击，历史上有段时期，我们甚至把文化看成了历史包袱，要彻底抛弃而后快。比之盛唐，可以说现在并不是中国传统文化最昌盛、对世界最具吸引力的时代，人们为何要学习汉语？当然，这一波的汉语国际传播动因中，包含有文化动因。从外国人学习汉语的数量看，最多的是韩国人、日本人和华裔华侨子弟，这里面自然有文化因素。但是即便是韩国、日本和海外华裔华侨子弟，他们的学习动机也不全是文化的，其中很大一部分也是经济动因。

这一波的汉语国际传播是移民动因吗？应该说有这个因素。中国改革开放之后，一批新移民走向世界各地，他们希望自己的子女能够保持母语。但是这批汉语学习者的数量有限，而且是任何民族的移民都有的学习动因。

当然，这一波的汉语国际传播也不可能是意识形态的动因、宗教的动因、军事的动因。当前，汉语国际传播最主要的动因应该说是经济。近些年，中国经济稳步发展，国民生产总值已经排名世界第二，而且发展前途非常乐观，是"金砖五国"之一。对个人还是对国家，越来越多的人相信，掌握汉语就能够得到中国经济发展带来的好处。很多国家关于学习汉语的宣传，早就有这种说法。

当下汉语传播的主要动因是经济，如果这个判断是正确的话，那么就应当充分利用经济因素去推动汉语传播。比如：

在汉语传播的对外宣传上，应以"汉语学习的经济价值"作为基本口径；

在海外办学机构的设置上，应当充分考虑受中国经济影响较大的区域，应当更多地听取我国经济部门的意见；

在国内办学中，与中国经济发展关系密切的专业，应该较多介入，提供宏观策划和课程、师资等方面的具体援助；

在课程设置上，除了语言课程之外，应当充分向学生介绍现代中国，特别注意培养学生从事涉华工作的能力，甚至是培养学生在中国工作的能力；

中国各有关企事业单位，在推荐吸纳人才时，应当为海外的汉语学习者尽量提供工作机会，让他们学好汉语以后，有可能谋到一份职业，甚至是较好的职业，从而能够给汉语学习已更大的推力。

在鼓励汉语教育走出国门的同时，还要鼓励学生到中国来留学，中国依然是学习汉语、了解中国最理想的地方。当然，当下汉语传播还有文化动因和其他动因，在注重经济动因的同时，也要兼顾不同国家、不同学生的其他学习动机，比如对于华裔华侨子弟，对于日、韩、越南等国的学习者，在注意经济动因之时也要重视文化动因，因为中华文化必然是华裔华侨子弟的"母文化"学习母文化是"族裔义务"；因为自古以来中华文化就通融到了日、韩、越南等国的文化中，学习汉语和中华文化对于理解他们自身的文化具有重要意义。

  总而言之，通过研究历史和现在的各种语言传播现象，分析推动语言传播的力量，寻求语言传播的动因，从而更好把握语言传播的基本规律。这种研究，理论上是解决语言为什么能够传播的问题，实践上是推动汉语更好地向国际传播，满足世界人民对汉语学习的需求，并能提高学习效率，而且学而得益。

［原载吴应辉主编《汉语国际传播研究（第2辑）》，商务印书馆，2011年］

当代中国：汉语国际教育必须重视的事体*

教学内容是任何教学都必须首先解决的核心问题。汉语国际教育的教学内容表面看就是汉语，其实不然。第一，语言是文化的重要组成部分，也是文化最为重要的载体。学习语言，就某种意义来说，需要学习这种语言所包含的文化，需要学习用这种语言来表述文化和各种理念。第二，语言教育是通过课文进行的，课文不是词语的堆砌，而是有文化内容的，学习语言不能不理解课文的文化内容。因此，汉语国际教育的内容应当有两个方面：语言的；文化的。

这两方面的内容在教学实践中应是水乳交融的，但在学术研究中则可以分别讨论，甚至有必要分别讨论。关于语言教学，已经有许多研究成果；本文要讨论的是汉语国际教育中有关文化方面的内容。

一 "当代中国"应成为汉语国际教育的基本内容

语言学习"费时、费力、费钱"，而且收益较为迟缓，学习

---

* 本文根据在"国际汉语教学理念与模式创新"国际学术研讨会（2010年11月12—14日，厦门）所做学术报告扩充而成。

者愿意学习一种新的语言，并能够坚持下来，需要巨大的学习动力。汉语的情况与一般语言的情况又不一样，它与世界上的多数语言（特别是历史上有影响的语言，如拉丁语、西班牙语、法语、德语、英语、俄语、阿拉伯语等）在语言结构上差别大，在语言谱系和语言交往上关系疏，汉文化与世界上的多数文化在历史上也没有什么关联，对于非华裔、非"汉字文化圈"的人来说，学习汉语需要投入更大的成本，需要更大的学习动力。

语言学习者都有自己的学习动机。外国汉语学习者的学习动机多种多样，但到目前为止，还没有见到相关的全面深入的调查分析。但不管具体动机如何，其共同点都是要通过汉语获取有关中国的信息。大量事实表明，语言学习与经济有较为密切的关系。第二次世界大战结束之前，特别是第一次世界大战之前，世界上为什么没有那么多的英语学习者？英语在世界上的广为传播，是第二次世界大战之后、特别是最近五六十年来的事情。过去人们学习英语，一般是以英国英语为标准，而近几十年美国英语成为强势。英语的广泛传播，美国英语的强势，其背后主要是经济的因素。

现在世界上那么多人学习汉语，不完全是因为汉语汉字的奇妙，不完全是因为中华文化的奇妙，因为五十年前、一百年前，汉语汉字和中华文化也是如此奇妙，但为什么没有那么多的人学习？我们相信，在当今时代，促动人们学习汉语有中国传统文化的因素，但主要力量是当今中国经济的发展，是对中国经济的未来的信心。中国经济的发展，可以为懂得汉语的人提供良好的发展机遇，为了解中国的人提供良好的发展机会。因此，了解当代中国，是当代的外国汉语学习者最为需要的。

中国政府也在努力发展汉语国际教育，推动汉语的国际传播。仔细想来，中国为什么要发展汉语国际教育？是要向世界传播汉语吗？是要向世界传播中国古代的文化吗？是，但主要不是。我认为，中国更感兴趣的，是希望把一个真实的"当代中国"介绍给国际社会，让国际社会了解中国，信任中国，减少误解，广交朋友。这就是人们常说的"知华、友华"。

"当代中国"是汉语学习者最需要了解的，也是中国最愿意向世界推出的。如果这一分析是正确的话，那么，"当代中国"就是教学双方的动机交集，应当成为国际汉语教育的基本教学内容。其实，在国外的一些大学早有用汉语开设有关中国问题课程的做法，选修这类课程的学生，除了学习汉语的学生外还有其他专业的学生，据称教学效果还不错。这类教学案例应当广为搜集，分析研究，完善推广。

二 建立强大的助教系统和助学系统

"当代中国"当然是庞大的系统，由众多的领域构成，例如当代中国的政治、经济、法律、文化、艺术、教育、科技、医疗、新闻、出版、交通、通信、商贸、旅游、体育、军事、外交等。同时，"当代中国"还是一个发展的概念，中国今日的发展速度，用"日新月异"来形容一点都不为过。

（一）建立强大的助教系统

系统庞大、快速发展的"当代中国"，一名教师，一个一般意义上的教材编写班子，的确是难以把握的，因此，要把"当代中国"作为国际汉语教育的基本教学内容，要把"当代中国"较为全面、较为客观地介绍给学习者，必须建立一个足够强大的助教系统。

首先应当分领域组织专家队伍，提供各个领域"当代中国"的基本情况，及时反映各领域的动态变化。但是，专家队伍所提供的

"专家材料",并不能直接用于教学,必须经过转化。因此,在分领域组建专家队伍的同时,还必须组建一支教育家团队,其任务是将"专家材料"转化为适宜于教学用的"教育材料"。

"教育材料"的基本功用,是支持教材或教辅材料的编写,支持教师讲课和教学辅导。"专家材料"以"真"为基本准则,讲究的是对"当代中国"现状、特点和发展趋势的全面、准确的把握;"教育材料"则是以"教"为基本准则,根据教育规律对"专家材料"进行领域的适当综合,进行材料的适当遴选,并在语言表达上尽量通俗化,还要适当考虑到词汇量、用字量等语言因素,让教师能够看得懂,能够把握住,能够用得上。

"当代中国"的教育材料可以采用多种载体。内容较为基本的,特别是作为教材、教辅、教师基本用书的,可以出纸质版;但考虑到信息化的发展,应当以网络版为主。网络版的长处,人们已经多有描述,这里需要再强调的是下面几点:

1. 教师可以根据教学实际,灵活地剪裁使用;
2. 内容能够随着当代中国的发展及时更新;
3. 教师之间,教材编写者之间,教师与教材编写者之间,可以相互讨论,也可以与"教育材料"提供者及时互动;
4. 社会其他人士也可以利用这些成果,这样,不仅可以扩大这些材料的社会效益,而且可以进行更大范围的互动。

(二)建立强大的助学系统

课堂学习固然重要,但是就语言学习来说,课外学习也很重要,甚至可以说更为重要。宋代大诗人陆游,曾有"汝果欲学诗,功夫在诗外"(《剑南诗稿》卷七十八)的名句,就学习而言,特别是语言学习而言,也可以说"功夫在课外"。因此建立一个强大的助学系统,于学习者十分重要。

阅读是语言学习、知识学习的重要途径。助学可以通过很多途径，但我觉得最为重要的，是提供不同语言水平的"当代中国"读本，以适应不同语言水平的学生。比如：

1．有声版本；
2．汉语拼音版本；
3．500字种水平版本；
4．800字种水平版本；
5．"千字万词"水平版本。

有声版本的助学对象，是不懂汉语拼音、不懂汉字的学生，是那些希望提高听力水平的学生。汉语拼音版本的助学对象，是不懂汉字但会使用汉语拼音的学生。

500字种、800字种和"千字万词"，是本文对汉语水平的三种等级描述，其主要依据是《中国语言生活状况报告》的数据。《中国语言生活状况报告》几年来发布的数据显示：

A．覆盖现代汉语书面语的80%，使用汉字字种不到600个；

B．覆盖现代汉语书面语的90%，使用汉字字种不到1000个，词种也只有13 000多个。

500字种水平与A种情况相近，"千字万词"水平与B种情况相近；考虑到教学的过渡性，可以增加800字种水平。据此，可以有500字种水平版本、800字种水平版本和"千字万词"水平版本。周有光先生曾经提议，用1000个字种编写《基础华文词典》和《华夏文化全书》，以帮助侨胞学习华语和华夏文化。这一提议是具有科学性也具有可行性的，本文思路的实质与之相契。

助学性质的"当代中国"读本，不仅要根据学生的语言水平分为不同版本，还要根据读本内容分册编卷。对于中国的最新发展变化，还可以采取活页或是报纸的方式及时跟进。我国教学界"读报"教学的成功实践，其精神与之相近，其方法可以借鉴和发展。

例如北京大学出版社出版的吴成年先生的《报纸学中文——中级汉语报刊阅读》（上、下），以新近的中文报刊和中文网站的文章为材料，话题在注重学生兴趣的基础上既考虑时效性，也考虑长期性和稳定性。每课词语表有中文解释和英、日、韩三种语言的翻译。教材还配有免费提供的教参和课文录音光盘。

助学性质的"当代中国"读本，可以使学生在阅读中学习语言文字，在学习语言文字中获取当代中国的知识，语文学习与知识获取同步进行，相互促进，会极大地增加学习兴趣和学习效率。同时，这种读本，特别是反映中国最新发展变化的活页或是报纸，也可以供具有一定汉语水平的外国人士长期阅读，既有维持或不断提高他们汉语水平的作用，而且也学有所用，能满足具有不同汉语水平的人通过汉语文跟踪了解发展中的中国。这种具有维持和提高汉语学习后续作用的工作，还可以反过来吸引更多的人学习汉语。因为学习汉语只要达到一定水平，就可以终身受益，学习汉语所付出的各种"成本"，能够充分地不断地"生息"。

当然，用汉语拼音或一定字种量的汉字，办一份或几份介绍"当代中国"的报纸，本身就是颇具文化魅力的事情。它除了助学之外，相信还有更为广阔的用途，并具有市场前景，值得为此而谋，为此而动。

三 当代中国：教学讨论的话题

教学讨论是教学的重要环节，既能够培养学生的口语交际能力，又能在师生之间、学生之间相互交流对问题的认识。既然"当代中国"是教学的主要内容，那么"当代中国"也应当作为教学讨论的主要话题。事实上这样的话题，在教学讨论中，在外国学生与教师、与其他中国人的交流中，一直都是存在的。

由于文化背景不同,由于在学习汉语之前所接受的信息不同,学生们对现代中国了解的程度可能不同,甚至还会有许多误解。利用教学讨论,可以更深入、更全面地介绍当代中国,也有助于消除误解;即使不能消除误解,起码也能够让学生听到中国教师对这些问题的看法。

早些年从事对外汉语教学的教师,这些年从事汉语国际教育的教师,都有很多这方面的体会,了解很多外国学生经常感兴趣、爱提问的话题。这些话题有些还比较"敏感",在传统观念里往往不好回答,不知道该怎么回答,甚至不希望学生提出这样"敏感""棘手"的问题。

一个决心融入国际社会的国家,不应当拒绝、惧怕学生关于当代中国的各种提问。这些问题即使学生不在教学讨论中提出来,它仍然是存在的。因此,对此所持的态度应当积极,以平常心来听取来自全球的学生对当代中国的看法,以平等的心态和态度来同学生进行讨论交流。对于学生普遍关心的问题,应当组织力量重点研讨,甚至编写出有关的助教材料,定期送达教师手中,帮助教师组织教学,解答学生提出的问题。

在教学讨论中,外国学生发表的意见和建议,包括批评性的意见,有很多是有价值的,对我国的发展是有益处的。对这些意见和建议,应注意整理研究,也可以鼓励学生将这些意见和建议公开发表出来,或是写成论文,包括学位论文,使这些意见和建议,能够走出课堂,将教学成果转化为社会资源,一卷又一卷的《外国学生建言中国》,一定能够起到促进中国发展的作用。

四 结束语

汉语国际教育的作用是广博而持久的,其中一个不可忽视的作用，就是培养学生从事"涉华"工作的能力，包括进行中国问题研究的能力。要重视培养学生在中国公司工作或是到中国工作的能力，有关方面也应尽量为他们提供工作机会。这样做，能够提升汉语学习的价值，有力推动汉语的国际传播。

近年来，汉语国际传播的重要发展，就是海外汉语教育的蓬勃发展。但也应注意到，在鼓励海外开展汉语教育的同时，在把汉语教师派出去的同时，还应大力鼓励学生到中国留学，到中国的大学和科研院所学习。

海外汉语教育单位，不仅仅是汉语教育机构，还应当成为海外了解"当代中国"的窗口。除了一般的教学活动之外，还可以有计划地组织"当代中国"的公众讲座。据我了解，新加坡孔子学院开展了许多这方面的公众讲座，取得了很好的社会效果。

学术是教学发展的最为基础的支撑。世界上曾经有"汉学"，我国也有所谓的"国学"，但从未来的发展来看，是否可以考虑建立当今意义上的"中国学"或是"当代中国学"？中国学或当代中国学，是研究中国、特别是当代中国的学科，它的建立可以较好地支持汉语国际教育，同时也是中国未来能够科学发展的需要。

主要参考文献

国家语言资源监测与研究中心编 2006 《中国语言生活状况报告（2005）》（下编），商务印书馆。

国家语言资源监测与研究中心编 2007 《中国语言生活状况报告（2006）》（下编），商务印书馆。

国家语言资源监测与研究中心编 2008 《中国语言生活状况报告（2007）》（下编），商务印书馆。

国家语言资源监测与研究中心编 2009 《中国语言生活状况报告（2008）》（下编），商务印书馆。

国家语言资源监测与研究中心编 2010 《中国语言生活状况报告（2009）》（下编），商务印书馆。

陆俭明 2004 《增强学科意识，发展对外汉语教学》，《世界汉语教学》第1期。

陆俭明 2005 《汉语走向世界的一些思考》，《上海财经大学学报》第1期。

吴英成 2010 《汉语国际传播——新加坡视角》，商务印书馆。

吴应辉 2011 《国家硬实力是语言国际传播的决定性因素——联合国五种工作语言的国际化历程对汉语国际传播的启示》，《汉语国际传播研究》第1辑，商务印书馆。

张西平　柳若梅 2008 《世界主要国家语言推广政策概览》，外语教学与研究出版社。

张西平 2011 《走向世界的汉语所面临的若干战略问题思考》，《汉语国际传播研究》第1辑，商务印书馆。

赵金铭 2007 《汉语作为外语教学能力标准试说》，《语言教学与研究》第2期。

"中国家语言生活状况报告"课题组编 2006 《中国语言生活状况报告（2005）》（上编），商务印书馆。

"中国家语言生活状况报告"课题组编 2007 《中国语言生活状况报告（2006）》（上编），商务印书馆。

"中国家语言生活状况报告"课题组编 2008 《中国语言生活状况报告（2007）》（上编），商务印书馆。

"中国家语言生活状况报告"课题组编 2009 《中国语言生活状况报告（2008）》（上编），商务印书馆。

"中国家语言生活状况报告"课题组编 2010 《中国语言生活状况

报告（2009）》（上编），商务印书馆。

[原载北京语言大学对外汉语研究中心编《国际汉语教学理念与模式创新——第七届对外汉语国际学术研讨会论文集》，外语教学与研究出版社，2011年]

汉语传播的国际形象问题[*]

汉语向世界传播，关乎全世界各地的华人。让世界共享汉语，并由之共享汉文化及中华文化，关系到人类语言文化的多样性乃至人类的和谐进步。故而汉语的国际传播与共享，深为海内外所关注。汉语国际传播的效率，同任何语言一样，最终取决于有多少人把它作为第二语言来学习和使用。

汉语在历史上，早就传播到了四邻之域。汉学在数百年前，也经由传教士带去欧陆。20世纪中叶，对外汉语教学再兴；到20世纪末，汉语开始了新一轮的国际传播，或可称之为"汉语的当代国际传播"。在当代的国际传播中，全面而真实地彰显汉语的学习价值，自觉塑造足以吸引汉语学习者的国际形象，十分重要，不可轻视。本文拟就汉语国际传播的形象问题，做些讨论，以求教于方家。

---

[*] 本文内容曾在"第八届两岸现代汉语问题学术研讨会"（2014年6月12—14日，台湾师范大学）、新闻出版总署第九期"辞书编辑出版人员资格培训班"（2014年6月24日）、孔子学院志愿者培训班（2014年6月25日，北京语言大学）、"首届汉语跨文化传播国际研讨会"（2014年7月12日，复旦大学）、第11届对外汉语国际学术研讨会（ICCSL11，2014年7月18日，北京语言大学、宁夏大学）、首期汉语国际教育高级研习班（2014年7月24日，北京语言大学）做过演讲。感谢李清清博士提供她的博士论文电子版，慷慨供我参考。感谢李春玲教授帮我搜集、分析关于"汉语难学"的一些材料。

一 语言的国际形象

在国际上有影响的大语言，如英语、法语、西班牙语、俄语、阿拉伯语、德语、希腊语、意大利语、日语、印地语等，都有其国际形象。语言国际形象的形成，是各种复杂因素相互作用的结果。

到目前为止，对影响语言形象的各种因素及其相互作用机理的全面分析，还不多见。据笔者初步观察，这些因素主要有三类：第一类，语言所属的国家的国际形象，这是构筑语言国际形象最为重要的因素，是语言国际形象的基础；第二类，语言本身的状况，包括语言的结构类型、文字（字母表）情况、语言负载信息量的多寡以及语言在国际各领域的流通情况等；第三类，人们有意识的对语言形象的塑造与传播。法语、英语的国际形象的形成与发展，可以作为语言形象分析的典型例子。

法语是第二次世界大战之前世界上最有影响的语言。1539年，法国国王弗朗索瓦一世颁布《维莱尔-科特雷敕令》，规定在法国国土上凡与公共生活相关的文书，必须使用法语。法语在法国的地位由此得到确立，并随着时间的推移愈加巩固。后来，法国在国际上的影响越来越大，不仅慑服四邻，而且势力南及地中海沿岸。此后，其殖民地不断扩展，法语逐渐成为世界上最为重要的语言。时至今日，法语还在五大洲使用，法语国家组织有56个成员国和19个观察员国，其数量超过了联合国成员国总数的三分之一。

歌颂法语的颂词充满历史。法语的国际形象可以概括为"优美""文明"。法国的启蒙运动，伏尔泰、孟德斯鸠、卢梭以及以狄德罗为代表的百科全书派，创造了灿烂的法国文明，对法国和人类都产生了重大影响。法国文化的光环自然也冠于法语之上。这些是法语国际形象的客观基础，但法语的形象不仅与其客观基础相关，而且也与人们有意识地形象塑造相关。法国人对于自己母语的热爱，世界上大概没有几个民族可以与之相提并论。李清清（2014）在对与之相关的文献梳理时指出，法国人把法语就看作法国，看作"法国人的首要资本，法国人尊严的象征，法国统一的通道，传播世界文化和谐与同一遗产的工具，是法国梦想的一部分。"（Riding，1944）而且，法国人还认为，"法语不仅是法国的语言，更是全人类的语言。" 2012年9月在北京召开的"中法语言政策与规划比较研究国际研讨会"上，法国驻中国大使白林女士也这样描述法语："法语是和平的语言，是安全的语言，是外交的语言，也是众多国际机构的官方语言，是世界法语区的通用语言。"（李宇明主编2014，15页）

英语的国际地位，从第二次世界大战结束时开始超越法语。英语最为显著的国际形象是"国际化""现代化"。所谓国际化，是因为英语几乎成为当今世界的通用语，学会了英语，就可以在世界各地行走，可以在不同的文化领域穿行。所谓现代化，是现代科学文化，甚至是互联网的信息，大多数都贮存在英语文献中。学习了英语，有利于掌握英语文献，有利于掌握现代科学文化知识。

英语的国际形象，自然与以英语为母语的国家的国际地位分不开，特别是与当年大英帝国建立的"日不落"帝国相关，与后来美国对世界各领域的巨大影响更加相关。此外也应看到，以英语为官方语言的国家、以英语为主要外语的国家也为英语的国际化推波助澜，注入了强大的活力。

英语的国际传播是英美等国有计划的推广，还是自然而然的结果，几十年来在语言规划学界一直存在着争论（参见Robert Phillipson，2000）。但是不管如何，方方面面对英语形象的"包装"的确从未停止过。早在19世纪，印度总督立法委员麦考莱就说，英语是"想象丰富的语言、有用知识的媒介和国际交流语言"。（MaCaulay，1835）对于非以英语为母语的人来说，英语被

"包装"为、后来也的确成为社会精英的标记。

近来,英语的"包装"又有两个变化趋势:

其一,侧重于英语的经济价值。例如卢旺达政府2008年进行了语言政策的大变革,用英语替代法语作为政府工作语言和教育语言。这一语言政策的变革,有其国内因"大屠杀"而导致的政治原因,但也有巨大的经济理由:他们把英语看作"不仅是卢旺达而且是全世界经济增长和发展的支柱"。英孚教育2012年发布了针对全球54个国家的《英语熟练度指标》(*EF English Proficiency Index*)报告,[1]其首页即明确宣称:"英语无论对于国家还是个人而言,都是谋求经济富裕的关键要素。拥有更高的英语能力与更高的收入、更大的出口额、更轻松的商业环境和更多的创新形成正相关关系。"

其二,人人都应学习英语。许多语言经济学家的研究,发现一般情况下,懂英语的移民其收入要高于不懂英语者。这些研究及上面所援引的英孚教育的报告,客观上都在"改装"英语的"精英的标记",今天之英语,已经不仅仅是精英的语言,也是所有职工都需要掌握的基本技能。法国前任总统萨科奇也顶不住英语的魔力,2011年宣布了法国三岁儿童英语学习计划,声称他希望法国青年学习这门"莎士比亚的语言"和"女皇的英语",因为"当今在法国没有掌握英语即是一种缺陷"(Pickup,2011)。

法语和英语的情况,人们耳熟能详,不必描绘其国际形象形成的细枝末节。但有两点需要特别注意:

第一,国家、语言的状况是语言形象的基础,但是语言形象仍然需要在此基础上进行塑造。语言形象的塑造者首先是母语

---

[1] 参见英孚教育官方网站:http://liuxue.ef.com.cn/epi/downloads/。

人或"母语国",但也有"外语人"和"外语国"。一旦"外语人""外语国"参与某语言的正面形象塑造,这种语言的国际传播能量就会加倍增长。

第二,法语是"高雅"的,英语是"实用"的。英语一步一步夺去法语的国际地盘,反映了"实用"是当代的国际语言选择意识。而关于英语包装的两种新趋势,更助长了这种"实用"意识。

二 汉语的国际形象

汉语在东亚早就树立了自己的国际形象。而由传教士酿发的西方汉学,也形成了西方的汉语形象。在中国近三十年经济快速、持续的发展中,世界对中国也有了新认识,这种新认识也会转化为塑造汉语形象的新元素。现在汉语的国际形象也许可以表述为三个关键词:神奇、经济红利、难学。

东方社会、东方经典、汉语汉字,对西方人来说的确古老而神奇。初次接触中国的传教士、西方早期的汉学家及其文化界,都曾不断感叹古老的东方文明。这种早期的感叹便形成了西人心目中的汉语形象。其后的中国学者和教师,书本中写的、课堂上讲的,也多强调中华文化的悠久与独特,彰显汉语汉字的微妙与奇特,致使西人心目中的汉语形象不断得到印证与加强,形成汉语"神奇"的国际形象。

汉语、汉字、汉文化之于西方,的确有神秘、奇特之特点,这些特点也能够对世界上许多学者和年轻人产生吸引力,吸引他们来学习汉语,来解码汉文化。但是,被"神奇"所吸引,必然只是少数具有"探险"精神的人,许多人也许会望奇兴叹,会浅尝辄止;而且,对世界上汉语学习者的文化导向,也不应当只是"考古"式地求奇回溯,而还应当将其目光导致中国的当下与未来。就此而言,汉语的国际形象应当由"神奇文化"向"魅力文化"嬗变。嬗变的途径之一,就是要探讨中华文化对人类当下和未来的价值,发掘中华文明与其他文明的相同、相似、相通、相关之处,并及时加入现代文明的创新成分。

汉语的"经济红利"形象,是"实用"性的形象。2005年7月22日,《文汇报》发表了对法国教育部汉语总督学白乐桑先生的专访文章。白乐桑先生说:"1973年我到中国学习,完全凭兴趣,也不知道学了汉语能有什么用处。今天不同了,汉语已成为一门绝对实用的语言。因此,许多中学校长应学生和家长的要求向法国教育部提出开设汉语课。"

汉语的"经济红利"形象,与中国近三十年来经济的发展分不开。2000年,中国已经是世界第七大经济体,2007年超越德国成为世界第三大经济体,2010年第二季度,又超越日本成为世界第二大经济体:中国GDP总量为1.33万亿美元,而日本那一季度的GDP总量为1.28万亿美元。网易财经2013年2月10日报道,2009年中国成为世界第一大出口国和第二大进口国,2012年中国的贸易总额首次超过美国,成为世界贸易规模最大的国家。美国商务部发布数据称,美国2012年的商品贸易总额为38 628.59亿美元。中国海关发布的数据是,中国2012年的贸易总额为38 667亿美元。世界第二大经济体和世界最大贸易国,都表明了中国在世界经济中不容忽视的地位。

汉语的"经济红利"形象,不仅与中国近三十年经济的发展分不开,也与国际上对中国未来经济的预测分不开。例如,高盛董事长吉姆·奥尼尔2001年曾在《高盛眼中的世界》一书中预测:到2050年"金砖四国"(巴西、俄罗斯、印度和中国)将主导世界;到2035年,中国将超越美国,成为世界最大的经济体。再如,美国莱坊公司和花旗银行发布的《2012年财富报告》[1]：

《2012年财富报告》中的世界前十大GDP国家（2010–2050年）

排名	GDP (PPP) 单位：万亿美元			
	2010年		2050年	
1	美国	14.12	印度	85.72
2	中国	9.98	中国	80.02
3	日本	4.33	美国	39.07
4	印度	3.92	印尼	13.35
5	德国	2.91	巴西	11.86
6	俄罗斯	2.20	尼日利亚	9.51
7	巴西	2.16	俄罗斯	7.77
8	英国	2.16	墨西哥	6.57
9	法国	2.12	日本	6.58
10	意大利	1.75	埃及	6.02

《2012年财富报告》预测，到2050年中国GDP总量将超过美国的一倍，稳居世界第二大经济体。

美国彭博新闻社（Bloomberg News）2013年12月4日报道，从2014年9月起，英国中小学将开设外语必修课。英国首相卡梅伦在一封电子邮件声明中说："当今天出生的孩子离开学校时，中国必定已成为全球最大的经济体。所以现在我们必须超越传统上对法语和德语的关注，让更多孩子学习汉语。"英国政府设定了一个目标，计划让学习汉语的人数翻番，达到40万人。英国政府将给希望增设汉语课的学校提供资金，并努力增加会说汉语的学

---

[1] 高盛的预测和《2012年财富报告》，转引自李清清（2014，161页）。

校教职员人数。

20世纪末兴起的"汉语的当代国际传播",必须理性考虑汉语的国际形象应如何再塑造的问题:是塑造成"古老文明"的语言,还是"拥有未来"的语言?前者是从历史文化的角度设计,后者是从经济生活的发展设计。在上节中笔者曾指出,"实用"是当代的国际语言选择意识。故而加强汉语的"经济红利"形象,应该是汉语最吸引人的学习价值。

如此分析,"经济红利+魅力文化"应当成为塑造汉语当代国际形象的关键词。汉语是一种负载着"魅力文化"且具有"实用价值"的"未来语言",拥有汉语,就能够拥有未来!

三 "汉语难学"辨

汉语难学,大约是西方不少民族的印象。伍铁平先生(1988)曾经举过几种语言的例子,令人印象深刻:

法　语　C'est du chinois　"这简直不可理解"(字面意为"这是汉语")

德　语　Das ist Chinesisch für mich

荷兰语　Dat is chinees Vo-or me

波兰语　To dla mnie chinń szczyzna

"这对我来说是不可理解的"(字面意为"这对我来说就是汉语")

一些当代的汉学家,也有汉语难学的看法。例如:美国密歇根大学中国研究中心学者戴维·莫色先生(David Moser),1991年曾经发表了《为什么汉语如此如此地难学?》(Why Chinese is so damn hard?)的文章。汉语说得相当流利的汉学家顾百里先生也曾说过:"对于英语母语者来说,汉语是一门极其难学的语言。"

（Kubler，2001）

从美国一些学院的课时计划，也可以证明顾百里先生的话是有道理的。据王晓钧（2004）所述的美国国防学院的材料，以下四类语言达到中等水平，其学习时间大约为：

①西班牙文、法文、意大利文　——857小时
②德文　　　　　　　　　　　——1190小时
③俄文、希腊文、希伯来文　　——1644小时
④中文、日文、阿拉伯文、韩文——2205小时

包括汉语在内的第④类语言，学习时间大约是第①类语言的2.58倍。印京华（2005）也曾指出，美国外交学院据其50年教学之经验，美国外交官达到职业要求的语言水平，下面四类语言所需要的学习时间大约为：

①德语、法语、西班牙语等　　——6个月
②希腊语、印尼语、俄语等　　——10个月
③印地语、土耳其语、越南语等——12个月
④汉语、阿拉伯语、日语、韩语等——24个月

包括汉语在内的第④类语言，学习时间竟然是第①类语言的4倍。美国国防学院和美国外交学院，对每种语言的学习难度在细节上有出入，但是汉语学习需要最长的时间，这是共同的。

语言本身的复杂度，由于各种语言的发育状态不同而有差别。就语音系统、词汇构造和语法类型来看，汉语的复杂度应当是中等的。赵元任先生（1980）也认为："中国的语言在世界上，对于没有学过任何语言的小孩子，可以算是中等，不特别难，也不特别容易。"

语言复杂度并不等于语言学习难度，甚至也不是语言学习难度的最为重要的元素。仔细分析，语言学习难度取决于三个变量：

其一，语言距离。决定语言距离远近的因素主要有：学习者

的母语与目的语有无同源关系,若有同源关系还要看谱系关系的远近,相互之间语言借贷关系的多少,文字系统的相似度,有无相同、相通、相近的文化等。

其二,语言学习条件。比如有无目的语的生活环境、有无合适的学习材料、有无懂行的教师等,对于语言学习的影响都是巨大的。

其三,语言学习动力。不同的语言学习动机产生不同的学习动力,不同的学习动力对于克服学习困难、获得学习成效影响深巨。

前面所举的汉语难学的例子,分析起来,多数都是因语言距离造成的。而大量的教学实践表明,除了声调等问题之外,汉语难学主要不是语言难学,而是汉字难学。据《中国语言生活状况报告(2006)》(下编)的统计,使用频率最高的591个、958个、2377个汉字,分别覆盖语料的80%、90%、99%。据《中国语言生活状况报告(2007)》(下编)的统计,使用频率最高的595个、964个、2394个汉字,分别覆盖语料的80%、90%、99%。其后几年的《中国语言生活状况报告》的统计数据都与之相近。这些统计数据显示,汉字虽然有几万之数,但是在实际语言生活中,600汉字就能覆盖80%左右的语料,1000汉字就能覆盖90%左右的语料,2400汉字就能覆盖99%的语料。

解决汉字难学的问题,就字量来说,主要是解决1000高频汉字的问题。当年,小学汉语母语教学中,汉字也是个比较困难的问题;现在通过各种汉字教学法的研究与实践,汉字已经不再是小学母语教学中"拦路虎"式的大问题。在汉语作为第二语言教学中,海内外也都已经积累了较多有价值的经验,印京华(2006)和李泉、阮畅(2012)等,也对第二语言的汉字教学提出过很好的建议。特别是现代信息技术的快速发展,也为解决汉字教学问题提供了新手段、新路数。

汉语难学，不管是真问题还是假问题，不管是汉语形象问题还是教学实践问题，都是汉语国际传播必须充分重视、妥善解决的问题。因为学习一种语言需要很大的人生投入，包括学资、精力、年华以及对其他想做事情的放弃，"汉语难学"会让许多人望而却步，严重妨碍汉语的国际传播。因此，在舆论上应当努力破除"汉语难学"的印象，在实践上应当尽力提高汉语学习效率。

四　重视汉语国际形象的现实意义

理性认识语言国际形象的形成机理，对于汉语的国际传播、对于汉语国际教育具有非常重要的意义。

一种语言要具有良好的国际形象，其基础是这一语言所属的国家的形象，特别是国家对世界所做出的贡献。汉语要有良好的国际形象，需要所有使用汉语的国家和地区在思想文化、科学技术、经济、艺术等方面，都取得辉煌成就，并因其成就而促进人类的进步。汉语不仅在中国大陆使用，也在香港、台湾地区使用，也在海外许多华人社区使用，因此，需要全世界华人的共同努力，共同弘扬和创造华人的优秀文化。

以汉语为母语者，要珍视汉语，维护汉语的尊严，遵从汉语规范并不断创建汉语新规范。要最大限度将本国文明与人类文明注入汉语，包括自觉将本国的知识创造用汉语表达，包括重视外汉翻译事业，将人类的知识创造贮存在汉语之中。以此提升汉语的信息量，提升汉语的国际应用价值和学习价值。

汉语国际教育工作者，对汉语国际形象的塑造当然更为直接与重要。要认真梳理中华传统文化，把那些能够泽被当下、惠及人类的优秀文化编入教材，特别要把当下中国的方方面面的惊人发展，真实地介绍给汉语学习者。使他们通过汉语学习能够分享中华优秀文化，能够了解现代中国以分享中国发展的红利。汉语学习者，甚至这些汉语学习者的所在国，也都是汉语形象的重要塑造者和传播者。

要致力打破"汉语难学"的神话，切实提高汉语的学习效率。而现在的一些汉语教材，其内容侧重于传统中国和"民俗中国"，较为忽视对现代中国的关照。一些教师有意无意地强调汉语汉字的深奥，在练习、考试等教学环节，尚无有意识地促成学习者的"成功感"，这可能助长了"汉语难学"的习惯看法。2005年《文汇报》记者问白乐桑先生，有人说对外国人而言，汉语太难学，白乐桑先生说："难学，那是你们中国人自己这么说。"他认为，由于长期以来所谓"汉语难学"的说法，致使不少想学汉语的人望而却步，这对推广汉语起到了负面作用。"其实这种说法我在中国听得最多，在国外倒并没有多少人经常这样议论。"白乐桑先生的意见，值得深思。

如何塑造汉语的国际形象，国家文化规划、语言规划、教育规划者都应关注；这方面的顶层规划和具体举措，还需要注视、需要协调、需要创新。中国的经贸界人士，在推动中国经贸走向世界之时，也应注意带动汉语走向世界，并通过经贸活动来增加汉语的学习价值。

总而言之，一种合适的、正面的语言形象，对于语言和文化的国际传播具有十分重要的意义。良好的语言形象，不仅与语言所属国的国际影响相关，也与语言贮存的信息量相关，更需要人们的理性塑造。汉语现在的国际形象是"神奇、经济红利、难学"，应在此基础上，通过各种举措，使其嬗变为"经济红利+魅力文化"的形象。要实现这种嬗变，需要理性认识语言形象塑造规律，借鉴世界一些通行语言的"包装术"，调动全世界的积极性来一起正面塑造和持续传播汉语的形象。

主要参考文献

陈贤纯 1986 《学习汉语也并不难》,《语言教学与研究》第1期。

戴曼纯、刘润清等 2012 《国外语言规划的理论与实践研究》,外语教学与研究出版社。

丹尼斯·埃杰 2012 《语言规划与语言政策的驱动过程》(吴志杰译),外语教学与研究出版社。

国家语言资源监测与研究中心编 2007 《中国语言生活状况报告2006》(下编),商务印书馆。

国家语言资源监测与研究中心编 2008 《中国语言生活状况报告2007》(下编),商务印书馆。

金立鑫 2006 《试论汉语国际传播的国家策略和学科策略》,《华东师范大学学报》第4期。

井上史雄 2010 《日语的价值》(李斗石译),延边大学出版社。

李清清 2014 《英语和法语国际传播对比研究——全球语言秩序中的语言选择》,北京外国语大学博士学位论文。

李 泉 2010 《关于汉语难学问题的再思考》,《语言教学与研究》第2期。

李 泉、阮 畅 2012 《关于"汉字难学"之教学对策》,《汉语学习》第4期。

李宇明主编 2014 《中法语言政策研究》,商务印书馆。

尼古拉斯·奥斯特勒 2011 《语言帝国:世界语言史》,上海人民出版社。

王晓钧 2004 《美国中文教学的理论与实践》,《世界汉语教学》第1期。

吴应辉 2013 《汉语国际传播研究理论与方法》,中央民族大学出版社。

伍铁平 1988 《汉语并不难》,《世界汉语教学》第4期。

印京华 2005 《提高美国学生汉语文化水平要走好的第一步》,《国际汉语教学动态与研究》,外语教学与研究出版社。

印京华 2006 《寻求美国中文教学的新路:分进合击》,《世界汉语教学》第1期。

俞志强 2012 《跨越"汉语难学"这道坎儿》,《语言教学与研究》第4期。

赵元任 1980 《语言问题》,商务印书馆。

Gordon, D. 1978 *The French Language and National Identity (1930—1975)*. The Hague: Mouton.

Li Wei 2014 *Applied Linguistics.* John Wiley & Sons, Ltd.

MaCaulay, T. B. 1835/1999 Minute Recorded in the General Department by Thomas Babington MaCaulay, Law Member of the Governor-general's Council, dated 2 February 1835. In L. Zastoupil and M. Moir (eds.). *The Great Indian Education Debate: Documents Relating to the Orientialist-Angllicist* Controversy, 1781-1843. Cornwall: Cruzon, 161-173.

Pickup, O. 2011 Sacré Bleu! French to Force Children to Learn English from the Age of THREE, if President Sarkozy Gets His Way. Dailymail February 1, 2011. http://www.dailymail.co.uk/news/article-1351899/French-force-children-learn-English-age-THREE-President-Sarkozy-gets-way.html (download 10/03/2014).

Riding, A. 1994 "Mr. 'All-Good' of France, Battling English, Meets Defeat". The New York Times August 7, 1994. http://www.nytimes.com/1994/08/07/world/mr-all-good-of-france-battling-english-meets-defeat.html (download 10/03/2014).

Robert Phillipson 2000 *Linguistic Imperialism*（语言领域的帝国主义），上海外语教育出版社。

[原载《全球华语》2015年第一卷（创刊号）]

孔子学院语言教育一议[*]

　　汉语在历史上曾是东亚的"国际语言",在东亚一些国家的历史发展和文化成长中,发挥过甚至仍在发挥着重大作用。汉语也曾经以书面语的形式传至西洋,形成独特的汉学,历史上的西洋汉学与当今的"新汉学"、中国学结合,在西方乃至世界学坛都有一定的地位,产生了新的活力。汉语也曾随着华人船只游向南洋等地,并在华人华侨聚集地立足发展,成为今天的海外华语。

　　语言在非母语人群中传播,似乎从来就与国力密切相关。汉、唐与明朝,国力强盛,文化先进,中土礼制、文物对周边具有巨大魅力,他们纷纷来朝来学,汉语也随之远播。清末以降,国势日衰,周边的国家和地区"淡化汉文"竟成一时之趋。越南废除一度使用的汉字,创制、推行拉丁字母式的越南文;日本虽然仍在假名中夹用汉字,但是减少了汉字字量;朝鲜和韩国用谚文代替了汉字,虽然韩国现今还夹用一些汉字。

　　20世纪70年代末,中国改革开放,一批批新华人走到世界各地,为世界各地唐人街的汉语注入了新活力,并逐渐使唐人街由汉语方言流变为普通话,同时也有了举办汉语学校或汉语夜校的需要

---

[*] 本文得到国家社会科学基金重大项目"新时期语言文字规范化问题研究"(12&ZD173)、国家社科基金教育学重点课题《中小学语文教育改革研究》(AHA120009)的支持。

与行动,以期在华人子弟中保存汉语和汉文化之根。与之同时,中国经济以世人始料不及的方式持续发展,汉语对世界重新具有了吸引力,世界对东方巨人刮目而视之时,也在逐渐关注汉语、学习汉语,就连曾经"淡化汉文"的邻国也在重新审视汉语,加强汉语作为外语的学习,日文还增加了使用汉字的数量。关注汉语、学习汉语的世界大潮方兴未艾,就目前趋势看,汉语可能比历史上走得更远,能为世界做出更为重要的贡献。孔子学院(包括孔子课堂)便是这滚滚大潮中的一支洪流。

孔子学院现象,孔子学院事业的发展,可以从多个方面、多种角度进行观察研究,本文只对它的语言教育问题稍作一议。

一 目的语环境与非目的语环境

1. 语言学习、语言教育、语言教学

在讨论问题之前,需要对"语言学习、语言教育、语言教学"三个概念稍加解说。

语言学习与语言教育是大致相近的概念,语言学习侧重于从学习者的角度看,语言教育侧重于从教育者的角度看。角度不同,侧重点不同,但研究对象、研究目的大体相似。研究对象都是与语言学习相关的各种因素,研究目的都是要最大可能提高语言学习质量。它们探索的都是语言学习规律,换言之,语言学习规律是语言学习者、语言教育者应共同遵循的规律,语言教育是以语言学习规律为理论基础的。正因如此,本文在使用语言学习和语言教育这两个概念时,并不做刻意区分。

但是语言教育与语言教学却是不同的概念。语言教学主要是教师、学生、教室、教材、教法、教学评估等若干教学因素的互配互动,当前的语言教学现状,是以课堂教学为主,外加一些课外活动。而语言教育的外延相当宽泛，一切对语言学习能够发生积极影响的人与事，都会纳入语言教育的视野。如此说来，语言教学只是语言教育的一部分，虽然他是重要的甚或是主要的部分。如果教育者把注意力只集中在语言教学上，忽视其他教育因素，那将是狭隘而有害的。故而本文非常注意区分语言教学和语言教育两个概念。语言教学主要指课堂教学。语言教育都包括哪些内容，还需要我们不断探索追究；当今之时，当今之世，教育正在发生革命性的变化，我们必须深入思考：哪里是语言课堂？什么是语言教材？谁是语言学习的帮助者？

2. 第二语言教育的两种类型

不管是自然科学还是社会科学，分类都是学术研究的基础工作。分类是有特定目的、用一定标准操作的。语言教育可以进行多种分类，能够得出各种类型。本文分类的根据是"学习是否在目的语环境中进行"，据此可将第二语言教育分为两类：一、目的语环境下的第二语言教育；二、非目的语环境下的第二语言教育。

学习是否在目的语环境中进行，对语言教育的影响巨大而深刻。儿童第一语言发展公认是人类语言学习的楷模，当然也是语言科学的难解之谜。儿童心智尚未充分发展，无专门的语言教师和语言教材，语言学习条件远不如成人第二语言学习"科学"，但却能够在不长的时间里熟练掌握一门口语，这实在令人不可思议。第一语言发展的内部机理，不同学派有不同解释，其著述堆积起来可满斗室，然而都难给出令人满意的答案。

儿童是在语言的汪洋大海中习得语言的，父母、幼儿教师等的语言帮助固然有效，但并不起决定性作用。近几十年来，曾经发现多个"狼孩"的案例，这些从小由狼抚养、在狼群中长大的孩子，学会了狼的许多习性，但没能掌握人类的语言。即便后来回到了人类社会，并接受专业人员的语言教育，其语言发育仍不理想，甚至很不理想。有学者曾经幽默地感叹，儿童就是上帝造来专门学习语言的小机器；但是狼孩的事例表明，当这个"小机器"离开了汪洋大海般的语言环境，也难以习得语言。

第二语言学习，学习者的心智都比儿童发达，并有获得一种语言的经验，甚至还掌握了不少语言知识，语言教育的条件都是"科学"配置的，使用着专家编写的教材，教师养之有素，还有辞书、网络等学习工具可以利用。尽管如此，其学习进度和语言水平罕见达到第一语言水平的。其因众多，两种语言学习的环境不同是其要因。

第二语言学习囿于课堂之弊端，业界已有不少讨论。第二语言学习需要课堂，但更需要课堂之外的语言生活，为此不少学者把第二语言学习也径称为第二语言"习得"。中国的外语教育是世界规模最大的外语教育，可谓"社会重视、教师专业、学生努力"，但却责难不断，教育投入与产出不成正比，批评所学外语是"哑巴外语""聋子外语"。外语教育的窘况也可做多因分析，但"中国没有外语生活"、中国人是在非目的语环境下学习外语的，这肯定是其最为重要的一个原因。新加坡、印度、巴基斯坦等近邻的外语教育，可为此佐证。

3. 语言环境对语言获得的影响

语言环境对语言发展的影响为何如此之巨？

第一，语言学习，学习的不是语言学知识，而是语言运用能力。语言不是孤立的存在，它存于语言生活中，用于语言生活中。语言不是词语的堆砌和句子的串合，词语、句子、句群的组合需要在语境中实现，需要依据语境来理解其意思，明确其指称，消解歧义，把握各种言外之意，体会语言之妙之美等。语言研究虽有两千多年的历史，但对于语言的认识，特别是对语言与语境的匹配关系的认识，还相当有限。教科书因各种限制，不仅不能把语言学的已有认识囊收无遗，反而是挂一漏万。因此，语言学习必须依赖语言实践，必须在语言生活中获得语言运用能力。

第二，话语如人，说话都表现出一定的风格。语言风格本无优劣，就看是否与语境匹配。比如"设问句"，并非一般教科书所述"无疑而问、自问自答"那么简单，更重要的是它具有社会语言学上称之为"权势关系"的特点，基本上用于"上对下"；如果晚辈对长辈、下级对上级使用设问句，就不合适。

语言还是行为，需要遵循语言伦理。比如"谎言"，是语言伦理学的批评对象，但若出自童稚之口，若是医生出于病理需要对绝症病人隐瞒病情，若是军事双方斗智斗勇，谎言则不仅不违背语言伦理学，还会看作是道德的、聪慧的。

语言风格、语言伦理等，虽然可以通过学习得其大要，但要时时用妥，事事用妥，非得大量的语言实践不可。

第三，语言与文化密如漆胶。语言运用离不开其所依存之文化。举三个方面的例子：

甲、词语构造与组合深蕴着文化，比如可说"上京、下乡、下厨房、南下、北上"，但不说"下京、上乡、上厨房、南上、北下"；"上、下"的使用蕴含着民族文化的"上下观"。

乙、语言中有许多在特定环境中使用的"话套子"，比如见面打招呼、分手告别、节日问候、赔礼道歉等，都有成套的话语模式。这种话套子是文化长期积淀的结果，是民族风俗的一部分。

丙、语言负载着各种文化信息，不管是口谈还是笔谈，都是为了交流文化信息，传递生活情趣。理解这些信息与情趣，需要了解文化。

所以，学习语言，用好语言，必须在环境中体验文化，把握语言与文化的微妙关系。

第四，语言学习需要足够量的输入和输出。不管何家何派的语言习得学说，都无法否认语言输入、语言输出对语言学习的重要性。输入和输出必须有足够的量，其意并不仅仅是在强调量，而是有了足够的量，才能遇到各种各样的语言交际状况，从而体验、学习到语言交往的各种技艺。

当然，笔者认同的语言学习理论并不是"环境决定论"，但的确应看到语言环境在语言学习中的"不可或缺"性。对于第二语言教育，语言环境就更加重要，重要到怎么强调都不为过的地步。

二 语言学习环境补偿

汉语作为第二语言教育，历史上早就存在，但外国人学习汉语古来就是到中国来，他们是在目的语环境中的学习。当然，历史上也有海外教授汉学的，甚至有汉语学校，但为数不多，影响不大。我们关于汉语作为第二语言教育的经验、模式、教材、理论等，基本上都是建立在目的语环境基础上的，适应的是"对外汉语教学"。但是，自从20世纪末21世纪初，国外汉语教学快速发展起来；特别是孔子学院的设立和发展，汉语作为第二语言教育由"对外汉语教学"阶段发展到了"汉语国际教育"的新阶段，非目的语状态下的汉语教育也就提到了事业发展的日程。

孔子学院有诸多文化教务，但语言教育是其基本的教学业务。孔子学院的语言教育，基本上属于非目的语环境下的第二语言教育，因此，教学中首要考虑的，就是千方百计给学习者以目的语环境补偿。语言环境补偿可从三方面考虑：

1. 虚拟语言文化环境

校园、教室、宿舍、饭厅等学生生活之处，尽量设置一些中华文化元素。中华文化元素的设置，既要多用可触可感之实物，还要尽量开发利用视频、网络、智能手机等现代信息技术途径。虚拟环境的设置，要有互动性，强调体验性。若有可能，还要利用周边的中华文化中心、华人社区、华人家庭等，来增加学生对中华文化的切身感受。在课堂教学中，可以通过环境虚拟、角色扮演等方式进行语言教学和语言交流。

2. 教育内容"两贴近"

教育内容也可看作语境的一部分，要首先注意贴近中国当代生活。让学习者更多了解当代中国，多谈论中国的文化、制度、生活、风光等；鼓励学生通过"中国之声"以及中国的电视、电影、网络、微课来学习语言。这种"贴近"，学生所见之人、所触之物、所听之事都更接近于当代中国；从长远看，学习者一旦来华，就能够情景再现，迅速融入中国生活，参与中国事务。目前的情况是，情景布置和教育内容都较为重视"古代中国"和"民俗中国"，这种情况应逐步改进，增加对"当代中国"的关注。

教育内容的第二个"贴近"，就是贴近学习者的现实生活，帮助学习者用汉语来谈论当地的人人事事及其历史文化。韩国有所孔子学院，指导学生用汉语排演《春香传》，还到中国高校演出，效果很好。澳大利亚的汉语教师，在研究如何让学生用汉语表述澳洲生活。这种贴近，使学生可以学而能用，学而即用，把课堂汉语带入现实，并通过有效引导可能在一些地区形成"汉语生活"，为学习者"新创"目的语环境。英语在世界的传播，其实就是不断在世界各地发展英语生活，比如美国、加拿大、澳大利亚、新西兰、印度、巴基斯坦、新加坡等，都是英语不断"本地化"的结果，也是英语不断世界化的前车之辙。学习内容的这第二个"贴近"，发展下去就要求汉语教科书的"本地化"，进而是汉语生活的"本地化"，这是非常值得探讨和实践的。

3. 重视文化的同与异

世界文化丰富多彩，丰富多彩的文化之间既有同也有异。第二语言教学往往强调异而忽视同，因为文化差异容易产生交际障碍。汉语作为第二语言教育的历史，大约也多在强调文化之异。过分强调异，可能会使外国人觉得中国什么都跟他们不同，长此以往，可能会扩大中外的文化鸿沟。

共同生活在同一星球上的人类，应有很多共同或共通之处。在中国立志走向世界的当今，在讲文化差异的同时，也要重视讲"同"、讲"通"，比如爱好和平、相互帮助、男女平等、公平正义等等。古代儒家的进取精神，老庄的天人一体观念，墨家的"兼爱"思想，都与人类思想有共通之处。特别是《礼记·礼运篇》，主张"天下为公""选贤与能，讲信修睦""人不独亲其亲，不独子其子。使老有所终，壮有所用，幼有所长，矜寡孤独废疾者，皆有所养"，这种"大同"理想，更体现了人类许多共同的追求，应是人类思想史上的重要文献。

第二语言教育中处理好文化的同异关系，能够在更高层面达到"目的语补偿"。同时，也是"讲好中国故事"的重要课题，是通过孔子学院平台让中华文化走出去的重要措施。

在讨论语言学习环境补偿时，人们关注较多的是第一种补偿，其实第二种、第三种补偿，更为深刻，更为长远。这两种补偿所改进的不仅是教学方法，而是涉及汉语国际传播的战略，涉及中国走向世界的战略。

三　激发学习汉语的兴趣

兴趣是最为巨大、最为持久的学习动力。而在非目的语环境下学习汉语，兴趣极易衰减；激发学习兴趣并使之持久不衰，十分重要也十分不易。

1. 把汉语教得有趣

汉语的许多字和词语的背后，都往往有一个有趣的故事。比如"人""言"为"信"，二人相"从"，三人成"众"，"小""土"作"尘"，水（氵）出眼（目）为"泪"等，都是教字理、教文化之有效方法。但是，也常见不按字理、乱解汉字的，如"自大多点"就是"臭"的说法，便属此类。"臭"乃"嗅"之本字，上为"鼻"之省，狗的嗅觉最为灵敏，故会意成字；"臭"与骄傲自大不沾边。

有些成语典故，也能讲得有趣，传播出文化正能量，如"同舟共济""流水不腐、户枢不蠹""完璧归赵"等。不过讲成语典故也要注意文化差异，比如"守株待兔""刻舟求剑""掩耳盗铃"之类，显得蠢笨；"凿壁偷光"本是鼓励人勤奋好学，但外国学生往往会觉得奇怪，他们会认为，为了自己读书而凿穿邻家墙壁，太不道德了。

语言课容易讲得枯燥，汉字常为学习者的"拦路虎"。怎样把汉语讲得有趣，需平时勤奋积累，比如讲送气与不送气在汉语中有别义作用，就可举"肚子饱了"和"兔子跑了"的例子；讲"多少"的歧义，可用"夏天能穿多少穿多少，冬天能穿多少穿多少"的例子。当前的网络、短信、微信中，有所谓的"汉语托福"题，不少例子都可选用。

2. 讲究阳性教育。阳性教育就是使学习者有成就感。西方社会重视个体发展，对待考试成绩的态度也与我们有别。在我们看来，门门90分以上才能满意，而在西方人眼里，只要孩子有进步、有特长就值得称赞。他们的教育，培养出来的多是感觉良好的"成功者"；而我们的教育，常使学生感到"挫败"。在教育理念、教育态度、教育方式等方面，都要用阳性教育的眼光重新审视。

保持学习兴趣，使学生有成就感，与教育难度密切相关。理论上讲，教授知识的难度应在"N+1"的水平上。N是学生现有的知识水平，N+1是学生学习上的最新发展区，知识上的最新生长点，因而也是学习的兴趣点。

　　寻找N+1，是教师的本事，其实也是人类的"天性"。父母与孩子的交谈称为"儿向言语"，儿向言语基本上都在孩子语言发展水平的N+1处。当孩子还不会说话时，父母总爱使用重叠词，如"爸爸、妈妈、糖糖、帽帽、鞋鞋"之类。这些重叠词，有些是成人语言中有的，有些则是自造的。成人的称谓系统有许多重叠词，如"爸爸、妈妈、哥哥、姐姐、弟弟、妹妹、爷爷、奶奶"等，这其实就是儿童期"遗留"给成人的语言财富。成人向牙牙学语的孩子发问，最常用的格式是"名词＋呢？"，比如"爸爸呢？妈妈呢？帽帽呢？糖糖呢？"。随着孩子语言的发展，儿向言语的水平随之发展，始终与孩子的语言水平保持着N+1的距离。即使没有做过父母的成人，顷刻即可用N+1的水平与孩子交谈。儿童能够用五六年的短暂时间习得母语，与成人语言的步步引导应有重要关系。

　　但是，一进入教学状态，教师就似乎丢失了"天性"，教学的依据主要是语言学和文化学。这些知识结构当然有利于教学，但也可能产生误导，使教师忘记寻找，或是干扰寻找学生N+1最新知识发展区。及时寻找学生的最新知识发展区，会使学生学有所得，保持着学习兴趣。这是一种更高水平的阳性教育。

　　3. 边学边用

　　学习语言的目的是使用语言，是"以言行事"。儿童学习语言的最大特点之一就是"边学边用"。而外语学习最常见的情况是"学成才用"，甚至学成了也不一定派上多大用场。学好一门语言需要三年五载，甚至是十年八载，若无特定的学习动机，若无巨大的学习动力，实难承受如此之长的时期而不中途辍学。中国是英语学习大国，但却是英语使用小国，学校之外几乎没有外语生活，除了升学晋职、出国留学、阅读一些专业文献之外，罕有用到外语的地方。学而无处用，浪费何其大！而香港、新加坡、印度等地的英语学习就不同，那里有英语使用环境，可以在学中用，学一点就能用一点。

汉语作为第二语言教育，能够做到"边学边用"至关重要。比如学了500字，就能阅读一些中国时政要闻；学了1000字，就能阅读不少中国历史文化故事；学了2500字，就能参与一些与中国相关的事务等。这需要进行专门研究，需要有专门机构对中文原文献进行改写，需要有关方面通力协作。学多少就能用多少，是保持学习兴趣的最佳途径，也是语言教育效用的提前发挥。

4. 提升汉语的学习价值

语言的学习价值与学习动机、学习兴趣关系密切。外国学生的汉语学习动机千差万别：有理性的，有感性的；有文化的，有经济的；有学术的，有求奇的……这些动机，直接或间接地反映着汉语的学习价值。注意了解学习汉语的动机，善于肯定学生的学习动机，并要不失时机地将学生的汉语学习动机向理性方向转化。

学习一种外语，时间成本、精力成本和经济成本都很大，人们为何要花如此之大的成本来学习汉语？清朝末年，甚至到1949年前后，全世界已少有外国人学习汉语，应当说那时的汉语已不具有太大的学习价值。今天那么多人愿意学习汉语，是汉语有了较高的学习价值。汉语的学习价值是怎么增减的？汉语当今有哪些学习价值？这需要进行调查分析，更需要全面扩大汉语学习价值，设法创造新的汉语学习价值。

任何语言都有价值，即便是今人已经不用的拉丁语，也有研究价值。语言有价值，就有人去学习，于是便产生了学习价值。只具有研究价值的语言，其学习价值是有限的，只有学者去学习它；而社会应用广泛的语言，才具有较大的学习价值。弱国之语言，尽管可能有悠久的文化历史，但学习价值并不大。国家强盛，其语言便具有了潜在学习价值，但要把潜在学习价值开发出来，成为显性的学习价值，则需要有全局性的谋划，需要有与之配套的有效举措。就汉语而言，扩大其学习价值的谋划与举措，还可以举出许多，例如：争取汉语作为更多的国际组织、国际会议的工作语言；签署各种国际协议应要求有效的汉语文本；中国的出口商品要有汉字标示和汉语说明书；多用汉语招待外国记者；外国学生攻读中国学位，应逐渐要求用汉语撰写学位论文和进行答辩；要帮助学习汉语的外国学生寻找较好的就业和发展机会等。

不同年龄、不同国度的人，汉语学习动机可能有明显差异。一般来说，成人比较实惠，更关心生活和就业；儿童则天真烂漫，中国文化的神秘、中国教师的漂亮，都会成为儿童的学习汉语的动机。有着华人血统的人群，日本、韩国等受汉文化影响较大的国家，对汉语学习有着特殊的兴趣和热情。此外，在扩大汉语学习价值的过程中，舆论也很重要。随着中国的快速发展，不少国家的父母都感到或从舆论中感到，不学汉语，后代就可能减少竞争力，所以汉语逐渐成为很多国家的主要外语之一。

四　结语

孔子学院的汉语教育，是在非目的语环境下进行的第二语言教育，教育难度较大，积累经验较少，理论准备不足。语言学习同其他科学门类的学习有很大不同，它对于目的语环境具有极强的依赖性。所以，要提高孔子学院（孔子课堂）学习者的语言学习效率和水平，进行目的语的语境补偿、激发与保持学习者的学习兴趣，就显得异常重要。

语境补偿、兴趣激发，有微观层面的诸多技巧，但更要重视宏观层面的谋划。比如阳性教育问题，实现汉语教育的"边学边用"问题，处理好中国文化与域外文化的同异问题，教育内容"两贴近"、进而促进汉语教育"本地化"问题，充分提升汉语的学习价值问题等。

当然，学习环境的补偿，还有更重要的一条，那就是鼓励外国学生来华进修或体验，了解真实的中国和真实的汉语生活。

主要参考文献

毕继万 2009 《跨文化交际与第二语言教学》，北京语言大学出版社。
崔希亮主编 2007 《汉语教学：海内外的互动与互补》，商务印书馆。
戴曼纯、刘润清等 2012 《国外语言规划的理论与实践研究》，外语教学与研究出版社。
菲利普森 2000 《语言领域的帝国主义》，上海外语教育出版社。
郭 熙 2012 《华语研究录》，商务印书馆。
科琳·贝克 2008 《双语与双语教育概论》（翁燕珩等译），中央民族大学出版社。
李光耀 2011 《我的一生的挑战——新加坡双语之路》，《联合早报》。
李英姿 2013 《美国语言政策研究》，南开大学出版社。
李宇明 1995 《儿童语言的发展》，华中师范大学出版社。
刘 珣 2000 《对外汉语教育学引论》，北京语言大学出版社。
鲁健骥 1999 《对外汉语教学思考集》，北京语言大学出版社。
鲁子问等 2012 《外语政策研究》，北京大学出版社。
罗伯特·卡普兰、小查理德·巴尔道夫 2014 《太平洋地区的语言规划和语言教育规划》（梁道华译），外语教学与研究出版社。
迈克尔·拜拉姆 2013 《从外语教育到跨文化公民教育》（韩慧等译），外文出版社。
尼古拉斯·奥斯特勒 2011 《语言帝国——世界语言史》（章璐等

译),上海人民出版社。
苏·莱特 2012 《语言政策与语言规划——从民族主义到全球化》(陈新仁译),商务印书馆。
王 辉 2010 《澳大利亚语言政策研究》,中国社会科学出版社。
王建勤主编 1997 《汉语作为第二语言的习得研究》,北京语言大学出版社。
吴应辉 2013 《汉语国际传播研究理论与方法》,中国民族大学出版社。
张西平、柳若梅 2008 《世界主要国家语言推广政策概览》,外语教学与研究出版社。
赵金铭 2012 《赵金铭国际汉语教育论文集》,北京语言大学出版社。
周玉忠主编 2011 《美国语言政策研究》,外语教学与研究出版社。

[原载《语言教学与研究》2014年第4期]

海外华语教学漫议[*]

华语教学，还是一个有待定义、有待学界约定的概念。本文的华语教学，又称华文教学、华语文教学，指的是海外华人华侨（或曰华族）子弟的汉语教学。[1]标题里在"华语教学"前加上"海外"二字，是为了表意更显豁，避免因对"华语教学"的不同理解而带来误解。

本文先讨论汉语教学的五种类型，然后分析华语教学在整个汉语教学体系中的重要地位，最后就发展华语教学事业谈些想法。

一　汉语教学的五种基本类型

汉语与学习者不同的文化关系，汉语学习者不同的学习动机和学习条件等，使得汉语教学呈现出不同的类型。研究汉语教学的不同类型，研究不同类型的学习规律和教育规律，对于提高汉语教学

---

[*] 本文内容，曾在"第二届全球华语论坛"（2009年11月16日，暨南大学）、"第三届世界华语文教学研究生论坛"（2009年11月28日，上海师范大学）上演讲。
【1】"华语教学"的内涵与外延的歧用，看一下本文的参考文献，即可见一斑。分歧的主要原因来自"华语"的定义。郭熙（2004）专门讨论了"华语、汉语、中文、普通话、国语"异名同指、因地而异的情况，郭熙（2007）再论现代华人社会中称说"汉语"的七种方式：（1）汉语；（2）普通话；（3）中文；（4）华语；（5）国语；（6）中国话；（7）？官话。可参看。

的质量与效率，乃至制定汉语承继传播的宏观规划，都是基础性的学术工作。

汉语教学类型，曾长期习惯分为母语教学和对外汉语教学。学界早就有人批评过"二分法"的不完备，指出它难以包容丰富多彩的汉语教学现象，比如：我国少数民族的汉语教学不是母语教学，也不是对外汉语教学；在本土之外、特别是由海外机构进行的汉语教学，也不适合称为对外汉语教学。当汉语教学的地位还未提升到一定高度时，当汉语教学事业还未发展到一定程度时，这种二分法虽不完备，但还可以敷衍。但是当汉语教学事业受到空前重视、得到空前发展的今天，必须根据实际状况对汉语教学类型进行科学划分。近来提出的"汉语国际教育"或"国际汉语教育"的概念，比"对外汉语教学"具有包容力，但是怎样把它整合进汉语学习的宏观体系中，而且其内部如何再分类，还需学界做更多努力。

本文主要采用两项指标来划分汉语教学类型：第一，汉语与学习者的文化关系；第二，语言习得的顺序。[1]选取这两项指标的考虑是：语言与学习者的文化关系，关系到学习动机、学习动力和学习内容；比如语言是学习者的母语还是非母语，对学习者的影响是巨大的。语言习得顺序决定着语言学习者的学习方式、学习效率等，比如第一语言主要是采用习得（Acquisition）的方式，第二语言则较多采用学得（Learning）的方式。根据这两项指标，可以把汉语学习大致分为五种类型：[2]

1）作为第一语言的母语教学

汉语是学习者的母语，而且也是学习者的第一语言。这种类型

【1】其实，学习是在本土进行还是在海外，也是影响汉语教学的一个重要因素。这一因素可以用在汉语教学类型的再分类中。
【2】广义的汉语学习，还应包括语言障碍人群的语言康复训练，如聋童的语言康复，盲人的语言辅导，口吃者的语言校正，无喉人、唇裂人的发音训练等。

的学习，主要发生在中国本土，在海外华人华侨家庭、华族社区也会存在。它是汉语学习最为重要、最为常见的类型，自汉民族形成以来一直未曾间断过。今天的学习规模超过10亿人，是世界上规模最大的语言教学。

汉语作为第一语言的母语学习，具有语言和文化的双重学习任务。语言学习是零起点，习得口语，进而学习书面语，培养起人生最为基本的交际能力。学习内容除了语言之外，还包括语言所负载的文化内容，与语言运用相关的各种文化内容，并通过语言学习实现文化植入，最终把学习者社会化为合格的语言共同体的成员。

Ⅱ）作为第二语言的母语教学

由于某种原因，学习者的第一语言不是母语，或者同时掌握了包括母语在内的两种语言，但是母语不如另一种语言发育完备。这种情况多发生在海外华人华侨家庭。汉语作为第二语言的母语学习者，其学习起点有的为零起点，但多数是发育不完善的汉语口语；其学习任务是重建母语，包括完善口语和掌握书面语，培养用汉语进行交际的能力；同时也有文化植入的任务，通过汉语学习实现深度的民族文化认同，重建母文化，使其民族身份更为合格。汉语，也许会成为这些学习者将来最重要的交际语言，也许永远达不到第一语言的水平，但是母语重建和文化重建的意义，无论是对个人还是对民族都异常重要。

Ⅲ）少数民族的国家通用语言教学

普通话是汉民族的共同语，也是一些放弃了本民族语言的回族、满族等的民族语言[1]，同时也是国家的通用语言。我国在民族地区提倡双语教育，少数民族学生在掌握母语的同时，还要学好

【1】 回族、满族等民族的汉语教学，似可作为汉语教学的第一种类型看待。

国家通用语言。这种类型的学习者，汉语虽然是第二语言性质的，但是由于普通话是国家通用语言，因此必须全面掌握汉语，培养出"准母语"般的汉语交际能力，对于没有书面语的少数民族更是如此。同时需要强调的是，他们在学习国家通用语言的同时，还需要学习国家通用语言所负载的文化，实现国家认同层面上的文化认同。

Ⅳ）东亚型的第二语言教学

日本、韩国等的汉语教学，与纯粹的第二语言教学不同，因为汉语汉文化同日本、韩国的语言文化有着特殊关系。日本、韩国的汉语学习者，一般都有一定的汉字基础；许多汉语词汇似曾相识；文化习俗或同或通。教学上可利用的语言文化资源丰厚，学习效率高。汉语学习，常能帮助他们加深对其母语和传统文化的理解。汉语同这些学习者的特殊的文化关系，决定了这一类型的汉语教学必须较多地引入文化因素，学习者可以得到第一语言和第二语言的双重收获，可以得到语言与文化的双重收获。

越南虽属东南亚，但由于历史上越南与中国具有特殊的文化关系，汉语汉字汉文化，对越南的语言文化影响深刻，越南的汉语教学也应归入这一类型。

Ⅴ）纯粹的第二语言教学

一般的外国人同汉语、汉文化没有特殊的文化关系，对他们来说，汉语学习属于纯粹的第二语言学习。他们的学习动力，来自汉语的学习价值，或曰汉语的国际使用价值。学习的主要目标是培养语言交际能力，学习内容主要是语言，以及与语言运用相关的文化内容。对于文化，多停留在知识与学习的层面，一般不涉及认同等深层的文化意识问题。这是它同前四类汉语教学皆不相同之处。

二 华语教学在汉语教学体系中的地位

上节讨论了汉语教学的五种类型。Ⅰ、Ⅱ两种类型是母语教学，与汉语的纵向传承息息相关；Ⅲ~Ⅴ三种类型是在非汉族人群中进行的汉语教学，牵涉到汉语的横向传播。汉语纵向传承和横向传播的状况，影响到汉语的生命力。从汉语承继传播的角度考察，亦即从汉语生命力的角度考察，这五种类型的汉语教学地位是不相等的。

语言的生命在于语言学习。学习者众，语言的生命力就旺盛；学习者减少，语言的生命力就衰减；没有学习者，语言就消亡了。就对语言生命力的影响来看，母语教学的重要性高于非母语教学，第一语言教学的重要性高于第二语言教学，有文化认同的语言教学的重要性高于纯工具性的教学。以此来分析五种汉语教学类型的重要性：

Ⅰ、Ⅱ是母语教学，其重要性最高；Ⅲ具有"准母语"的性质，其重要稍次；Ⅳ、Ⅴ属于外语教学，重要性最低。

Ⅰ是第一语言教学，其重要性高于属于第二语言教学的Ⅱ、Ⅲ、Ⅳ、Ⅴ。

从教学所涉及的文化因素看，Ⅰ最多最深，其次是Ⅱ、Ⅲ，再次是Ⅳ，文化因素最少最浅的是Ⅴ。

综上分析，可以得到对汉语承继传播影响力、或者说是影响汉语生命力的不等式：

A1：Ⅰ＞Ⅱ／Ⅲ＞Ⅳ＞Ⅴ

从学习者对汉语的需求程度考察，这五种类型的地位也不相等。Ⅰ是第一语言的母语教学，学生要通过教学获得最为基本的语言交际能力，并实现文化认同，需求程度是无可替代的，最高的。Ⅱ是第二语言的母语教学，学生要重建母语交际能力，并实现文化认同，需求程度也是相当高的。Ⅲ是对少数民族的国家通用语言教学，学生要达到"准母语"的交际水平，并要通过文化认同来实现国家认同，需求程度与Ⅱ大致相当。Ⅳ这种东亚型的第二语言教学，学生通过学习可以进一步理解自己的语言与文化，需求程度也是比较高的。Ⅴ这种纯粹的第二语言教学，学生获得的主要是一种外语能力，内在的需求程度在这五种类型中最低。从学习者对汉语的需求程度看，这五种类型的汉语教学的地位可以排列为下面的不等式：

A2：Ⅰ＞Ⅱ／Ⅲ＞Ⅳ＞Ⅴ

A1、A2两个不等式的位序相同，可以概称为A。认识不等式A很有意义：

其一，可以对各种与教学相关的因素在不等式中做更系统的比较，从而更自觉地把握各种教学类型的特征与规律，科学地做好教学工作。比如：对海外华人子弟的教学，要重视汉字、汉文化的教学；少数民族的通用语言教学，要处理好民族文化认同和国家文化认同的关系；对日韩学生的汉语教学，应当多发挥汉字的功能，多引入中日、中韩具有历史共性的文化内容。

其二，可以解释海外汉语教育中，华人子弟和日韩学生为何一直是学习人数最多、学习热情最高的群体。他们的汉语学习不仅有语言的要求，还有文化的要求；不仅是汉语国际价值的吸引力，还有学习者所属社团的内在驱动力。

其三，可以了解各类汉语教学在汉语承继传播中的地位，这种地位也就往往在宏观上决定了汉语承继传播工作的主次重轻。某一时期可以把工作重心放在某种汉语教学类型上，以有意识地推进某个方面的工作，但是长远工作规划上必须充分考虑这一不等式，不能轻重颠倒，更不能本末倒置。

面向海外华人华侨子弟的华语教学，是母语教学，它包括第一语言教学和第二语言教学的Ⅰ、Ⅱ两种类型。[1]不管是从汉语纵向传承、横向传播的重要性上看,还是从语言学习者对汉语的需求度上看,海外华语教学都处在不等式的前端,是汉语教学最为重要的部分,也是国际汉语教学的最为重要的部分。因此,应当受到进一步的重视。

三 有关华语教学的几个问题

(一)海外华语状况的调查研究

海外华语教学,一定会受到海外华语状况的影响。海外华语是学习者的语言基底,是学习时的语言环境,不管是那一派语言教学理论,都不能忽视语言基底、语言环境对学习者的影响。正因如此,有计划地调查海外华语的语言面貌,并用之于华语教学,是发展华语教学的基础工程。过去对海外华语状况曾经有些研究,但还不够系统、不够全面,而且也较少探究这些研究成果如何有效地用于华语教学。

要了解华语,须先了解华人。首先要考察海外华人的分布状况。"中国语言生活状况报告"课题组2006年报告了海外华人华侨的分布,指出全世界150多个国家都有华人华侨,人口在14万以上的有20个国家,人口超过100万的有10个国家。中国向外移民的速度惊人,据说每10年海外华人的数量就会增加一倍。因此应当对海外华人的分布做持续的跟踪考察。

海外华人华侨在多数国家都有自己的社区。有的社区是历史上形成的,并在社区形成和发展的过程中,也逐渐形成了在语音、词

---

[1] 就华语教学的性质来说,称为"华语文教学"是合适的。不过"华语文"是三音节,不如双音节稳定。简称"华文"是可以的,但是恐怕产生"重文轻语"的误解。

汇甚至语法上都有自己特色的华语。如印度尼西亚、泰国、马来西亚、美国、新加坡、加拿大、秘鲁、越南、菲律宾、缅甸等国，华人华侨人口都在100万以上，华人社区的形成都有较长的历史，社区通行的话语都有一些特点。有些国家的华人社区，是伴随着新移民的到来形成的，其通用语言更加靠近普通话。

应当组织力量研究不同华人社区的语言状况，特别是历史上形成的华人社区所使用的有特色的华语。应进行深入的语音、词汇、语法、语用等方面的调查，编写海外各地华语的对照手册，海外华语与普通话的对照手册等。[1]同时，还应调查各地华语的应用情况，比如使用人口、华文教育机构、华文出版物、华文广播电视等。[2]在此基础上，建立具有不断更新功能的华语语料库和知识库。

（二）海外华语教学研究

华语教学是特殊的母语教学，自有其特殊的规律需要认识。首要的是关注学习者的母语发育程度，探讨不同发育程度与母语认同、学习动机之间的关系，研究不同年龄、不同母语发育程度、不同学习环境下的学习者的语言学习规律，建立华语学习的中介语数据库。

其次，要研究现在教学的适应度。其中包括教学机构的资质与管理；师资的数量与水平；教材和教辅的品种与质量；教学评价系统（包括考试）的信度与效度；教学评价结果的合理应用，如考试

【1】 商务印书馆2010年出版的《全球华语词典》，便是由多地学者历时五年完成的中国内地、港澳、台湾、东南亚等地区的华语词语对照词典。周清海先生在他的《编写与出版〈全球华语词典〉的意义》一文中，已经有所记述（周清海2009）。
【2】 "中国语言生活状况报告"课题组2006年、2007年、2009年分别以《海外华语传播概况》《海外华语传播》《海外华语传播：2007—2008》《马来西亚华语教学》为题，报道了海外华语应用的一些情况。

结果对教学的回馈、考试证书的社会功能等。

利用多媒体、计算机网络等现代教育技术来帮教助学，是时代向华语教学提出的新课题。计算机网络，可以向教师提供最新的语言教学资源，向学生提供最新的学习资源；可以构建教师交流教学经验的平台，学生交流学习心得的园地，师生相互交流的渠道。多媒体、计算机网络，可以虚拟各种语言交际情景，为学生提供网络语言生活，为课堂教学提供广阔的空间，还可以起到弥补海外语言环境缺陷的作用。在中国大陆、中国台湾地区、新加坡等地，已经建成了不少这方面的网站或网页，当前问题的关键，是华语教学怎样共通共享现代教育技术可能带来的好处，共通共享这些网络的内容。

（三）"国际汉语"标准的制定及其相关问题

汉民族（海外也称"华族"）的共同语是普通话（或称"国语"），就普通话教学来看，其语音系统比较适合基础方言地区，其他方言区和海外的学习者对于轻声、儿化、变调的掌握，常有困难；其词汇系统在大陆没有大问题，但大陆之外的华人社区常会有一些障碍词，比如一些政治词汇、旧称词汇、新生词汇、外来词汇等；其语法系统对华人来说一般没有大困难，只有小问题。在书写系统方面，有简繁汉字、标点用法等问题。

对于IV、V两种类型的外国学习者来说，语言和文化的差异之处，都是教学的重点难点。此外，词典不标注词类、不重视词语用法的描述，语法书多从学科体系出发，教学实用性不够等，也都是需要解决的问题。

为了尽量减少汉语传播过程中的困难，根据汉语国际教育的实践和其他语言传播的经验，有必要提出"本土汉语"和"国际汉语"的概念。本土汉语就是现在的普通话，除了语音系统和书写系统之外，不需要特别明确的标准。其主要适用对象是本土的母语人。国际汉语是本土汉语的"简写本",比如在语音上,轻声、儿化、变调等可以尽量减少;词汇主要是常用词,而且要根据不同需要分出量级;语法尽量简明,其中词类的划分要实用,句型句类是最为基本的;常用的特殊组合可以用辞典的方式处理,如"来来往往""东瞅瞅西看看""一步一个脚印"等。这种"系统简化、标准明确"的国际汉语,保留了汉语的基本系统,又方便国际人士的学习,很有应用前景。

在华语教学的实践中,已经有不少类似于"国际汉语"的设想与实践,可以参照华语教学、特别是"重建型"的华语教学的经验研制国际汉语,研究成果也可以首先在华语教学中运用,围绕着国际汉语的标准形成教学体系。

四 结束语

本文根据汉语与学习者的文化关系和语言习得顺序,把汉语教学大致分为五类。无论从影响汉语生命力的角度考察,还是从学习者对汉语的需求程度考察,这些汉语教学类型呈现出位序一致的不等式:Ⅰ>Ⅱ/Ⅲ>Ⅳ>Ⅴ。

这一不等式,有助于对各种影响教学的因素做更系统的比较,把握各种教学类型的特征与规律;有利于了解各类汉语教学在汉语承继传播中的地位,在宏观上把握汉语承继传播工作的主次重轻;并能够较好解释海外汉语教育中,华人子弟和日韩学生为何一直是学习人数最多、学习热情最高的群体。

海外华语教学是母语教学,不管是从汉语纵向传承、横向传播的重要性上看,还是从语言学习者对汉语的需求度上看,海外华语教学都处在不等式的前端,是汉语教学最为重要的部分,也是汉语国际教育最为重要的部分。因此,应受到足够重视。

为了做好华语教学工作,应当系统调查海外华语的状况,以弄清学习者的语言基底和语言学习环境;应当研究学习者的母语发育状况与华语学习的关系,全面考察现在教学的适应度,并充分利用现代教育技术促进华语教学。同时可以考虑"国际汉语"这一概念,将汉语系统进行科学简化,并提出明确的语言标准,以利海外学习汉语。

海外华语的教育事业集中在东亚和东南亚,遍及世界各大洲。华语教育机构也已经广泛建立了起来。各地华语教育机构应加强合作,理想状态是形成同盟关系,在"国际汉语"的思路下联合制定教学标准,编写教材和教辅材料,研讨教学方法,协调考试办法,共认考试结果,为华语教学事业提供良性发展的保障。

主要参考文献

陈重瑜 1986 《"华语"——华人的共同语》,《语文建设通讯》(香港)第21期。

陈松岑、徐大明、谭慧敏 2000 《新加坡华人的语言使用和语言态度调查报告》,陈照明主编《二十一世纪的挑战——新加坡华语文的现状与未来》,联邦出版社(新加坡)。

邓守信 2009 《对外汉语教学语法》(修订版),文鹤出版有限公司(台湾)。

郭 熙 2002 《域内外汉语协调问题刍议》,《语言文字应用》第2期。

郭 熙 2004 《论"华语"》,《暨南大学华文学院学报》第2期。

郭 熙 2006 《论华语研究》,《语言文字应用》第2期。

郭 熙 2007 《现代华人社会中称说"汉语"方式多样性的再考察》,《南开语言学刊》第1期,商务印书馆。

黄昆章 2007 《印度尼西亚华文教育发展史》,外语教学与研究出版社。

黄　翊　2007　《澳门语言研究》，商务印书馆。

贾益民　1998　《华文教育学学科建设刍议——再论华文教育学是一门科学》，《暨南学报》第4期。

李如龙主编　2000　《东南亚华人语言研究》，北京语言文化大学出版社。

李宇明　2010a　《中国语言规划论》，商务印书馆。

李宇明　2010b　《中国语言规划续论》，商务印书馆。

陆俭明　2005　《关于建立"大华语"概念的建议》，《汉语教学学刊》第1辑，北京大学出版社。

田小林　2006　《田小林语言学论文集》，东北师范大学出版社。

汪惠迪　1999　《新加坡特有词语词典》，联邦出版社（新加坡）。

吴英成　2010　《汉语国际传播：新加坡视角》，商务印书馆。

吴元华　2008　《务实的决策——新加坡政府华语文政策研究》，当代世界出版社。

张从兴　2003　《华人、华语的定义问题》，《语文建设通讯》（香港）第74期。

张西平、柳若梅　2008　《世界主要国家语言推广政策概览》，外语教学与研究出版社。

郑锦全等　2007　《语言政策的多元文化思考》，中研院语言所（台湾）。

郑良树　2007　《马来西亚华文教育发展简史》，外语教学与研究出版社。

"中国语言生活状况报告"课题组　2006　《中国语言生活状况报告（2005）》(上编)，商务印书馆。

"中国语言生活状况报告"课题组　2007　《中国语言生活状况报告（2006）》(上编)，商务印书馆。

"中国语言生活状况报告"课题组 2009 《中国语言生活状况报告（2008）》(上编)，商务印书馆。

周荐、董琨主编 2008 《海峡两岸语言与语言生活研究》，商务印书馆（香港）。

周清海 2004 《语言与语言教学论文集》，泛太平洋出版社（新加坡）。

周清海 2007 《全球化环境下的华语文与华语文教学》，新加坡青年书局。

周清海 2009 《变动中的语言》，玲子传媒私人有限公司（新加坡）。

周聿峨 1995 《东南亚华文教育》，暨南大学出版社。

邹嘉彦、游汝杰 2001 《汉语与华人社会》，复旦大学出版社、香港城市大学出版社。

［原载《华文教学与研究》2009年第4期］

两岸携手　共建华文教育规范体系

汉语快速向国际传播，这是中华民族近代以来由衰复兴的一种重要表现。曾听前辈讲，几十年前清华大学找一个能教外国人学汉语的人都有困难；时至于今，华语教学在世界上已广具影响，广受关注。今昔对比，相别天壤。

华文教育是民族大业，炎黄子孙无论身居海内海外，都应为其尽力，促其发展。当前，华文教育发展最重要的是相互协调，海内外华文教育机构需要达成共识，形成合力。协调的关键是华文教育的规范标准。任何一种教育，特别是语言教育，标准的制定异常重要。有了标准，就有了教育规范；掌握了标准，就掌握了教育的主导权，就能够协同步伐，并进而收获"语言红利"。这可以称为"标准化战略"。

华文教育的标准主要包括如下四方面：

1. 语言本身的标准。华文教育的基础是应当建立一个适合国际教育的语言体系。这个体系不应是母语的照搬，而应是母语的简化。在语音、词汇、语法诸方面都需要简化，保留最为基本的单位和规律。这一用于国际汉语教育的简化系统，可以称为"国际汉语标准"。

2. 教学标准，包括教学大纲、教材、教辅材料需要遵循的标准。

3．考试标准，包括题库建设、施考各环节、证书发放以及考试效力等方面。

4．教师的职业标准和教育机构的资质标准。

事实上，华文教育标准各地都早就在做，虽还不够系统，但已经取得了不小成绩，对华文教育发挥了很大作用。为了进一步促进华文教育的发展，各地华文教育机构，特别是两岸的华文教育机构，应能携手制定华文教育标准体系的建设规划，对已有的标准进行梳理，并根据情况进行认可，然后根据需要和条件共同研发相互认可的各种标准。

对此，有以下几方面的工作可以做起来：

第一，实现语言文字的沟通。

海峡两岸在语言方面整体上同大于异，差异比较大的是专有名词，包括科技术语的翻译、外国人名地名的翻译等。文字方面有简繁的差异，有计算机编码的差异。简繁汉字的差异对华文教学的影响，是值得研究、需要妥善解决的问题。但也应看到，简繁差异对学习者的影响可能被夸大了。汉字计算机编码问题，可以通过兼容技术来解决。如此说来，两岸的语言文字沟通并不存在不可消弭的鸿沟，关键是把最影响教学的问题筛取出来，共同探讨解决办法。

第二，教学资源的共享。

两岸都有许多优质的教学资源，当前最重要的是网络资源共享，其次是教辅材料的共享，特别是工具书的共享。两岸能否考虑共同编写适用于华文教学的辞书？

第三，教师交流。

首先从经验交流开始，将来可以发展到相互聘请等。

第四，考试成果的互认。

近些年来，两岸交往日益频繁，需要合作的事情也越来越多。华文教育应该成为两岸文化合作的重要事项。中国人自古重视知行关系，常规情况是"知而后行"，但也不乏"行中获知"的训例。华文教育发展迅速，两岸华文教育需要合作，这是"知"；知而贵行，坐而谈不如起而行。两岸华文教育怎样合作？这是"未知"；但只要行动起来，在行动中相信能寻得共识，探得真知。

[*原载《世界华文教育》*2010年第4期]

语文教育之七维度[*]

近些年来，语文学界争讼不断，争讼的焦点之一是语文的性质，亦即语文是工具性的还是人文性的。宋代理学开山大儒周敦颐提出"文以载道"，早将"文"与"道"的关系阐述明白。语文兼有"工具""人文"二性，既帮助学生造得"载道之体"，学得"载道之法"，又需帮助学生信道、得道，拥有"所载之物"。

也有学者从"语文"二字上阐述语文的内容，"语"指"语言"，但"文"可指"文字""文章""文学""文化"。对"文"的不同解读，便有"语言文字""语言文章""语言文学""语言文化"之异，语文的外延也就渐次扩大。其实就语文的教育实践来看，这"四文"的内容恐怕都在其中。

学术争讼往往各有所据，争讼过程可将一些问题看得更加清楚，但学术争讼也难以结案，常常是伴随着历史而延续。一些争讼由热渐凉，或是由凉重热，多是因为在此争讼领域有了新视角，或是发现了新材料。如上关于语文的学术争讼，也大约会受制于如上所说的学术争讼规律，将长期论辩下去。本文在语文争论的背景下，试图从"语文生活"这一新视角来看待语文和语文教育。

---

[*] 本研究得到国家社会科学基金重大项目"新时期语言文字规范化问题研究"（课题立项号12&ZD173）和国家社科基金教育学重点课题"中小学语文教育改革研究"（课题立项号AHA120009）的赞助。

语文生活也可称"语言生活",是指运用、学习、研究语言文字的各种社会活动,以及运用语言文字知识、语言文字产品的各种社会活动。语文生活是社会生活的重要组成部分,且贯穿人类终生,当然,不同年龄段、不同职业、不同时代,人们的语文生活会显示出不同特点。要过好语文生活,不断提升语文生活的质量,就需具有"语文能力"。语文能力获取和发展的途径有二:一是自我发展,二是通过教育。显然,语文教育的任务就是培养、发展学生(包括其他受教育者)的语文能力。由于不同时代、不同年龄段、不同职业的人群具有不同的语文生活,需要不同的语文能力,因此也需要不同的语文教育。

本文立足于当下与未来的语文生活,主要讨论中小学阶段的语文教育。中小学最为重要的语文生活是学习,是在教师等学习帮助者的帮助下获取一般的语文能力。不过这些讨论,有许多也适用于其他年龄段,具有一定的普遍性。

一 听说读写,阅读最为重要

"听、说、读、写"是当代语文教育界公认的四项基本语文能力。中国古代的学术重文字、重文献,其教育自然也是重阅读、重写字、重作文,少有听说之学,这仿佛与西方的教育传统不同。近几十年的语文教育虽然充满争论,但毋庸置疑也有诸多进步。进步之一就是注意了学生听说能力的培养,特别是小学阶段和师范学校的语文教育。

听、说是口语能力,读、写是书面语能力;听、读是接收语文信息的能力,说、写是产出语文信息的能力。当然,听说读写这些能力并非相互分离、独立运作,而是相互辅助、相互支撑的,它们在教学中各有规律又相互促进,在语文生活中各有所司又相辅相成，因而都应当得到培养。

但是也应当看到，这四种语文能力在语文生活、语文教育中的作用是有轻重之别的，总体来说，阅读最为重要。这是因为：

其一，人类已经进入信息时代，"信息爆炸"不再是未来学家的预言，而是当下生活的真实呈现。计算机网络、手机和新型阅读设备的广泛使用，人们的阅读量呈几何级数般增长，阅读已经成为获取信息最为主要的方式。当然，信息爆炸也带来了阅读的"碎片化""快餐化""微阅读"等新特点，有用信息掺杂在大量的垃圾信息中需要甄选。适应这些新的阅读方式，及时整合信息碎片，有效萃取信息精华，是需要学习的语文能力。

其二，口语具有即时性、即兴性的特点，虽然录音技术也可以让口语具备穿越时间和空间的条件，但口语信息与书面信息仍有较大差异。书面语保存着大量的穿越时空的信息，信息质量相对上乘，而且文字信息便于反复咀嚼，长时品鉴。故而阅读仍然是同古今中外的哲人名流无声对话的最佳渠道，既增广见闻、丰富人生，又充实精神生活、提升精神境界。正因阅读具有重要的人生价值，甚至关乎民族精神，因此很多国家都出台了促进阅读的法律，如美国的《卓越阅读法》（1998）和《不让一个孩子落后法案》（2002）、日本的《关于推进儿童读书活动的法律》（2001）、韩国的《读书振兴法》（1994）和《读书文化振兴法》（2009）、俄罗斯的《民族阅读大纲》（2012）等。在我国，社会各界不断提倡"亲子阅读"、终身阅读；2013年4月，有关单位发布了《中学生阅读行动指南》，推荐了文学、历史、哲学、科学、社科、艺术、博物等七个领域的读书目录；据说有关方面正在推进我国的全民阅读立法。

其三，阅读在提升语文能力方面具有不可代替的作用。一般来说，母语的口语获得途径主要是习得的，除了播音、话剧、相声等特殊的语言职业之外，教师对听、说的指导一般都是辅助性的。其实习得的岂止只是母语口语，书面语的获得到了一定阶段之后，也具有习得的性质。例如：多数文字是在大量阅读中认识的，在上下文中了解其意义的；词汇量是在阅读中积聚起来的，词语的用法和许多语法、修辞现象也多是在阅读中体验和把握的；至于说到审题立意、布局谋篇，更需要多读多仿；阅读对于文学鉴赏力的提升和写作能力的发展，其作用几乎是不可或缺的。除此之外，还要看到阅读与说话具有密切的关联度，经常阅读也可以提高说话水平。

在听说读写的能力中，阅读处在特殊地位，因此语文教学应当更加重视阅读，突出阅读。语文工作者应当全面研究阅读和阅读教学问题，有效提高学生的阅读技能，其中包括利用现代信息技术进行阅读的技能。注意探讨通过阅读促进其他语文能力发展的有效途径。此外，特别要重视培养学生良好的阅读习惯，养成终身阅读的嗜好。

二 注意培养翻译能力

翻译，过去一直被认为是少数人所从事的职业，是少数专业人员才有的语文生活。在中学，没有设立专门的翻译课程，只在外语课、文言文课上有一些翻译指导；只有到了大学的外语系才有翻译课。翻译，不仅仅是把一种语言文字译成另一种语言文字，或者是译为另一种方言，其本质是一种跨文化的语文交际。这种跨文化交际，已成为当今最为重要的语文生活：

其一，人口大流动。

人口流动是席卷中国、席卷全球的滚滚大潮。中国科学院《2012中国新型城市化报告》指出，2011年中国的城市化率已经达到51.3%。在城市化（也称"城镇化"）进程中，农村人口大量地涌进城市，西部人口不停地流入东部；还有数量可观的台湾同胞来到大陆发展，许多外国朋友到中国旅游、留学或工作。这些跨方言、跨语言、跨地区、跨国度的人口流动，必然产生跨文化（包括亚文化）的语文生活。放眼世界，随着世界经济一体化的快速发展，世界人口流动的规模和速度更是前所未有，很多国家几乎成了新移民国家，很多国家的城市成了移民城市。随着留学、旅游、随子女外迁、劳工输出、产业走出去等浪潮，中国人出国出境逐年激增。跨境跨国的语文生活需要跨文化交际能力。

其二，信息大汇集。

当今之世，已经是一个被互联网"网络"起来的信息化世界。2013年中国互联网大会宣布，中国网民已达5.91亿，其中手机网民4.64亿。2013年8月8日《国务院关于促进信息消费扩大内需的若干意见》，提出到2015年，我国信息消费规模将超过3.2万亿元，"智慧城市"建设快速发展，已有多个云计算中心相继落成使用，一个"云时代""大数据时代"已经来到我们身边。网络将全世界不同的文化、不同文化的产品网络拢来，让网民们在不同文化间穿越，在穿越中濡染趋同。过去，文化以纵向传承为主，而今，文化的横向传播力量越来越大。特别是全世界的年轻人，他们几乎在网上玩着相同的游戏，倾听相同的音乐，追捧相同的明星，谈论相似的文化话语。韩国"鸟叔"的骑马舞，一夜间红遍全球。网络带来了全世界不同文化的大汇集，即使是足不出户之人，也有过好网络世界跨文化生活的需求。

《现代汉语词典》对"翻译"一词的解释是："把一种语言文字的意义用另一种语言文字表达出来（也指方言与民族共同语、方言与方言、古代语与现代语之间的一种用另一种表达）……"这一解释显然比一般人对"翻译"的理解更为宽泛，也更符合实际。的确，阅读古代文献，与不同方言区的人交流，甚至与不同社会阶层的人对话，都具有跨文化（包括亚文化）交际的性质。当今之世完全可以做出这样的判断：跨文化交际是当今语文生活的常态，因此也应当成为语文能力培养的常态。

跨文化交际意义上的翻译，已经有大量语文生活的实践，而且也常常发生一些小小的误会。比如南方人问成年人"你几岁了？"，北方人听来有些刺耳，因为这种问法在北方只能询问不谙世事的儿童；北方籍学生在武汉学校食堂中告诉炊事员要"四两米"，炊事员常常不知所措，因为武汉话中"米"是生的，"饭"才是熟的；台湾朋友在北京听人说"我拉你去机场"，顿生不悦，因为在台湾"拉"的对象是无生命的或是失去生命的。

在教学中，已经有了一些翻译教学实践，比如外语的翻译教学、文言文的翻译教学等。但是，还没有给予翻译以语文教育学上的理性认识。如果将翻译看作当代一种重要的语文能力，那么就有很多相关问题值得研究，如：翻译内容怎样呈现在语文课程标准中，语文教材怎样加入有利于培养翻译能力的内容，如何形成关于翻译的语文教学方法等。同时，还要注意建立学生的跨文化意识，不断完善学生跨文化的知识结构，满足跨文化交际的语文生活需求。

三　不能忽视现代语言技术

以往，口语交际多是"人—人"直接交际，书面语交际是通过纸笔（手写）和书刊（印刷）实现的，是"人—书—人"的间接交际。而今，通过机器（计算机、手机、阅读终端）进行的交际已经发展成为主要的交际模式，许多人对机器几乎是日不能离。现代语言技术的快速发展，现代语言技术产品的快速普及，正在造就了一个交际的新时代。

"人—机—人"的交际模式，产生了一系列语言运用的新特点。这些新特点可以概括为两个方面：第一个方面是对语言的影响，出现了大量的新词语、新格式和词语的新意义，出现了一些新的文体风格，例如"囧、顶、萌、给力、拍砖、水军、灌水、吐槽、大V、标题党、××控、微×、被××、云××"等，例如"淘宝体、凡客体、咆哮体"等。第二个方面是出现了一些新的信息载体，产生了一些新的信息传播方式，例如电子书、网络辞书、PPT、网页、BBS、跟帖、博客、微博、电子邮件、QQ群、微信、易信、搜索引擎等。

正确评价现代语言技术对语文生活的影响，是科学语文观的重要组成部分。回顾历史会看得十分清楚，语言技术的进步及因之产生的语言新媒体，一直在推动着语文生活步步向前。文字的出现，产生了书面语，可以对语言耐心琢磨规范，人类的经验可以通过书面语进行超时空的传播，从而使人类社会进入文明时期。印刷术的发明，带来了文字的规范化，滋生出不同的印刷字体，书籍的大量印行使知识传播的半径和速度快速增大；报纸的产生，孕育了新闻、通讯、报告文学等多种新体裁，标题的内容和形式发生了"突变"，广告文体也随之发达起来；广播、电视的问世，使书面语可以用有声的方式传播，并产生了介乎口语与书面语之间的文体风格。现今，以计算机、互联网、手机为标志的现代语言技术和虚拟语言空间的出现，已经对语文生活发生了极其重大的影响，以后还会发生不可估量的影响。可以说，"人—机—人"的交际模式及其带来的语言运用的各种新特点，已经成为现代语文生活的重要组成部分。掌握现代语言技术，熟练运用现代语言技术产品，应成为现代人不可缺失的一种语文能力。

现代语言技术构造了当代的虚拟语言生活。但当前学界对虚拟语言生活的评价多是负面的。如：批评网络词语不规范，干扰了语文教学,影响了学生的语言发展;网络上的内容不真实、不健康,是"快餐文化"等。这些批评,这些担忧,自然有其道理,但仅仅批评、担忧是不够的,应当有对虚拟语言生活的建设性评论,应当有虚拟语言生活必然拥有未来的预测。遥想当年,当小说、报纸、白话文、电视剧等刚刚问世之时,负面评价亦是多于正面评价,但是它们都没有因为负面评价而失去在今天语文生活中的重要地位。

面对现代信息技术和虚拟语言生活,语文教育必须与时俱进,甚至应得风气之先。有四者是急需做的:

其一,要将现代语言技术列入语文课程标准。现在的中小学信息化课程,与语文相关的有键盘输入方法、文章的一般处理技术等。输入方法与识字教学相关,但是在教师、教材等方面不一定有沟通协调,在语文教学任务上不一定有交集。其他现代语言技术,比如电子邮件、微博、微信、QQ群等,网文的编辑与网页的设计,语言文字的统计分析,办公文档的使用,PPT的制作等,学生基本上都是"无师自通",或是靠同伴相授。其结果是学生在使用现代语言技术时,达不到理性的程度和自觉的水平,不能充分发挥现代信息技术的作用。要像重视识字教学一样重视现代语言技术教学,研究这些技术与语文教学的关系,厘定教学顺序,制定教学标准,使其成为语文教学的一个有机组成部分。

其二,各种与教学相关的软件设计与应用,都要征询语文教师的意见,或是邀请语文教师的参与。语文教师的参与,一方面可以避免软件内容与语文教学相抵触,比如汉字编码拆分原理、菜单名称规范等,能够促进现代语言技术更好地"汉化";另一方面可以促使语文教师充分利用现代语言技术支持语文教学,比如为电子书包充实内容,通过QQ群来辅助语文教学、建立语文学习兴趣小组等。

其三，要审视进入教育领域的电子设备，是否有利于（起码无损于）学生的身体健康，特别是听力、视力和辐射等方面。比如现在的电纸书，是采用电子纸（E-ink）技术制成的阅读器，号称具有辐射小、耗电低、不伤眼睛等优点，更诱人的是显示效果逼真，能够取得和纸质书接近的阅读效果。供学生使用的这类阅读器，包括电子书包，国家有关方面应当出台相关标准，其中也应包括字体、字号、亮度、语音等方面的参数。

其四，教师教育。现代语言技术在社会应用中，一般都是年轻人先掌握，然后再传授给年长者。年长者常常是信息技术的落后者，需要向年轻人学习。"教学相长"在信息化时代不再只是教育理念，而且已经成为现实。当今之世，不能把现代语言技术仅仅看作技术，更要看到它所带来的语文生活观念与语文实践的变革，看到它所构筑的虚拟世界。虚拟世界是充满生机异趣的新世界，是语文生活的新世界，也是语文学习的新世界。因此，必须有计划地对教师进行现代语言技术的培训，使其了解现代语言技术，熟练运用现代语言技术，创造性地教授现代语言技术，特别是认识到现代语言技术在当今语文教育中的意义，甚至在整个人生中的意义。

四　语文能力与语文知识

语文是由多学科支撑的，语文知识起码包含语言文字学、逻辑学、文章学、文学、文化学等多个学科的知识。曾经一段时期，语文课比较侧重知识讲授，有些高中的语文课，竟然讲到了多重复句。在语文知识的讲授中，也有牵强附会之处，例如"纸张、车辆、人口"这样的"名+量"构造本来就不多，非要学生写出十个来。这种"重知识、轻能力"的教学倾向理应受到批评，但是也应看到，当前语文教学忽视语文知识，甚至排斥语文知识，也是偏颇的。说其偏颇是基于如下两个方面的考虑：

其一，知识与能力的关系。知识与能力属于不同的范畴，有些著名的语言学家，普通话讲不标准；有许多作家，并不懂语言学和文艺理论。体育、音乐、美术等专业是属于技能性的，具有这些专业的科学知识，并不见得就能具有这些专业的高超技能；反过来看，具有这些专业的技能的人，也不见得具有相当的专业知识。但是，这只是问题的一个方面，并不能依此断言知识与能力毫无关系。也有大量的事实表明，知识与能力是相互促进的，在一定条件下是可以相互转化的，知识的学习需要实践的体验，能力的获得需要知识的理性指导。

知识在什么条件下能够促进能力的发展或者转化为能力，尚需研究。但就大量的语文教学实践来看，语文知识对于语文能力的培养具有不可忽视的重要作用。例如：文字学知识对于识字，文字学、语音学、词汇学的知识对于辞书的使用和词语的理解，语法学知识对于基本句法结构的把握、对于病句的发现与修改，修辞学知识对于修辞方式的理解与运用，文章学、文学知识对于文章的修改与鉴赏，诗律学知识对于诗词的品评与创作等。语文知识对于语文能力的形成，其作用有时候是相当明显的，甚至是不可缺少的。

其二，语文基础知识应当成为公民的基本知识。这可以从两个方面来看：

1. 在语文生活中，几乎所有的人都需要制定语言规划，都需要评价语文现象。例如，微观社会语言学发现，很多家庭都在做"语言规划"。不少家长都会碰到这样的问题：对保姆的语言有无要求，是否要孩子学习方言，希望孩子学习哪门外语，孩子说什么样的词语是合适的，孩子说了俚语、脏字要不要纠正等。家庭语言规划被认为同国家语言规划的过程具有相似性，规划的结果对家庭的前途命运都有重大影响。

再如，成年人在生活中常常需要对一些语文现象给出评价，比如：如何看待新词语，如何看待字母词，如何看待网络上的"火星文"，如何看待"提笔忘字"现象，如何看待简化字和繁体字，如何看待英语强势，等等。要做好家庭语言规划，要科学评价生活中的语文现象，需要一定的语文知识。

2. 很多人将来从事的工作需要语文知识，例如教师、作家、文秘、记者、编辑、校对、播音、翻译、律师、语言学家、计算机语言处理专家等。中学时期掌握一些语文基本知识，培养他们的语言学兴趣和文学兴趣，对于这些人将来的专业发展，具有重要意义。

中小学教学本来就具有科学普及的教育使命，小学之数学、科学等，中学之数学、物理、化学、生物、地理、历史等，讲授的基本上都是相关的科学知识，而不是培养的某种能力。语文课不仅仅是培养听说读写等能力，也应当承担起知识传授任务。我国当前公民的语言意识较低，许多网络言论缺乏语文常识，许多部门的决策不符合语言国情和语言发展规律，与中学语文知识教育缺位是有关系的。

五 结语

语文能力就是过好语文生活的能力。语文生活是动态的，在不断发展变化，根据现在语言生活的状况及未来预测，语文能力应当具有七个维度，相应地语文教育也应具有这七个维度。这七个维度可以分为三个层次：1. 基本语文能力层，指的是"听、说、读、写、译"；2. 辅助性技能层，指的是掌握现代语言技术的能力，简称"技"；3. 科学知识层，指的是掌握语言学文字学、逻辑学、文章学、文学、文化学等语文知识的能力，简称"知"。

依照"听、说、读、写、译、技、知"这"七维"考察当今的语文教育,会得出若干新思考:1.应进一步分析"听、说、读、写"这四种语文能力在当今语文生活中的作用,要特别重视"阅读"的价值与作用;2.应当把翻译和现代语言技术列入语文教育的内容;3.语文教育不仅是培养语文能力,也应关注语文知识教育。

实现语文教育的"七维",就应当重新审视语文教学标准,提升语文教师的水平,更新完善语文教学的多方面的支撑体系,使语文教学在传统基础上实现一个新跨越。

主要参考文献

蔡 可 2010 《语文教育与现代公民的语文能力——国家语委副主任、教育部语言文字信息管理司司长李宇明教授访谈》,《中学语文教学》第1期。

李行健等编 1995 《吕叔湘论语文教育》,河南教育出版社。

李宇明 2003 《关于中小学"双语教学"的思考》,《语言文字应用》增刊号。

吕叔湘、朱德熙 1951 《语法修辞讲话》,辽宁教育出版社,2002年。

倪宝元主编 1995 《语言学与语文教育》,上海教育出版社。

佟乐泉、张一清 1999 《小学识字教学研究》,广东教育出版社。

王 丽编 1998 《中国语文教育忧思录》,教育科学出版社。

温儒敏 2010 《温儒敏论语文教育》,北京大学出版社。

温儒敏、巢宗祺主编 2012 《义务教育语文课程标准(2011年版)解读》,高等教育出版社。

叶 澜 2002 《重建课堂教学价值观》,《教育研究》第5期。

张 蕾、张彬福 2009 《语文知道——〈中学语文教学〉30年(1979—2009)文萃》,首都师范大学出版社。

张志公 1994 《张志公语文教育论集》,人民教育出版社。

郑　浩、李　节 2008 《培养现代语文能力,过好现代语文生活——国家语委副主任、教育部语言文字信息管理司司长李宇明教授访谈录》,《语文建设》2008年第5期。

中华人民共和国教育部 2012 《义务教育语文课程标准(2011版)》,北京师范大学出版社。

朱慕菊主编 2002 《走进新课程——与课程实施者对话》,北京师范大学出版社。

庄文中 1999 《中学语言教学研究》,广东教育出版社。

[原载《语文教学与研究》2013年第12期(上)]

短文杂记

唤起全社会的语言意识
重视语言生活的研究
到田野去 做田野派
地名是珍贵的文化资源
天光云影共徘徊
法律语言的若干思考
重视隐性语言政策研究
撰写一部中国语言规划史
我们需要研究世界
应重视新闻发言人语言研究
语言服务与语言消费
构建中华语言信息化大平台
语言能力需要终身培育
加强公民写字教育
重视汉字教学
商务汉语及其教学问题
流响出疏桐
提升中华语言文化的国际魅力
南洋华语：汉语国际传播的历史先遣队
成功的语言传播
一变学路 一新学风
"知识富豪"的社会义务

唤起全社会的语言意识

——序《中国语言生活状况报告（2013）》

中国共产党在十八大前后，就会风文风等问题做出了许多重要决定；习近平等党和国家领导人带头改变会风文风，讲短话，讲实话，讲新话。上行下效，全国风气为之一新。文风不仅仅是语言文字风格，更牵涉到党风、政风和社会文化风气。

党的十七届六中全会的决定提出，要"大力推广和规范使用国家通用语言文字，科学保护各民族语言文字"。此前，中央在2010年7月发布的《国家中长期教育改革和发展规划纲要（2010—2020年）》中也明确提出，要"培养各种外语人才"。这两个文件中的三句话，对国家通用语言文字、各民族语言文字（包括各民族方言）和外语教育与应用等三大领域的语言政策，做出了高度概括性的表述。

2012年发布的《国家中长期语言文字事业改革和发展规划纲要》，不仅规定了大力推广和规范使用国家通用语言文字的总体目标、具体任务和实现步骤，探讨了科学保护各民族语言文字、抢救濒危语言、及时进行语言文字国情调查的各种举措，提升了依法管理语言生活、构建和谐语言生活和加强语言服务的现代理念，而且还特别强调了语言文字的标准化和信息化，提出了培养公民语言能力、增强国家语言能力等一系列新概念、新任务。

以上这一系列的文献和要求，既有现实品格，更具历史高度。

现实品格。这一系列的文献和要求，是针对当前语言生活存在的实际问题提出的。比如当下之文风，空话套话者有之，假话大话者有之，照本宣科者有之，说者自说自话，听者正话反听。此风若长久不息，便如痼疾入膏肓，势必危及国运政体。再如我国城镇化进程如骐骥般跃进，城镇化率已达50%左右，快速的城镇化进程在快速地改写着中国的语言地图，并带来一系列语言新任务，引发一系列语言新问题。然而城市规划者很少做城市语言规划，顶多只考虑到英语使用的一些问题，使得政府的信息发布渠道受限制，城市的信息传递无章法，外来人员获取信息的权力遭损失，方方面面的文化建设缺底蕴。而主政农村者虽有"新农村"建设之宏图，但却很少关心语言流失问题，没有乡村语言保护意识，致使一些民族语言、一些民族的方言身处濒危而得不到科学保护。慨而观之，我国的语言生活由于多种因素，出现了语言运用粗俗、语言风格僵化、语言服务缺位、语言人才匮乏、语言资源流失、语言矛盾凸显等情况，上述一系列的文献和要求，的确是对症下药，医病补本，利于解决语言生活问题，利于健康语言生活。

历史高度。上述一系列的文献和要求所拥有的历时高度，可以从两个方面来看：其一，它是在我国语言文字事业历史发展基础上的升华，而不是空中建阁。例如推广普通话，一直属于国策性质的语言文字任务，历经50多年、甚至是100多年的持续努力，迄今已有70%以上的国民能听懂普通话，并能用不同水平的普通话与人交谈；普通话不仅是汉民族的共同语，而且被法定为"国家通用语言"，并具有了"不胫而走"的巨大推广惯性。在此基础上，"规范使用"就自然成为新的工作重点，在"大力推广"的同时及时提出"规范使用"，是在已有工作基础上的逻辑延伸。再如，我国的现代外语教育始自清朝后期，它既是中国现代教育的一种重要表现，也是中国现代化的一个重要组成部分。100多年来为国家培养了大批外语人才，成绩卓著，功载史册。但是在国家走向世界的新形势下，外语的功能正在发生重大变化，由用于外交和学习国外先进知识，发展到国内外工作：对来华人员进行服务；对外服务于国际社会，服务于劳务输出等。外语功能的发展，就出现了外语语种太少、语种布局不合理、复合型外语人才匮乏等新问题。"培养各种外语人才"就是在已有外语教育的基础上的新发展。

其二，上述一系列的文献和要求，是根据国际国内未来发展的大趋势，对我国语言文字政策做出的高度凝炼、高瞻远瞩的表述。影响语言文字事业的因素很多，其中尤以文化大发展大繁荣、城市化、国际化、信息化等最为显著。就语言与文化的关系而言，就不能仅仅把语言看作需要解决的问题，而必须树立新的语言资源观。语言文字是文化的重要组成部分，又是文化的重要载体，因此树立语言资源观，就要珍爱国家语言资源，注意用现代信息技术加强语言资源建设，充分发挥语言资源的社会文化作用；要特别重视语言认同的文化力量，加强边境地区语言文化建设，发挥跨境语言的睦邻成边作用，加强海外华语教育，发挥语言系联世界华人华裔祖根的作用。再如，提升公民语言能力和国家语言能力，加强语言工程和语言规范标准建设，重视对语言国情的调查研究，构建和谐的语言生活等，这些语言文字事业的新任务，都是面对国际国内的新形势提出来的，都具有战略性和前瞻性。

要完成这些宏伟的语言规划，需要全社会的持续努力。例如，政府要完善与之相应的语言政策，制定与之相应的语言文字规范标准，出台与之相关的有效举措，发布与之相关的各种信息。学界要关注国家的语言生活状况，重视语言规划研究，为国家的语言文字事业提供学术咨询，并且注重将学术问题转化为学科问题，发展新学科，培养新人才，构建支撑国家语言规划的学术平台。地方和行业也有各自不同的语言生活和语言问题，也需要制定针对本区域、本领域的语言规划。完成这些任务，一定有很多问题需要探索，有许多困难需要克服，但基础性的问题是全社会缺乏语言意识，甚至是起码的语言意识。举数例可证一般：

我国的宪法中有"国家推广全国通用的普通话"条款，并有《国家通用语言文字法》，但是法律学界很少涉及这一宪法条款，甚至对《国家通用语言文字法》也不大知晓。一些与语言有关的政策出台，很少意识到应听取语言专家、语言管理部门的意见。各级民意代表在各级"两会"上提了诸多利国利民的建议或提案，显示了政治民主的进步。但是，涉及语言文字的建议或提案不多，且在这为数不多的相关建议和提案中，还有些是"图一时之兴、逞一时之能"的。

我国是个自然灾害多发且语言、方言复杂的国度，在防灾救灾中离不开语言、方言的支持，在一些地震灾害的救援中已经出现过因语言不通而影响救援的问题，但是主其事者缺乏语言意识，至今未能吸取这方面的经验教训，未见防灾救灾的语言手册出版，也未见有关的编纂计划。

语言经济是国民经济的重要组成部分，瑞士经济学家的研究表明，语言对瑞士国民生产总值的经济贡献度为10%左右。特别是进入信息化时代，语言将会产生更大的经济红利。但是我国经济部门却没有这方面的数据统计，没有建立语言产业、语言职业、语言经济等概念。虽有学者研究、学人呼吁，但却有耳不闻，有声无应，这是缺乏语言意识的表现。

某市选出优秀广告，有以"愛、親"简化作素材的。说"愛"，"字可以简化，爱岂能无心"；"親"字简化为"亲"，但"亲人常见方亲近"。设计者别出心裁，但其语言意识并不科学，显然对汉字简化的意义没有给以正确估价。当然对"愛"的构字理据解说也不正确,事实上"爱"中的"心"并不是表示心脏、心理之"心"。

"位"作为量词修饰人是表尊称的,但是不少媒体(包括大媒体)对罪犯、贪官、小偷也称"位",缺乏语言文字的常识;有些人错字连篇不知羞,甚至以玩弄祖国的语言文字为乐;对字母词、对外语的看法也有不怎么客观的,或热捧或棒击;许多小学没有把汉语拼音教学放在应有的地位,不教正字法,不教分词连写和字母大小写,致使汉语拼音的社会使用常常不规范……

语言意识、语言政策和语言行为,是语言规划的支撑"三角"。语言意识,就是意识到语言之于人生、之于单位、之于社会、之于国家的意义。没有语言意识,没有合乎国情、领先时代的科学的语言意识,就不可能有合乎国情、领先时代的科学的语言政策,就不可能有利国利民、充分发挥语言的社会作用、政治作用、文化作用和经济作用的语言行为。

当务之急,当务之本,是唤醒全社会的语言意识。

[原载《中国社会科学报》2013年12月2日]

重视语言生活的研究

——序周庆生《语言生活与语言政策》

1977年是一个注定要写入中国高等教育史的年份，那一年恢复了高考制度，开启了中国教育的新里程。我就是那一年考上大学的。周庆生先生当年是系里最为年轻帅气的教师，他担任现代汉语课的助教，并曾经给我们讲授语音学，我的音位知识就来自于庆生老师。

大学毕业，我应届考取了邢福义先生的研究生，攻读现代汉语，开始了在南国20年的学习、工作生涯。自此之后，我同庆生先生几乎没有什么联系，只是听说他考取了北京的研究生，听说他之后在中国社会科学院民族研究所工作，研究民族语言和社会语言学。人们常说"隔行如隔山"，同是做语言学研究，但在那时的中国，汉语研究与民族语言研究中间就有座看不见的"山"，阻隔了两界学人的沟通。

2000年年底，我从武汉调到国家语委工作，读到庆生先生主编的《国外语言政策与语言规划进程》和《国家、民族与语言——语言政策国别研究》。这两部书我读得很认真，到处都画上了红红绿绿的标记，天地头、字行间还写了不少的阅读批注。通过这两本书，我对国外语言规划有了不少了解。读书时也有种特殊的感觉，因为我与主编有特殊的师生之谊。这段时间，我跟庆生先生恢复了联系，工作中常跟他请教，并一同做了许多学术事情。比如，我们曾与王杰、苏金智等同人一道推进法律语言学的研究，访问国际名家，谋划国际会议，出版学术论文集等；我们也曾经常就民族语言政策、双语教育状况、社会语言生活热点等交换意见。特别应当提及的，是《中国语言生活状况报告》。

2004年，国家语委计划编辑出版"皮书"（这个词我也是跟周老师学的），请一些专家来商议，庆生先生自然名在其列。议事小憩之时，庆生先生提出可以编写年度语言生活报告，这提议一下子让大家激动起来。当然，当时"语言生活"这个概念还不普及，大约相当于英语的language situation。但是我所理解的"语言生活"与language situation是有差别的：语言生活更强调的是语言在社会中的应用状况，而language situation似乎更强调语言状况，为此，我们数位涉事者还曾有不少次的讨论甚至是争论，这是一个有意思的小插曲。当然，事情也在争论中进行着，语委为此专门立项，请庆生先生作上编的主编，组织相关研究人员和一些博士生，加班加点劳作起来。《中国语言生活状况报告》是何样面貌，该写哪些内容，怎么编排，国内外皆无成例，大家充分体会了"摸着石头过河"的郁闷与兴奋。年余奋斗，百人参与，数易其稿，终有试印本。自2005年开始，中国语言生活的状况，年年由政府向社会发布要点，年年由商务印书馆出版全书，年年有改进有提高。2013年，德国的De Gruyter出版社将《中国语言生活状况报告》译成英文，先出版了 *The Language Situation in China (Volume 1)*。"语言生活"的理念，中国21世纪的语言规划成果，由此走出国境，走向世界。《中国语言生活状况报告》的撰写与翻译，创立了一块学术标牌，树起了一面学术旗帜，提倡了一种学术理念，凝聚了一支学术队伍。

近日，庆生先生的著作《语言生活与语言政策》即将付梓，命我作序。观现在学术著作的序言，似无定规，或叙情谊，或作书评，或抒发自己的学术见解。但也有潜行之规，那就是序者多为尊者长者。庆生先生是我老师,学生为老师作序,似与现今中国的学术秩序不合。但又师命难违,踌躇多日。好则我与庆生先生年龄相近,志趣相投,虽师亦友,下面就以"友"的身份谈些读后感。

《语言生活与语言政策》不是一时的才气迸发之作,而是作者长期的一系列专题研究的结晶。其中有些文章我曾读过,重读重受益;有些文章初次新读,精彩处或令眼睛发亮,或让我掩卷长思。

例如:"一个民族一种语言"是语言学的通常结论,其实语言与民族的关系错综复杂。庆生先生在《中国语言、民族与认同》中指出,中国约有70%的民族是"一族一语",30%的民族是"一族多语"或"多族一语"。语言与民族的确具有密切关系,但是把语言与民族一一对应起来是不合实际的。加之曾有人主张"一个民族一个国家",故而语言与民族的关系问题,甚至包括技术性很强的语言识别问题,都常常超越学术的边界,引发了而且还正在引发一系列社会问题。

再如:双语现象古已有之,不过历史上的双语现象并不普遍,且多数属于自然形成型。由于双语教育的发展、普及,双语现象已成为当代语言生活的常规现象。双语教育正在改变着语言生活,改变着文化的传承方式,是颇需关注的语言现象和社会文化现象。庆生先生的《中国双语教育类型》一文,根据民族语言文字在中小学使用的情况,将中国的双语教学分为"保存型、过渡型和权宜型",将双语教育体制分为"健全性、发展型和试点型",很有概括力。文后所附"中国中小学双语教育统计"表,系统而详尽,具有重要的史料价值。

又如:新中国曾经为少数民族进行过大规模的文字创制或文字改革。这是千载难逢的"语言试验",仔细观察这一"试验"的过程,评估其"试验"成效,无疑具有重要的语言学价值和社会学价值。庆生先生在《少数民族文字创制与国家建设》和《新疆内蒙古三次文字大改换》两文中，仔细分析了这些"试验"，颇有见地地指出：一种新文字，选择什么样的文字形式或文字类型，主要受社会政治因素的制约；新创制或改革的文字能否成功，能否为社会所承认，能否为社会所使用，在很大程度上并不取决于文字系统设计得是否合理，正字法制定得是否完善，而取决于文字之外的社会诸因素，特别是民族关系和国家的民族政策。同样，重大的社会政治变迁往往成为文字创制与改换的推动力，文字事件跟政治事件密切相关，一种文字系统或一种字母形式不仅仅是记录语言的符号，还往往是民族认同、国家认同、政治认同或文化认同的标记。

此类吸引眼球、激荡脑波的例子不胜枚举，书中拥有大量的田野调查资料和文献资料，并得出了许多重要的语言生活、语言政策方面的规律。这些材料和规律不仅对中国的学界、政界有所补益，而且对于不囿国界的语言规划学也具有建设性。能够如此，当然与作者所下的学术功夫、所有的学术功力有关，但也与研究对象有关。世界上有单一民族国家，也有多民族国家。因历史、文化传统的不同，多民族国家的情况也多不相同。中国有丰富的民族语言，有多彩的语言生活，有大量的语言规划实践，有颇具特色的语言政策。这是不可多得的学术富矿，发现这一富矿，精心开采，反映出的是研究者的学术眼光。

重视语言生活研究，特别是重视本土语言生活的研究，既是中国学者的责任，也是一条收获之路。这是我读庆生先生这部大著的最大心得。

2013年五一国际劳动节

[原载周庆生《语言生活与语言政策》，社会科学文献出版社，2015年]

到田野去　做田野派

——《中国新发现语言研究丛书》的启迪

中国新发现语言的调查研究，启于20世纪90年代初。1997年《临高语研究》《佯僙语研究》《巴哼语研究》《回辉话研究》付梓，至今已出版近50种，到2010年预计出版60种，真可谓鸿篇巨制。早在20世纪末，孙宏开先生就跟我详细讲述过这一项目，且每出一部，必有赠阅。这套丛书整齐地摆在我办公桌前的书架上，抬眼可见，伸手可拂。我珍视它，更珍视作者们的理念、贡献和所付出的劳动。

一　开阔学人眼界，利于语言国情了解

我国有56个民族，但语言却不只56种。《爱我中华》这首传唱不衰的名歌，其原歌词是：

五十六个星座，五十六枝花，五十六族兄弟姐妹是一家。五十六种语言，汇成一句话：爱我中华，爱我中华，爱我中华。……

有人在《百度贴吧》上将"五十六种语言"改作"五十六族语言"；国庆六十周年，宋祖英高唱《爱我中华》，歌词也改作"五十六族语言"（虽然字幕仍是"五十六种语言"）。一字之

易,便实现了艺术与科学的和谐。

《中国大百科全书》说我国少数民族语言有80多种,这也是当今学界通用、官方采用的说法。其实,1980—1987年出版的《中国少数民族语言简志丛书》,只描写了59种少数民族语言的简况。这反映出当时的认识水平。在《中国新发现语言研究丛书》等项目的努力下,现在已发现中国语言有129种(包括5种混合语,见孙宏开、胡增益、黄行主编《中国的语言》)。这一数据,足令国人开眼,国外注目。

国家的语言决策依赖语言国情,国家的许多决策都需参考语言国情。比如民族与语言的关系的认识,就影响到国家的语言政策、民族政策、教育政策和文化政策。过去,常把民族与语言的关系理解为"一对一",其实"一对一"只是一般情况,还有"一对多""多对一"等情况。民族与语言的关系"一对多",即一个民族使用多种语言。比如景颇族使用景颇语、载瓦语、浪速语、波拉语、勒期语、仙岛语等语言;瑶族使用勉语、布努语、拉珈语、巴哼语、炯奈语等语言;珞巴族使用博嘎尔语、苏龙语、义都语、崩如语等语言;怒族使用怒苏语、柔若语、阿侬语等语言。民族与语言的关系"多对一"的,比如有些民族放弃或基本放弃了本民族语言,而转用了别的语言,如满族、回族转用了汉语;汉语便为多个民族所使用。在现实语言生活中,民族同语言的关系更是错综复杂,需要仔细梳理。了解民族与语言的复杂关系,有利于民族识别和对民族特性、民族文化的认识,可以更好地处理民族教育、民族出版等问题,可以更为理性地设计中国的双语生活。

二 为保存国家语言资源做出贡献

《中国新发现语言研究丛书》所报告的语言,多是学界不熟悉的语言，或是过去未被发现，或是了解些线索但未及调查，或是虽有调查但不全面不深入。这些语言，往往使用人口较少，处在濒危状态，或正在走向濒危。发现这些语言，记录下来，公布出去，就是莫大贡献。

语言不仅是交际工具，还是国家重要的资源。它能够提供不可复得的语言样本。比如，四川贡嘎山一带的尔龚语，竟然有复辅音200多个，举世罕见。四川省甘孜藏族自治州有一种倒话，是藏语和汉语的混合语。倒话表现出混合语的许多重要特点，为语言学家提供了难得素材。语言样本是语言学发展的根本，通过对不同的语言样本的研究，可以提取语言的一系列共性特点和类型学规律，可以更清晰地勾勒语言的亲属关系，丰富普通语言学理论。

语言既是语言的资源，也是文化资源。哈萨克语有关马的毛色的词语350多个，形容骏马的词汇100多个，有关马的其他特征的词汇600多个，非马背上的民族，实难有这样的语言奇观。中国首批公布的518项非物质文化遗产保护名录，其中传说、故事、号子、歌谣、戏曲等，都无不牵涉到语言问题。语言是民族文化的记录者和传承者，丰富多样的中华语言，共同承载着光辉灿烂的中华文化。

语言忠实地记录着民族的历史，通过对语言深入而仔细的研究，可以重现民族的历史风貌，可以发现民族间有趣的交往故事，补史书之不足，得今人之新见。《中国新发现语言研究丛书》报道，四川藏族使用的贵琼语、木雅语、扎巴语、尔龚语、却域语等，与历史上西夏语的关系密切，属于羌语支语言。研究这些语言，对于构拟西夏语的面貌、进一步认识西夏文等，当有意义。说这些语言的人，可能是党项羌的后裔，与此也可得到党项羌融进藏族的历史信息，对于羌、藏民族史的研究，当有启迪。

随着社会交通、通信、传媒、教育等的迅速发展，许多语言可能走向衰落甚至濒危。语言消亡了就难以复生，就此而言，语言资源是不可再生资源。仅论交际，一些语言消亡也许不是什么大事，但若从文化角度着眼，语言的消亡就是国家资源的流失。当前，国际上都在呼吁保护语言的多样性，尽力抢救濒危语言，因为语言消亡意味着人类将失去不可复得的语言样品，将失去不可再生的文化基因，将失去一些历史记忆。在国内，保护濒危物种、保护文化遗产、保护环境等，呼声不断，社会也在迅速觉悟，但对于具有民族文化支点的语言，却并未引起广泛关注。《中国新发现语言研究丛书》记载的60种语言，可以说是在抢救60座中华民族的文化宝库，同时也是在敲击守望国家语言资源的警世洪钟。

三　到田野去

《中国新发现语言研究丛书》报道的这些新发现语言，大都分布在边境、海岛、高寒地带、人烟稀少的偏僻地区，有些语言还跨境使用。调查这些语言所遇困难、所付艰辛，不说也可以想见。比如西藏自治区察隅县的僜人，讲格曼语和达让语。该县地处中、印、缅三国交界的喜马拉雅东段，到那里去，道路崎岖，其中有数座雪山隔阻；生活艰辛，住处有虱子跳蚤，饭菜需要自己做；通信不畅，手机无信号，长途打不通。调查组在几乎与世隔绝的察隅县工作近两个月，是什么在支撑着他们？文化的使命感，学者的责任感。

到田野去，才有可能发现新的语言线索，才能获取第一手的语言资料。到田野去，描写陌生的活语言，才能切实培养学力，提升学术水平。到田野去，才能掘得学术富矿，冶炼出具有理论意义的高品位的学术钢铁。重视语言的田野调查，是一种优良学风，是一种学术使命，是一种科学精神，也是获取学术真谛的不二法门。

《中国新发现语言研究丛书》的成功,《中国新发现语言研究丛书》给我的启迪,就是到田野去,做田野派。

[原载《中国社会科学报》2009年12月29日第2版]

地名是珍贵的文化资源

——序戴红亮《西双版纳傣语地名研究》

戴红亮的博士学位论文即将付梓。这是一部严肃而有学术志趣的著作。

说它严肃,指的是作者的学术态度。

为撰写博士论文,红亮曾在西双版纳待了将近半年,住在傣家的村落和寺庙里,虚心向傣族人民学习语言、文化,潜心收集各种第一手研究资料。博士论文答辩通过之后,他并不急于出版,而是进一步收集材料,就一些问题继续探讨,补漏出新,力求有大的收获。期间,也将一些专题精制成文,在《语言文字应用》《广西民族研究》《修辞学习》等杂志上发表,产生了不错的学术反响。实地考察,长期思考,专题深究,"十年一剑"。能如此为学者,必有所成;能如此为学者,也必为学林所重!

说它有学术志趣,是指这部著作探讨的问题颇具学术魅力,也表明作者具有高远的学术情趣。

傣族是分布在云南省多个地区的古老民族,且与周边多国居民具有族缘关系,历史上深受汉族文化和巴利语系宗教文化影响,形成了独特的宗教文化和封建领主制度。红亮不仅全面研究了西双版纳的地名,而且利用地名材料探讨了傣族的历史文化。比如傣语地名记录的劳役和负担关系,就是当年领主制度的折射;他利用傣语地名，参之以傣族古籍《佛祖寻游记》，对南传佛教的传播路线也有了新看法。

更能引人入胜的是，红亮通过研究傣语、壮语、布依语、泰语中一些基本词汇和地名通名，富有创见地提出傣族的南迁路线：大约在魏晋南北朝时期，傣族主体从两广南部的壮语地区，途经越南和云南的边界地带，进入老挝与泰国的北部地区，然后再进入云南定居。此说可能会有争议，但有语言学和地名学的根据，可成一家之言，可为傣族迁徙史的研究提供重要参考。

读者有消费型和创造型之别，读者不同类型的形成不仅取决于读者素质，也受到著作类型的影响。红亮的《西双版纳傣语地名研究》，是帮助读者成为创造型的一部著作，读着它可以使人浮想联翩，时有所悟，或时有所疑。就我而言，最大的收获就是又一次深切感受到：地名是珍贵的文化资源。

地名是一处处地理标记，但更是文化生活的记录仪，历史风貌的活化石。如此宝贵的文化资源，若相关学术研究能够自觉利用，便能开凿新思路，或能觅获新线索，或能得到新佐证，或能释解老疑难。为系统整理、全面开发利用地名资料，应有计划建设具有详细标注的地名数据库；在利用计算机"计算"社会成为时尚的今天，大数据才能发现大问题，产生大理论，发挥大作用。

最后不能不说的是，弥足珍贵的地名资源正在迅速流失。城镇建设日新月异，但也带来了地名的大面积消失或更换；2012年我国城市化率已超过50%，快速的城市化进程抹去了一个个古老村落；不少地方还热衷于以"发展"的名义更改地名。建设促进着社会发展，但也损蚀着不可再生的地名资源。文化上可"求新"，文物上当"恋旧"。既要发展又要保护文化遗产，才是正确理念。正确理念需要法律之伞的卫护，国家应当在"地名法"等相关法律中，加入保护地名资源的内容，比如多少年限的地名（一百年？两百年?)就受应到法律保护,不能任人撤销或更改。

地名,是我们守望的祖先文化遗产,也是我们留给子孙后代的文化遗产。

2012年端午节

[原载戴红亮《西双版纳傣语地名研究》,中央民族大学出版社,2012年]

天光云影共徘徊

——序杨永林《常用标志英文译法手册》

读杨永林教授的《常用标志英文译法手册》，是令人激动的。因为中国语言生活正需要这类图书。

改革开放，国门敞开。古老的中国由"本土型"转向"国际型"。奥运会、世博会这类大型国际会议不断在华举办；国际公司和国际组织越来越多在华设立分部，甚或打算将总部移来；外国人士纷纷来华求学、工作、访问或是旅游。频繁的国际交往，急迫需要向国际人士提供外语服务，公共双语标示（标识）便是外语服务的重要一等。

近年来，不少地方进行了公共双语标示的大量实践，北京、青岛、广州、上海、江苏、浙江等地还颁布了相关的地方标准。今年"两会"，朱静芝等13位政协委员还提交了《关于制定公共服务领域外文译写标准的提案》。为适应新的语言生活，教育部语言文字信息管理司久经准备，邀30余位英、俄、日、韩等语种的专家，于今年8月在上海召开了"公共服务领域外文译写标准制定工作"专家研讨会。专家不仅高度评价外语服务工作，而且还指出了公共双语标示规范工作的多种意义：

我国这个标语大国，近些年来公共标示从内容到风格都在悄然变化，宣示性、教训性嬗变为服务性，"以人为本"的时代色彩刷新着公共标示。在这历史的新坐标点上，全面而理性地梳理公共场所的中文标示，必有利于公共标示新规范的建立。

双语标示的作用是复合多向的，通过双语标示也可向海外介绍中国特有的事事物物，介绍充满魅力幻彩的中华文化理念，树立中华的文明形象，扩大中外的文化交流。

国际上公共场所的标示也参差多样，并无统一标准。不同语言有不同的公共标示习惯，同一语言有不同地区的标示风格。通过对世界各地公共标示的收集遴选，加上华人的睿智创造，也许还能为国际公共标示的统一规范做出贡献。

毋须更多的条陈枚举，此已足可说明公共标示规范是当今语言生活中的重要工作，兼具社会性与学术性。国家语委早在2005年就在为此做学术准备，设立了"窗口服务行业外语应用规范研制"专项课题。清华大学杨永林教授承担了这一课题，并全身心投入到研究之中。一干就是五年。我曾经四次倾听永林教授谈他的这项研究，有三次是做学术报告，一次是他带着厚厚几大本的项目结项稿在我办公室的长谈。

读永林教授的《常用标志英文译法手册》，令人激动；听永林教授讲他编制手册的过程，更令人激动。

他为了搜集资料，出外总不忘把相机镜头对准各种双语标示。大江南北的双语标示照片，他拍了数万张，可资保存研究的也有上万张。看这些照片，有的非常出彩，体现了国人的双语智慧；也有许多则是不合适或可能带来外国人误解的，有些则让人忍俊不禁。然而，拍摄这些照片并非易事。北京的四环路，车流滚滚，昼夜不息，为拍摄四环上的一个标示，他在夜深人静之时进入行车道。相机举起，快门按动，冷不防一辆大车从他身边飞驰而过！标示拍到了，但惊魂久久不定。当他幽默地说差点儿成了"语言烈士"时，我的心倒是提到了嗓子眼儿上。

英文的公共标示，有许多习惯表达，非一般语法规则所能概括；英文分布广泛，欧美亚非各有差异，并无国际统一标准；且我国独有的一些事物和文化传统，英文也难以都能现成译写。因此，国外的公共英文标示，哪怕是北美的、英伦的，也只能起参照作用，难以简单照搬。永林常常笑着说，本以为堂堂的英文教授可以用牛刀宰鸡，谁知这里有大学问，进去了就出不来，做了大难，也长了大见识，"风景这边独好"！他从网络上、书籍中、朋友处用心搜集北美、英伦和其他地方的相关资料，反复梳理，辑出备用条目。再同外国专家一起，拟定规则，逐一审核，或认定，或修订，或重拟，终有如今付梓面世之大作。

宋代大儒朱熹《观书有感》云："半亩方塘一鉴开，天光云影共徘徊。问渠哪得清如许，为有源头活水来"。读永林这部图文并茂的大作，似置身清澈的方塘之畔，观赏水中之天光云影，感受其美其妙。为何书中有天光云影？那是这课题具有的社会意义，这课题具有的学术价值，做这课题的责任、激情与艰辛。

社会语言生活，本来就有天光云影！

关注社会语言生活，本来就是语言学的源头活水！

2010年国庆节
嫦娥二号奔月之时

[原载杨永林《常用标志英文译法手册》，商务印书馆，2012年]

法律语言的若干思考[*]

今天来参会有两个任务，一是表示对会议的支持，二是来学习。

许章润教授刚才讲，从1905年至今，中国法律的进程还有很远的路要走。他的意思是我国的法律实践还较少，走的路还较短。实际上，现代汉语走的路更短，严格来讲，真正确立现代汉语的标准应该是在1955年。学界习惯把20世纪初作为现代汉语的起点，其实那只能看作从近代汉语向现代汉语迈进的过程。直到今天，现代汉语还处在快速发展中。我国的法律实践在促进法律的规范化，推进法律的进展；现代汉语的实践也在促进语言规范化，包括促进法律语言规范化，从而推进法律的进展。

法律语言规范化重在实践。法律语言研究者应当深入到实践中去，深入到立法的实践、司法的实践中，搜集法律语言的第一手资料。在此基础上概括出规律，提出规范。法律语言研究的动力不是书本，不是理论，而是"问题"。在深入法律实践的过程中会发现许多需要解决的语言问题——学术的问题或是现实的问题。这些问题就是研究的出发点。只有从问题出发，才有生命力。现在有很多学术研究，不是从解决我们国家在发展过程当中遇到的问题出发，

---

[*] 此文为2008年5月17日在"全国首届法律语言规范化研究学术会议"上的讲话。

而是从本本出发，从"洋人的嘴巴"出发，此乃学术之大忌。为什么有些学术成果被束之高阁，不能在国家发展的进程中发挥作用，其中不少与此相关。今天大家聚在一起讨论法律语言学，是因为法律实践提出了这样的问题，会议话题的设置是从"问题"出发的。

在立法层面，应当重视语言问题。法律语言并不仅仅是记录法律的符号，它与法律思想相伴生，相促进。没有优质的法律语言，没有高超的语言能力，就不可能产生优质的法律思想，不可能制定出优质的法律。就某种意义而言，立法过程就是法律语言运作的过程。这是个语言哲学问题，牵涉到语言与思维的关系，语言与文化的关系。我不想做过多阐述，也不奢望得到所有人的赞成。

退而言之，语言起码可以看作是一种立法技术。没有现代的立法技术制定不出好的法律，这不是"工具主义"，是"工欲善其事，必先利其器"。就语言学的角度看，我国的立法技术并不完备，当前突出的问题是词语使用。首先是词语消歧，内涵和外延要清晰，没有歧义；其次是词语统一，通过语料库对重要术语进行全面梳理，整理同部法律或不同法律中的"同名异实""同实异名"等现象。除此之外，法律语言规范化当然还牵涉到语法和篇章的问题。

特别要提出的是，中国的法律语言还要考虑少数民族语言翻译问题，比如"物权"的翻译就出现过困惑，有些民族把《物权法》一开始译为"《东西法》"。此外要注意大陆法律语言同香港、澳门地区法律语言的沟通，注意同台湾地区法律语言的对照，注意外语翻译的实践。这些都牵涉到法律语言规范化的问题。

司法语言是更为急迫的研究课题。其一，从语言学家的眼光看，司法过程是一连串的言语行为，司法过程中的语言问题，可以借鉴言语行为理论进行深入研究。其二，法律文书的规范制作，离不开法律语言的规范化。其三，是语言学在司法证据中的作用。有一个例子：有人拿出房地产文书作证物，说是1951年的文书，但上面有简化字。法官认为这是伪证,因为新中国1955年才通过简化字方案,1956年才正式实施,1951年的文书怎么会有简化字呢?其实这个文书是真的,因为简化字在历史上一直都存在,民国政府1935年还正式公布过简体字。这个例子说明,语言文字在证据学中具有一定地位,应当加强研究。特别是随着语言现代化手段的发展,又会遇到许多新问题。比如手机短信能否作为法律证据?怎样鉴别录音、录像的真实性?

法律语言研究涉及多学科,需要多学科合作。现在学科之间合作不易,就连对话也很困难。困难之一是话语结构不同,术语理解有时差异很大。比如"语言",不同学科的人理解可能不一样。有人把语言理解为口语,有人理解为书面语。语言除了口语和书面语之外,还应当包括体态语。体态语最自然,不容易掩饰,透过体态语可以获取许多信息,在审判中要特别关注体态语。不同学科的对话与合作,需要研究者有多学科的知识背景,应当注意培养多学科背景的学生。

过去曾经有语言审读制度。法律文本出来,最后交给语言学家审读,在文字上最后把把关。这个制度很有效,希望能够恢复。

最后谈谈语言的法律问题。语言是重要的社会现象,语言生活是社会生活的重要组成部分。关于语言可以形成专门的法律或法律条文,如《国家通用语言文字法》是专门的语言法律,《宪法》《民族区域自治法》《教育法》等法律中都有关于语言的法律条文。这些法律及法律条文,规定不同语言的法律地位,规定重要社会领域使用语言的法律要求,保障公民的语言权利。我感觉,对语言的法律问题研究得还非常有限,对已有语言法律的执行很不到位,语言法律的社会知晓度也相当低。法律语言规范化的研究,应当结合有关语言法律的研究进行,通过法律语言规范化,来保障有关语言的法律的执行,来保障公民的语言权利。

重视隐性语言政策研究

——序李英姿《美国语言政策研究》

1982年，教育部、国家语委推动"注音识字，提前读写"的教学实验（简称"注·提"实验），先从黑龙江省佳木斯、拜泉、讷河的3所学校开始，之后推及全国28个省（市区），数百万名学生参与，且对海外华语教学也产生了很大影响。

李英姿就是通过"注·提"实验启蒙的。英姿才思敏捷，文笔清新，她的散文（特别是博文）常记述一些有趣的事，具有一种鲜活的美。30年之"注·提"实验，试验不停，争论不停。英姿的敏捷才思和清新文笔，并不能成为评判"注·提"实验成败得失之充分证据，但却是很有意义的一个成功个案。其实，试验进行了30年，参与学生数以百万计，是应当对这一教学试验做个全面的总结了。

当然，英姿走上语言学研究道路，跟参与"注·提"实验就不一定有必然性的联系了。但是，她的博士论文研究美国的语言政策，确实与她在夏威夷大学的留学生活相关。2006年，国家设立专门的留学基金项目，支持与国外大学联合培养博士研究生。英姿深受国家之惠，也感谢李英哲先生惯有的慷慨，同意与我一起联合指导英姿读博，因而成就了英姿的一段留美生涯，为她研修语言规划理论、了解美国语言政策、搜集研究资料、广结学术善缘，创造了得天独厚的条件。

英姿耐心地查阅了美国的法律、政府工作报告及相关英文文献，对殖民时期以来的美国语言政策进行了历史梳理，并从移民语言、土著居民语言、外语、英语的境内外推广等方面，清晰描写了美国语言政策的全貌。英姿发现，美国不仅是文化的大熔炉，也是语言的大熔炉。众多的移民语言都被溶解了，只有英语成了美国最有权威的通用语言，发挥着"国语"应有的一切功能。但是有趣的是，联邦政府并没有维护英语、同化移民语言的明文规定，甚至宪法中也没有规定英语的特殊地位，虽然有人不断提议将英语的国语地位写入宪法。但是这并不能说美国没有语言政策，美国对语言生活的治理是通过隐性的方式进行的，是隐性语言政策在发生作用。

英姿关于美国语言政策研究，使我们看到了将语言政策划分为显性与隐性的重要性。所谓显性语言政策，是指通过法律条文和政府文件等明文规定的语言政策，世界上多数国家当今都有自己的显性语言政策。所谓隐形语言政策，是指通过语言意识形态、语言实践活动等体现出来的语言倾向，以及可能影响到语言生活的其他法律条文或政府文件。隐形语言政策虽不是关于语言生活的明文规定，但是能够起到语言政策的作用。

显性语言政策与隐性语言政策是相辅相成的。一般来说，显性语言政策是隐性语言政策的"法规化"，其基础是隐性语言政策。显性语言政策在执行中仍然需要隐性语言政策的襄助，甚至需要再转化为各种隐性的语言政策，从而进一步引导隐性语言政策向着显性语言政策的方向凝聚和发展。有些国家没有显性语言政策，如果也没有一致的、足够有力的隐性语言政策，这个国家的语言生活将是"碎片化的"。没有显性语言政策的国家，如果其隐性语言政策强大且一致，这个国家的语言生活仍然会十分有序；如果其隐性语言政策中具有不合国际共识的东西，反倒有助于政府掩饰其非，或者为政策调整留下了操作空间。在一些法制不健全、甚至是非法治的国家，显性语言政策如果得不到隐性语言政策的支持，显性语言政策只能是一个口号、一只花瓶或是一个梦想，并不能真正发挥什么作用。

由此来看，无论是学术上还是语言规划的实践中，都必须重视对隐性语言政策的研究。其实，当前已经有一些关于隐性语言政策的研究与实践，如"语言意识形态"概念的提出、语言声望的研究与规划、语言认同问题的探索、语言的文化意义的阐释、语言能力的经济价值的揭示等等。但是这些研究还不全面、不深入，没有形成学术框架和理论体系，在社会语言规划方面，还不自觉，不系统，缺乏理论的指导。隐性语言政策的研究，具有广阔的学术发展空间。

我国具有语言规划的悠久历史，古代中国虽然也有过显性的语言政策，如秦代的"书同文"、唐代的"字样之学"、清代的"国语骑射"等，但总体上看采用的多是隐性语言政策。自从1911年清朝学部中央教育会议议决《统一国语办法案》之后，中国语言政策开始由隐性为主向显性为主转变，自此之后百余年来，制定了大量的关于语言的法律、政府文件、规范标准等。这对于从旧时中国向现代中国的跨越是适应的。但是，在普通话推广达到全国总人口70%的今天，在世界一体化、文化多元化的矛盾进程中，中国应当更善于利用隐性语言政策来实现语言规划。

"注·提"实验虽然是语文教学改革试验，但也可以看作是一项隐性语言政策的实施。从隐性语言政策的角度研究"注·提"实验，总结"注·提"实验，当有另一番学术风景。

2012年12月25日

[原载《语言文字报》2013年3月1日]

撰写一部中国语言规划史

——序黄晓蕾《民国时期语言政策研究》

黄晓蕾的《民国时期语言政策研究》，是她博士论文的升级版。从2002年读博时渐入此域，到2005年完成博士论文，再到今日修改成书，前后十年矣！十年中，不管是生子理家，还是更换单位、承担新务，皆能就一个课题持续钻研，磨剑不辍，这种"咬定青山不放松"的学术定力、学术韧性，是一个真学者应具有的学术素质，或者是学术品质。

民国时期与今不远，但是语言规划的素材并不易得。当年晓蕾做博士论文，以及之后完善论文，她都耐心收集材料，细心观察材料，精心编织材料。不急躁也不浮躁，"山中无甲子，寒尽不知年"，是一个真学者应具有的学术心态，甚至是学术境界。

晓蕾这部书，全面描绘了民国时期的语言政策，记述了此期重要的语文思潮、语文团体、语文人物和语文事件，且在关注语音、文字等本体规划内容时，还涉及术语、新词、语体等。中国现代意义上的语言规划，始自清末之切音字运动，至今已百年有余。百余年来，语言规划的基本精神一脉相承。正因其一脉相承，所以研究民国时期的语言政策和语言规划，不仅可以科学评价清末语文运动的历史影响，也有助于理解1949年以来中国大陆的语言政策。民国时期的语言规划，也影响了台湾、香港和海外诸多华人社区，因而海内外华语读音标准一致，文体皆以白话文为正，且共有注音或拼音工具。研究民国时期的语言规划，自然也有助于了解海内外华人社区的语言今貌，把握其发展走向。晓蕾以其十年之力研究民国时期的语言政策，其功既在中国语言规划史，亦涉及当代各华人社区的语言生活。

语言规划作为一门现代学问，若从1959年美国语言学家豪根（E. Haugen）提出语言规划的概念算起，仅有短短50多年，但是人类的语言规划实践却有着悠久的历史。50多年的语言规划学研究，侧重于研究现代，而较少关注历史，这无疑是一种缺憾。

中国不仅是文明古国，也是世界上最早规划语言文字的国度之一。如先秦之倡雅言、重正名，秦朝之"书同文"，汉末之"熹平石经"，唐代之"字样之学"等，都是重要的语言规划；历代之官修韵书字典、设学兴教、科举取士，都是推行语言政策的有效举措；在经学大师的论著里，在语文典籍的序跋中，常有语言规划之论。不过，这一领域的材料收集不全，研究不多，其研究标高大约应是李建国先生之《汉语规范史略》。

中国是治史大国，治史者众，但治语言学史者寡。中国语言学史研究，只是到了这个世纪之交才突然发热，但关注中国语言规划史者，仍是寂寂寥寥。而中国几千年语言规划的实践与学说，相信是支撑语言规划学的不可缺失的科学材料。我多年来不间断地研究切音字运动，并对诸子百家有关语言的论述保持着兴趣。我的两名博士高晓芳、孙春颖，分别把晚清外语教学、明代语言规划作为博士论文选题。国家语委也曾设立"中国语言规划的历史研究"项目。但这些研究，距离写一部厚重的中国语言规划史，还有遥遥之路。

中国语言规划史的研究尚在起步阶段，需从搜集材料做起，需从断代研究做起。以史料作基础，纵串为史，抽象为论，方能建立起中国的语言规划学说。参之以方国的事实与理论，进而升华出普世之果。当前，世界语言生活面临重大变化，显现出一系列新特点，产生着一个个新问题。如此形势，呼吁着世界领域的语言规划。世界语言规划，可以从中国的历史里，从中国的学人处获得借鉴。

当今之世，当今之学，需要一部中国语言规划史。

2013年4月20日

[原载黄晓蕾《民国时期语言政策研究》，中国社会科学出版社，2013年]

我们需要研究世界

——序王辉《澳大利亚语言政策研究》

我认识王辉，是在2004年的第四届全国社会语言学学术研讨会上。

那年的10月16日，有点过节的感觉。各级领导、语言学界的专家学者、语言文字工作者、欧盟的朋友济济一堂，在人民大会堂云南厅庆祝我国普通话水平测试开展10周年、教育部语言文字应用研究所成立20周年、国家语委普通话培训测试中心成立10周年，并举行第四届全国社会语言学学术研讨会开幕式。之后移师中国传媒大学，社会语言学学术会议继续召开。

会议期间，周玉忠教授和王辉送给我他们主编的《语言规划与语言政策：理论与国别研究》。这是一部很有学术价值的语言规划论文集，虽然他们供职的宁夏大学，地处人们心目中的西鄙之地。王辉当时还提出了跟我读博的要求。我当时就同意他报考，因为我当时的学术兴趣已经放在了语言规划上，我也希望为西部的发展尽微薄之力。2006年我在中国社科院研究生院、南开大学和中国传媒大学招收了四名博士研究生：王辉、王春辉、于辉、李英姿，人称"一英三辉"，事情还真有这么凑巧的。

王辉选择澳大利亚的语言政策作为博士论文的研究对象，我很赞成。澳大利亚语言资源十分丰富，多元文化和睦共处，语言生活比较和谐，语言规划理念有独到之处，语言政策较为开明，具有很高的研究价值。王辉边工作边读博，还肩负着家庭重担，他能够按时完成博士论文，得益于熟练的英语、笼天罩地的互联网和澳大利亚的学术朋友，这些使他能够得到较为充足的研究素材，使他身在中国而能眼观澳洲。今年春节过后，王辉应邀同我一起访问澳大利亚，亲身感受那里的地理人文，实地考察澳洲的语言政策和语言生活，这对于论文的修改大有裨益。而今，得知王辉的博士论文即将付梓，我自然是很高兴。

王辉的博士论文《澳大利亚语言政策研究》，全面研究了澳大利亚语言政策的发展变迁。1788年白人踏上澳洲这块土地，到1901年澳大利亚建国，澳大利亚还没有明确的语言政策，是"放任性的"。建国之后的澳大利亚实行"白澳政策"，对有色人种及其语言采取歧视态度，土著人民及少数族群的语言受到强烈排斥和严格限制，造成了当地语言的大量濒危和消亡。在20世纪70年代，澳大利亚就改变了英语同化政策，但是直到2008年2月13日，陆克文总理在国会才正式向土著人民道歉。1970~1990年，是澳大利亚语言政策的黄金时期。这一时期实行多元文化政策，提出要保护和开发澳大利亚的语言资源，每个公民除了英语之外还要学习另外一种语言，要用客户能够理解的语言提供服务，要支持土著语言和海峡岛语言。1990年之后，澳大利亚要求优先发展学生的英语读写能力，以保证英语的官方地位。促进对汉语、日语、印尼语和韩语等亚洲语言的学习，加强同亚洲主要国家的交流能力。此期的语言政策，主要通过语言教育规划来体现，侧重于英语的优先地位，侧重于语言的经济价值，侧重于同亚洲发展关系。

澳大利亚100多年的语言政策，王辉把它梳理为"放任政策""同化政策""文化多元政策"和"优先化政策"四个阶段，并从语言问题、语言资源、语言权利等角度分析澳大利亚语言政策制定和变化的动因。王辉还概括出了语言权利、语言资源和语言问题这三种意识的强弱与政府采取何种语言政策的关系,比如:当侧重于把语言看作问题时,政府倾向于采取语言同化政策;当语言资源、语言权利的意识较强时,政府倾向于采取多元化政策以均衡各语言间的关系;当这三个方面都受到重视时,政府倾向于采取"优先化"的语言政策。

这种对应关系,提供了分析各种语言政策的框架。世界各国的语言政策有同有异,也许不一定都能装进这一框架中,在利用这一框架对世界不同类型的语言政策进行分析时,当然应当对这一框架进行修正。提出这一框架的意义,就某种意义而言,或许不在于其解释力有多强,而在于通过澳大利亚这一个案的研究抽绎出规律性框架的努力,以及尝试利用这一框架去观照世界语言政策的理论意识。

《礼记·学记》说,"学然后知不足,教然后知困",认为可以"教学相长"。在本科教学和研究生教学的生涯中,我深深体会到《学记》的这些见解是多么的深刻。近些年来,我的多位博士研究生做语言规划方面的论文,在指导他们论文的过程中,我也开阔了眼界,深入思考了不少问题,获取了许多"教益"(因教学而得到的收益)。王辉的论文使我对澳大利亚的语言政策有了更多的理性思考,并强烈感受到:我们需要研究世界。

就语言规划领域而言,我国对世界语言生活的知识还是相当贫乏的。全世界有五六千种语言,我国能够了解的外语大约只有百种左右;全世界有200来个国家和地区,我们仅了解一些具有典型性的语言政策,比如美国、法国、苏联、加拿大、土耳其、印度、日本、越南、新加坡等国的语言政策;西方近50年来语言规划理论取得了长足进展,但我国对这些成果的译介还相当有限。

中国正在由"本土型"国家开放为"国际型"国家,国际型的国家要求我们必须研究世界。研究世界有远近两个目标：近目标是借鉴国际上的经验与教训，用更为宽阔的世界眼光来看中国，把中国现在的事情办好，把中国未来的事情计划好。远目标是履行一个大国的国际义务，同国际社会一道把世界的事情办好。中国的事情不仅在国内，也在国外。随着我国的国际化水平的提高，在国内、国外两个大局中，国外这个大局会变得越来越重要，我们需要承担更多的国际义务，得到更多的国际话语权。我国在克服世界金融危机中所发挥的作用和中国海军的亚丁湾护航，是国外大局开始变得重要的两大标志。

　　不管是近目标还是远目标，我们对世界语言生活状况的了解都是远远不够的。全面研究世界的语言生活，窃以为起码应包括如下内容：1. 每个国家（地区）语言的种类、每种语言的基本面貌与使用活力；2. 每个国家（地区）的语言政策（包括外语政策）及其执行力；3. 向外传播本国语言的经验与举措；4. 语言规划的机构、运作与学科发展状况；5. 国际组织的语言态度及语言使用状况。这些研究成果起码可以出版两套大型丛书：国别（包括国际组织）语言生活状况丛书；语言规划经典译丛。

　　今年，北京市高考的作文题目是《仰望星空与脚踏实地》。全面研究世界语言生活是巨大的文化工程，上面所谈有很多是"仰望星空"式的遐想，要真正实现，需要诸多学人"脚踏实地"地工作。

2010年6月16日 端午节

[原载王辉《澳大利亚语言政策研究》，中国社会科学出版社，2010年]

应重视新闻发言人语言研究

——在"新闻发言人语言学术研讨会"上的发言

新闻发言人的语言,不是一般的语言学话题,它还是政府的形象。老百姓看政府,一是看他怎么做,二是听他怎么说。就此而言,新闻发言人是"半个政府",对新闻发言人的语言的研究,意义特别重大。

任何一个学科,都应该密切关注民族和人类在发展中、前进中遇到的问题,社会科学和自然科学都应如此。人们常谈论什么是一流大学,大楼和大师都不是一流大学的本质条件,最关键的就是看这个大学对民族和人类在发展过程中遇到的问题关注多少,解决多少。中国语言学界,一百多年来做了很多事情。但是,今天有不少人并不关注民族乃至人类在发展中遇到的语言问题,不关注当下的语言生活。作为个人的学术志趣,无可厚非,但如果一个学界都是"躲进小楼成一统,管它春夏与秋冬",那就是很大的悲哀。新闻发言人语言问题研究,是个"入世"的话题,有着良好的学术前景。

语言的发展变化,教科书主要谈及语言结构方面的,包括语音怎么变化,词汇怎么变化,语法怎么变化,等等。其实,语言的发展变化除了语言结构,语言功能的发展变化也很重要,但却一直研究不够。语言功能发展变化随着社会生活的快速发展,呈现加速度的态势,最重要的表现是各种语体的丰富和发展。古代,语言功能的发展变化主要是阶层方言的分化和口语、书面语的分化，其发展与今相比也较为缓慢。

二十世纪五六十年代以来，语言功能的发展变化非常明显，其主要原因是新媒体、新生活的发展。比如报纸出现之后，开始出现新闻语体；广播电视出现之后，开始出现跟广播电视有关的新闻语体；现在网络出现了，又出现了很多其他的新闻语体；商品社会的发展催生了广告语体。语言生活的发展变化跟语言功能的发展变化关系密切，加强语体研究，加强语言功能研究，是语言学的新的生长点。

过去，语言学的主战场上不大有关于语体的研究，事实上语体跟人的语言能力、讲话效果关系密切，跟语言生活关系密切。语言学家不能只研究语言本身，更要研究语言生活。

从语言学的角度考察新闻发言人语言的性质，可以先从语体方面看。

现代汉语已经形成了一个个的语体家族。语体发展首先是与语言文字密切相关的工具的发展。口语和书面语的分化产生了记录语言的文字，报纸、广播、电视、网络、手机等技术的发展带来了许多新语体。其次，语言使用场合也是促进语体发展的重要因素。新闻发言人的语言是在特殊场合运用的，是公文语体和新闻语体的结合，是嫁接得到的一种新语体。新闻发言人代表政府讲话，目的是实现政府和公众的沟通，所以带有行政语体的特点。行政语体还包括公文、领导人讲话等。但是新闻发言人的语言也具有较浓的新闻色彩。就某种意义而言，新闻发言人就是新闻的制造者，他的发言就是新闻，而且是通过新闻渠道传播出去。如果没有现代新闻传媒，很可能就不会有新闻发言人。

从风格上看，新闻发言人的语言以口语为主，但是伴有很多书面语成分。新闻发言人常常是用书面语"备课"，由于代表政府发言，语言比较庄重。在书面语和口语的隶属度里，新闻发言人的语言偏向于书面语。新闻发言人有独白和交互两种话语方式。独白，就是他首先要发布一些事情，多是事先准备好的，语体风格上可能较接近书面语；回答记者的提问是交互性的，口语色彩多一些。

新闻发言人是纯粹的语言职业，同播音员没有本质区别。极而言之，新闻发言人不需要创造思想，创造思想的是政府领导，新闻发言人的任务，是把政府的思想准确地传递出来，即所谓的"奉命而行"。

新闻发言人的语言研究应该是全方位的，如语言结构、语篇应用，还有准语言的使用、社会心理期待等。首先应考虑建立一个新闻发言人的语料库，通过量的统计帮助定性。比如研究新闻发言人语言的口语化程度，可以在一定范围内考察其口语词与书面语词的比例。

也许新闻发言人会给我们的语言生活带来一股新鲜空气。研究新闻发言人的语言，对于社会文风的改善可能有帮助。文风问题是历史痼疾，当年毛主席在延安就讲《反对党八股》，到现在，许多媒体、文件和领导讲话中仍然充斥着党八股。党八股意味着思想僵化、思想空洞化。但是，新闻发言人可能会带动文风的转变，因为新闻发言人面对的是社会大众，是一种实际交流，八股腔就没有听众。新闻发言人的职业促使其探讨好的文风，从而促进社会文风的转变。要提倡新闻发言人的文风多样化，提倡贴近老百姓的语言，向老百姓学习语言，不能老讲官话、套话。

总之，对新闻发言人语言的研究很有社会意义和语言学意义，是开拓性的。我们盼望着取得好的研究成绩。

［原载《北华大学学报》2010年第1期］

语言服务与语言消费

——序屈哨兵等《广告语言谱系研究》

哨兵有一腔拳拳为学之情，有一颗恒恒向学之心。

1997年，他在科学普及出版社出版了《广告语言方略》；2009年，他与惠琼合著的《广告语言跟踪研究》在暨南大学出版社出版；而今他又带着团队著就了《广告语言谱系研究》。十数年间，持续研究广告语言，研究之钻锋节节深入，研究之水平阶阶提升。哨兵是"双肩挑"之行者，前些年任广州大学副校长，襄理学务；近又迁任广州教育局长，主持政务。然仍能积业余之时问学，挤业余之力治学，着实令人佩服。我和哨兵同受业于邢福义先生，又都有在大学和政府工作的经历，作为同门同路人，更能理解哨兵的为学之心、为学之艰，当然更有为学之趣。

记得是2005年9月，上海市召开"世博会语言环境建设"国际论坛，200多位贤达与会。哨兵与多位先生在会上力倡"语言服务"观念，响应者众，至今常被引述阐发。我对语言服务也"心有戚戚焉"，八年来时常思考，也略有所得。

何谓语言服务？语言服务就是利用语言（包括文字）、语言知识、语言艺术、语言技术、语言标准、语言数据、语言产品等等所有语言的所有衍生品，来满足政府、社会及家庭、个人的需求。既是服务，就有服务的提供者和接受者，形成服务链条；链链勾连，织成服务网络。

　　谁是语言服务的提供者？首先是政府。政府，特别是政府的语言职能部门，通过语言政策、语言文字规范标准、语言资源、语言信息咨询、语言科研立项等向社会、向家庭和个人提供语言服务。由管理转向服务，体现着政府的社会治理观念的进步，而且政府又是语言信息、语言资源的拥有大户，故而应成为语言服务的带头人和推动者。社会单位也是语言服务的基本提供者，语言服务的内容几乎无所不包，语言服务的对象几乎无所不在，比如语言培训、语言翻译、语言节目、文字艺术、语言信息技术与产品、语言资源、语言智库咨询、语言病理的诊疗与康复等等。当然，一些语言能力强、拥有独特语言产品的"语言专家"，也可以以个人的身份向他人和社会提供语言服务，但在当前的社会生态中，个人提供的语言服务份额还相当有限。

　　谁是语言服务的接受者？语言服务的接受者异常广泛，几乎涉及社会的方方面面和家家人人，但首先还是政府。政府既是提供语言服务的大户，也是接受语言服务的大户。主动接纳智库建议和专家咨询，购买语言服务，是建立政府与学界之间的"旋转门"、提高政府决策能力和管理、服务水平的重要举措。社会各行各业，省域、县域等地域各层面，甚至是厂矿、车站、机场、医院、学校、村庄等社会终端单位，都有自己的语言生活，有特殊的语言需求和特殊的语言资源，也有需要专门解决的语言问题，故而都需要接受语言服务。

　　每个社会成员，都需要发展自己的语言能力、特别是多元文化时代的多语能力，需要跟随科技进步使用、更新现代语言信息技术，因此需要接受语言教育或培训。社会不同领域都有一些语言特岗，需要一些语言专才，如语文和外语教师、翻译、播音员、节目及婚庆等主持人、话剧和相声演员、辞书编纂者、校对、书法家、广告文案作者、新闻发言人、律师、导游、导购、话务员、反恐谈判专家、语言信息处理专家、字模设计师、语言病理治疗师、心理咨询专家等，都需要得到特别的语言服务。一些患有语言疾病或伴随有语言缺陷的特殊人群，如失聪者、失明者、语言发育迟缓的儿童、自闭症儿童、唇裂和假喉病患、口吃者等，都需要得到特殊的语言诊疗、康复等。

换一个角度看，语言服务的接受者就是"语言消费者"。语言消费者有了各种各样的语言需求，为了满足这些需求才会寻求语言服务。语言消费概念的提出，使语言服务具有了产品的性质。无偿的语言服务是免费产品，政府提供的免费语言服务，可谓"语言福利"；社会提供的免费语言服务，是语言事业。有偿的语言服务便是商品，服务者和消费者之间是贸易关系，语言贸易形成语言服务市场，形成各种语言产业，当然也就产生语言红利。据瑞士经济学家研究，语言对瑞士GDP的贡献度竟为10%！

在我国，语言服务基本上是语言事业性质，近年来语言产业始受关注，并有较快发展。语言消费意识也在不断增强，不仅出资接受外语培训、购买电子阅读产品、把聋儿送到康复中心等，而且到政府办事、去商场购物、在机场候机、接受厂家的售后服务等，也更加重视政府、商家等的语言态度，语言态度已经成为重要的"伴随商品"。但总体而言，政府、社会和个人的语言消费意识还不自觉，语言服务的事业和产业还不发达，语言服务网络还待细密编制，语言市场还在发育之中，社会语言生活质量还不能与时代同步。深入研究语言消费，培育开拓语言市场，全方位开展语言服务，提高全社会的语言生活质量，是重要的学术课题，更是重要的社会实践。

哨兵早期的广告语言研究，多在学术中，之后不断联系广告业实际，具有了向广告业提供语言服务的基础，且有一些提供服务的成功案例。下面也许还需有计划地启发广告业的语言消费意识，建立语言服务和语言消费的链条与网络，将语言服务理念由学术领域推进到社会实践领域。

昨夜看中央电视台新闻调查，话题是《雨人们的上学路》。自闭症儿童急需要学校接纳和社会帮助，融合教育是帮助他们的最佳途径。据报道，广州已经行先，哨兵在节目中有段讲话，那意思就是政府有义务向自闭症儿童提供教育服务和语言服务。"双肩挑"者自有许多苦乐，但从社会管理角度看，也许较易将学识转化为政见与社会行动。

不过，我们还需要缜思深究：谁需要语言服务？谁能提供语言服务？谁能把语言服务者与语言消费者连接起来？谁应当得到什么样的语言福利？语言产业如何通过服务获取最大的语言红利？

2014年1月27日

[原载屈哨兵等《广告语言谱系研究》，暨南大学出版社，2014年]

构建中华语言信息化大平台

——序江荻、龙从军《藏文字符研究》

中华民族有30余种古今文字，因此便有很多"动天地、泣鬼神"的仓颉式人物。屯米桑布扎，便是这仓颉式的杰出人物。1300年前，他创制了藏文，使灿烂的藏族文化得以用书面的方式保存与发展。他还有八部藏语文论著，《文法根本三十颂》和《音势论》一直传留至今。《文法根本三十颂》是藏语语法著作，用偈颂体写成，重点讲虚词与词格助词；《音势论》或译作《字音强弱论》，结合音义对藏文做了阴、阳字性的分析，研究了字性阴阳交替所形成的语音变化和时态、语态等语法变化。他创制的藏文和他的煌煌著作，不仅是藏族的文化财富，也是中华民族乃至全人类的文化瑰宝。

而今社会进入信息化时代，藏语文也大步跨上信息高速公路。藏文字符已经有了国家标准和国际标准；计算机藏文处理正阔步前进，开发出了一系列应用软件，并可以利用互联网收集和交换信息。我们对屯米桑布扎的历史贡献表示敬意的同时，对新时代的屯米桑布扎，也充满敬佩之情。

《藏文字符研究》是大量扎实研究的总结，对藏文字符相关的问题，如字母、读音、编码、排序、图形符号、拉丁字母转写规则等，阐述详细，立论精当。江荻博士是面向信息化进行藏语文研究的重要专家，1992年就发表了藏文文本的统计成果，且逐渐从字母统计发展到结构统计，从静态统计发展到动态统计。他还提出了藏文熵值计算问题，给出了藏文排序的数学模型与算法，并领衔设计了藏文拉丁转写方案。有此功底，《藏文字符研究》的学术水平和应用价值，就是不言而喻的了。

当然，藏语文信息化的道路还十分漫长，中华语言信息化的道路都十分漫长。我认为，一个信息化的完整方案，应当包括三个层面：

Ⅰ、语言文字层面，包括语言文字的各种知识和规范标准，如语音图谱、大字典、大词典、语法大典、语料库、语言知识库，储存、显示、交换用的文字编码，计算机字库等。

Ⅱ、操作层面，包括语言文字的操作系统、应用操作系统和内容处理工具。语言文字操作系统主要是语言文字输入、传输、输出以及翻译的各种软件；应用操作系统是办公、商务、教育、大众服务等领域使用的各种软件。内容处理工具如百科辞书、术语标准、适应不同人群的内容检索系统等。

Ⅲ、内容层面，存放各种内容数据，如政府超市、农牧业知识、经济常识、医疗卫生知识等。

Ⅰ、Ⅱ是信息工作平台，代表着信息化的科技水平，Ⅲ是这一平台所承载的内容数据。建造平台的目的，就是要充分积聚内容数据，并对其进行科学加工，以最大限度地满足各行各业的信息需求。这三个层面所涉及的软硬件，都应当根据统一的标准相互兼容、协调和榫。

中国是多民族多语言多文字的国度，有56个民族，百种以上语言，十来种常用文字，还有一些常用的外国语文。这些语言文字及其所负载的知识，也应当在这三个层面整合兼容；这些语言文字的信息产品，也应当在这三个层面里集成共享。这样就会筑成中华语言信息化的大平台,每一种语言文字信息化的成果,立即就会成为中华语言信息化大平台的成果,每一个学者的贡献,立即就能使中华语言信息化大平台的功能有所提升。常积跬步而至千里,广聚小流而成江海。这样,可以从根本上解决语言文字之间不兼容、软件之间不匹配、重复投入、少数民族语言信息化总是被动追赶的局面。

这是一个仰望星空时产生的宏大构想。宏大的构想需要有统一的规划、统一的标准,而统一的规划和统一的标准,来自统一的意志和宽广的胸怀。拥有无数个仓颉和屯米桑布扎的中华民族,相信在信息化的时代能够实现这一构想,搭建起中华语言信息化的大平台!

2009年五一国际劳动节

[原载江荻、龙从军《藏文字符研究》,社会科学文献出版社,2010年]

语言能力需要终身培育

——序李君《大学语文教材研究（1978—2008）》

李君的博士学位论文《大学语文教材研究（1978—2008）》即将付梓，我由衷高兴。

李君的求学之路很不平坦，但终有所成。"王冕七岁上死了父亲。"这是语法学上的经典例句，一般人分析这个句子，能滔滔不绝地从语法讲到语义，而对于九岁丧父的李君来说，可能有更多的人生感悟。是母亲一人供养七个孩子长大成人，饥饿和寒冷是他们家当年生活的代名词。李君1994年考入黑龙江大学中文系，是哥嫂的无私供读才使他得以完成学业。大学毕业工作了两年，有了点儿经济积蓄，他才考回黑龙江大学读硕士。毕业后再工作四年，又有了点儿经济积蓄，又考入南开大学攻读博士学位。现在是黑龙江大学的副教授。东北的黑土地很养人，生活的磨难是人生的一笔重要财富。

据我所知，《大学语文教材研究》是我国第一篇从应用语言学角度研究大学语文教材的博士论文，研究材料的时间跨度从1978年到2008年共计30年，研究教材的数量多达350余部。为尽量全尽量多地获取这些研究素材，李君前后用了一个多月的时间到国家图书馆查阅复印。为节省开支，或是住在昏暗的地下室，或是到同学处借宿；复印费用太贵就用相机拍照，照片就拍了四万多张。通过对350余部大学语文教材多角度的统计分析，得出了一系列可信的数据，展示了新时期30年来大学语文教材编写的基本风貌和发展变化，对大学语文教材的编写提出了具有大量事实根据的建议。研究的扎实来自于材料的扎实，更体现着一个学者的学品与人品。

在李君搜集材料、撰写论文的过程中，作为他的博士论文导师，我和他一起思考大学语文的教学目标、教学内容等问题。大学语文之"语文"，究竟是何含义？是语言文字，是语言文学，还是语言文化？甚至就是文学、文化、文章学？在已有的教材研究、教学讨论和教材选文上，都会发现对"大学语文"理解上的各种倾向性。也许不同层次、不同类型的大学，或是大学中的不同专业，就应该有不同倾向的大学语文教材。

大学语文教材的倾向尽管多样，但大都认为应有一定的语言文字内容。的确，大学生还是需要学习一定的语言学知识，需要继续发展其语言能力的。但要进一步追问，大学生究竟需要哪些语言学知识？需要怎样发展其语言能力？由于学术研究的欠缺，恐怕谁都难以给出清单式的回答。回答这一问题，需要对现代社会成人的语言生活进行系统的研究，需要从语言能力的终身发展上进行教学规划。

人生的每个阶段，都有每个阶段的人生任务，由生到长，由壮到老。语言生活是人类最为重要的社会生活之一，关乎人生质量，从物质生活到精神生活。人生的每个阶段，有每个阶段的语言生活，保证每个阶段的语言生活质量，就需要获取一定的语言能力和语言知识，就需要终身观照下的语言教育。"终身观照"的语言教育，要旨有二：其一，人需要终身接受语言教育；其二，人生每一阶段的语言教育，都应有终身的系统考虑。

人生每阶段的语言教育，应考虑三方面的问题：第一，此阶段人的心智水平能够接受什么样的语言教育；第二，前段已经完成了哪些语言教育；第三，哪些教育是为后面的人生阶段教育做准备

的,哪些教育是作用终生的。据此三点,可以粗略描画人生一些阶段的语言发展任务。比如:

婴幼儿期,是孩子发展基本口语的时期。2012年9月,教育部发布的《3~6岁儿童学习与发展指南》,从健康、语言、社会、科学、艺术五个领域描述幼儿的学习与发展。《指南》将幼儿期语言发展放在重要地位,是非常科学的。

小学阶段开始识字,开始发展书面语,在此基础上进一步发展口语,并适时地引入第二语言,特别是外语。

中学阶段是基本语言能力的培育阶段。中学生要具有运用口语和书面语完成人生主要交际任务的能力;要具有一定的外语能力、使用一般的现代语言技术的能力和一定的语言学知识。中学生的语言能力其实代表着国民的基本语言能力。

大学阶段是高级语言能力的培养阶段,起码需要考虑如下几点:第一,能够运用口语和书面语自如交际,且有一定的文学鉴赏能力;第二,外语能力有较大提高,甚至开始学习第二外语;第三,具有一定的语言科学素养,树立科学的语言观,对语言生活现象能够合理看待;第四,较为熟练地使用现代语言技术;第五,能够借助语言学促进专业学习,具有解决本专业语言问题的意识和初步能力。例如:法学、医学专业的学生,应有一定的应用语言学素养;哲学专业学生,应有一定的语用学、语言哲学、语言逻辑学的素养;计算语言学、发展心理学等专业的学生,应有一定的语言结构分析能力;理工科学生应有一定的术语学素养,等等。

语言生活随社会发展而快速变化,新词语雨后春笋般涌现,现代语言技术伴随着信息技术的进步而日新月异,在信息化时代语言能力对于人生的意义也愈发重要,因此,语言能力也需要终身培育,大学之后的人生旅程中,还需要不断地进行语言学习。

我国的语言教学实践和语言教育研究,虽然有较长的历史,但是缺乏对人生各阶段语言生活、语言需要的描述，缺乏终身语言教育的规划，特别是对高中之后人生各阶段的语言教育胸无定数，不确定还需要教些什么，还能教些什么，以及用什么方式去教，因此有了不同目标、不同内容的大学语文教材。当然，我国已经进入老年社会，老年语言生活还罕有学者涉足，老年语言学还是一片"处女地"。

李君的这篇论文，开了一个好头，但"终身观照"的语言教育还有很大的研究空间，需要学界，需要李君继续耕耘，继续开拓。

古人讲究教学相长，李君的研究也启发我思考了很多问题。李君谈起他的人生历程，总是感谢曾经帮助过他的人，特别是教育过指导过他的老师们。我常为他的"懂得感恩"而感动。这感动，也是教学相长的一部分。此时我也把这种"感恩"的感动化为言语，来表示对南开大学和南开大学同人们的感谢。我国有悠久的语言文字工作传统，但却没有直接支撑的学科。在马庆株先生的倡议下，南开大学首设语言规划学博士专业，使我有机缘与马庆株等先生一起，为国家培养了一批从事语言规划研究的博士，以企对国家语言文字事业尽绵薄的学术之力。

唐代崔护有诗云："去年今日此门中，人面桃花相映红。人面不知何处去，桃花依旧笑春风。"（《题都城南庄》）诗人展现了对"人面桃花"的美好回忆，也强烈抒发了"物是人非"的人生感慨。我却突闪奇念，若将语言规划学专业比作诗中的"桃花春风"，我多么希望，不管人面何处去，桃花依能笑春风！？

2012年10月31日

[原载李君《大学语文教材研究（1978—2008）》，黑龙江大学出版社，2012年]

加强公民写字教育

"写字"活动分为两个范畴：1．汉字应用；2．汉字艺术。写字活动与汉字技术的发展与应用密切相关。本文勾勒汉字技术与汉字活动的关系，描绘当今汉字活动的特点，提出要加强公民写字教育的建议。

一　汉字技术

一部汉字发展史，就某种意义而言，也就是一部汉字技术发展史。例如：

甲骨文——在龟甲兽骨上用刀子刻画

钟鼎文——用模具浇注金属成型

软笔书写——竹帛、笔墨纸砚

印刷术（雕版，活字，铅字印刷……）

硬笔书写（蘸水笔、钢笔、圆珠笔……）

打字机

计算机技术（键盘、字库、激光照排、汉字识别……）

汉字生机勃勃，与汉字技术的不断发展密切相关。细细梳理，汉字技术的影响是多方面的：

汉字成字方便

汉字形体变化：甲骨、钟鼎、大小篆、隶书、楷书、草书……
汉字艺术
汉字职业与汉字产业
文化传播，社会文明

二 汉字应用与汉字艺术

每个时代有每个时代最通用的汉字技术，最通用的汉字技术首先支持的汉字的日常应用。日常应用最广的汉字技术也往往产生辉煌的汉字艺术。

甲骨文时代、钟鼎文时代，有其书法艺术家，只是能够参与这种汉字活动的人太少，所以"书法艺术家"名未传扬。

篆书、隶书成为汉字日常应用主字体，也有当时的书法家，他们中的有些人的名字和作品流传了下来，这一时期被当今的书法史描绘为萌芽时期。

自此之后，笔墨纸砚成为一千多年来主要的汉字技术，软笔书法广泛地应用于日常汉字生活，书法艺术也充分发展起来，流派纷呈，光辉灿烂。

某种汉字技术流行起来，常常能够挤占过去汉字技术的空间，甚至使过去的汉字技术退出应用领域。退出应用领域的汉字技术，有的沉溺进历史之中，成为历史的回忆；有的则作为书法艺术得以传承，成为书法家这类精英的事体。比如硬笔发展起来、成为日常书写的主要工具以后，软笔书写的空间几乎全被挤占，迅速地退出了应用领域。这一时期，软笔书法是书法艺术的主体，但是硬笔书法艺术也开始发展，近些年来渐成气候。

如此看来，汉字应用、汉字艺术、汉字技术三者之间的关系异常密切。当用的汉字技术，能够产生这种技术的汉字艺术；退出应用领域的汉字技术，也能产生或维持汉字艺术。

21世纪的今天，人类进入信息时代，计算机技术成为最重要的汉字技术，铅字印刷技术成为历史，硬笔也只是在不会使用计算机的人或不便使用计算机的情况下应用，成为计算机技术的补充，也即将退出汉字的应用领域，成为一种传统文化活动。计算机作为当今主要的汉字技术，它能否产生汉字艺术，能够产生什么样的汉字艺术，还需要等待将来汉字艺术实践的回答。

三　当世的写字教育

使用计算机技术进行书写，不是一笔一画的书写，字的间架结构和气势风格早由字库预成。此时当然需要书法艺术，需要探讨用各种汉字技术进行汉字艺术创作，这不需要论述。关键是现在还需要不需要对公民进行笔与纸的写字训练，或者说需要不需要重视公民的写字教育。窃以为是必需的：

汉字本身就是中华文化的有机组成部分，甚至是中华文化的基石。了解汉字构字理据和历史演变，有利于对中华文化的理解。而要了解汉字构字理据和历史演变，必须了解汉字结构，熟练一笔一画的结字。

计算机键盘输入方案，有音码有形码。写字教育有利于使用形码。

书法艺术的水平，与全民书写活动有关系。

小学阶段的识字教育，必须重视书写。通过书写促进识字教育，促进美学体验。中小学是公民素养培养时期，中小学写字教育抓得紧，写字就会成为公民素质。

不一定每一个公民都懂书法，但写字应当成为公民的一种文化素养。

大陆，正在加强中小学生的写字教育，但写字教育的倾向是"书法教育"。书法是书写皇冠上的明珠，但是不能用书法教育代替书写教育。当前中小学的书法教育，主要是用软笔书写楷书的历史形体。需要探讨真正的"写字教育"。甚至可以考虑建立公民的汉字书写标准。

汉字的各种形体，都是中华民族智慧的创造，都是中华民族的瑰宝。都应当受到尊重。这些不同的形体，在不同的时代、不同的地区发挥着不同的作用。这种不同，特别是不同形体在不同地区的使用，是汉字生活的习惯，应当相互理解，相互交流。在加强写字教育和书法教育的文化传承中，各地华人都肩负责任，应当相互学习，取长补短，使汉字文化得到继承，得到彰显。

[原载《书法报》2011年7月15日]

重视汉字教学

——序吴应辉《汉语国际传播研究理论与方法》

吴应辉先生长期从事汉语国际教育，是优秀的管理者，也是优秀的研究者。应辉先生在云南师大担任国际语言文化学院院长期间，其学术才干，其组织才能，就已充分显现。后北上入京，任中央民族大学国际教育学院院长，又把事业做得风生水起，誉满京华，溢及京外，溢及境外。

近日，应辉先生的《汉语国际传播研究理论与方法》即将出版。读此大著，我有三点感受。感受之一是著作的学术魅力。作者提出了"柔性传播、殖民殖语、输出性传播"等语言传播的多个新概念，刻画了汉语国际传播研究的十大领域，阐述了国家硬实力等对语言传播的决定性影响，构拟了汉语国际传播体系的三种模型等。许多观点都能让人眼睛一亮。

感受之二，作者的多重身份、特殊的人生观成就了这部著作。是书既有国际视野又有历史深度，既重理论收纳又重实践归纳，非有深厚的理论学养、丰厚的实践积累、长年的管理经验和长期的学术研究，难成此炊。这也透视出应辉先生把职业做事业、把工作事业做科学事业的工作观和人生观。

感受之三，汉语作为第二语言教学是遍布财宝的领域。这一领域的许多问题，都有学术价值，值得做学术思考，或是值得在新视野下做新的学术思考。比如汉字教学在汉语国际教育中的地位，见仁见智，或认为重要，或认为可以汉语拼音代替。不同观点，前台是不同的教学实践，后台是不同的理论背景。我从"重视阅读"的角度，则看出汉字教学的重要性。

语言学习的目标是"以言行事"，即通过语言获取信息（听，读）和表达信息（说，写），因此，语言教学需要培养学生"听说读写"（今天也许还要加上"译"）的全面运用语言的能力。但是对于高级语言学习者来说，阅读是语言能力提高的带动力量。语言教学必须重视阅读。

阅读材料有外文译写的，有汉语拼音转写的，也有在一定汉字数量内改写的。这些材料也有用，但必然是过渡性的，阅读原生态的汉语读物，才是努力目标。大量事实表明，国际学生能否提高汉语水平，能否坚持把汉语学下去，要看他们能否掌握汉字。不能掌握汉字的学生最终会放弃汉语。

汉字教学可以分为认字教学和写字教学，就阅读而言，认字也许更应重视。在现实汉语生活中，身处键盘时代的人们，写字的机会越来越少，认字能力比写字能力已逐渐重要起来。

所谓的"汉语难学"，其实主要是汉字难学。汉字难学中写字尤难。通过键盘进行汉字教学，可以利用汉语拼音或偏旁部首等重点教认字。键盘输入还可以弥补写字能力之不足，因为打字就能产生书面语，帮助表达信息。所以，研究键盘识字教学技术，开发软件，或许会成为汉语第二语言教学的新的兴奋点，成为克服"汉字难学、汉语难学"的曙光。

汉语第二语言教学要重视阅读教学，故而要重视汉字教学，特别是认字教学。在语言信息技术高度发展的今天，要特别重视利用电脑进行识字教学。我对汉语第二语言教学有着浓厚的兴趣，也常常客串此间，但对此领域一无实践二无研究，上述关于汉字教学的观点，只能算是业外野说。其价值也许"在诗外"，主要是说这一领域的确是座学术宝山，俯身有宝；身在宝山，勤便有获。

2013年4月16日

[原载吴应辉《汉语国际传播研究理论与方法》，中央民族大学出版社，2013年]

商务汉语及其教学问题

——序王惠玲、卢惠惠主编《语言学理论与商务汉语教学研究》

2008年6月27至28日,"当代语言学理论与商务汉语教学国际研讨会暨上海财经大学商务汉语研究中心成立大会"在沪举行。会议由上海财经大学、日本一桥大学、美国佛罗里达大学等三家大学的有关单位联办,国内外近70名专家学者与会。我有幸出席会议亲历盛况,深切感受到会议所反映出的汉语国际教育的新进展、新趋势。

商务汉语引起国内外学者的关注,本质上是语言学习价值在起作用。第二语言学习需要学习者付出大量的时间、精力、费用等学习成本。学习者愿意付出高昂的学习成本,是因为这种语言学习对他有价值。第二语言的学习价值体现在许多方面,如民族交往、宗教传播、文化兴趣、求学需要、工作驱动、商务活动等,其中商务活动是最能体现学习价值的领域之一,因此也是语言传播最为重要的驱力之一。

随着中国国际地位的提升,汉语作为第二语言学习的价值也在迅速提升。汉语升值不仅表现为国外学习汉语的人数逐年剧增,更重要的是汉语作为第二语言学习的价值领域在迅速扩展。过去,汉语学习的价值领域主要在语言层面,主要在具有中国特点的文化领域,目前明显地在向专业教育、科学技术和社会经济等领域扩展。

汉语学习的价值领域的发展，要求重视专业汉语教育。

语言交际有一般场合和特殊领域之分。一般交际场合使用的语言现象具有较高的"全民性"，是一般语言现象；特殊交际领域使用一般语言现象，同时也使用一些特殊的语言现象，如专业术语等。如此说来，第二语言学习也可分为两类；一类是学习一般语言现象，获取一般场合的交际能力；一类是学习特殊语言现象，获取特殊领域的交际能力。针对前者的语言教育称为一般语言教育，针对后者的语言教育称为专业语言教育。过去，作为第二语言学习的汉语教育，基本是一般汉语教育，而随着汉语学习的价值领域扩展，专业汉语教育的需求与日俱增。

商务汉语教育的发展，反映着汉语学习价值领域的扩展。商务汉语教学的任务，是培养能够用汉语从事商务活动的人才。这种人才仅有一般的汉语水平是不够的，还必须掌握商务方面的专业汉语。理论上说，搞好商务汉语教学需要研究两个方面的问题：

第一，商务汉语的特点。商务汉语是汉语的一种领域变体，它与一般汉语的不同主要表现在词语（包括术语）方面，其次是句法、语用及准语言的使用等。由于汉语的领域研究开展较晚，发展不平衡，许多领域（包括商务领域）的语言使用状况都不清楚或不太清楚。研究商务汉语，还应考虑到现代语言处理技术的充分利用，应把建立可以共享的、具有多种开发价值的商务汉语语料库，作为一项基础建设。

第二，商务汉语教育。根据商务人才培养规格和语言教学的规律，制定科学的商务汉语教学纲要和能力测试标准，编写各种适用的教材，开发包括工具书在内的教辅材料，逐渐积累、整合各种教育资源。在商务汉语的教育研究中，应特别注意一般汉语与专业汉语的关系，使两者合理配置、相辅相成。

专业汉语教育是世界汉语教育的新课题，它的发展能够促进汉语作为第二语言教育的稳步前进，促进汉语的学习价值持续提升，同时也能够促进我国的领域语言研究。专业汉语的教育与研究，需要语言学和各相关专业的水乳般的密切合作，需要知识复合型的教师和研究者。期望上海财经大学商务汉语研究中心能够促进语言学者和商务领域学者的合作，能够团结海内外学人，在商务汉语教育研究及其国内外的合作等方面，发挥重要作用，成为学术重镇。

[原载王惠玲、卢惠惠主编《语言学理论与商务汉语教学研究》，学林出版社，2009年]

流响出疏桐

——序郭熙《华语研究录》

郭熙和我，家住邻县，是小同乡；研究生读的都是语法学，是小同行。过去我们见面。除叙叙乡情，就是讨论家乡话，乐此不疲。

比如社旗和泌阳两县方言的调值，我们斟酌为阴平313、阳平53、上声55、去声31，此后两人发文章，皆遵此拟。再如豫南许多地方，都有一种奇特的音变。如"鸡"，阴平，在"鸡蛋、鸡肉"中变阳平，但在"鸡毛、鸡头、鸡腿、鸡窝"中却不变调，仍读阴平；"眉"，阳平，在"眉头"中变阴平，但在"眉毛、眉心"中却不变调，仍读阳平。其中奥妙，至今未解。又如家乡方言中地名用字的变读，形容词的生动表达形式，"了"的不同读音、功能及句法表现等等，都是我们论而不厌的话题。

江苏历史上有不少河南移民，至今留存着不少河南话的方言岛，郭熙常兴致勃勃地报告他的新发现；我说，河南人曾经一路西迁，从陕西到新疆，很多地方都流行河南话，若是能做做外省河南话的调查研究，多有意思！

长期讨论家乡话而不疲不倦，非小同乡加小同行，恐难做到。这是不小的缘分，也充溢着特殊的乐趣。《礼记·学记》云："独学而无友，则孤陋而寡闻。"笔者深以为然。所遗憾者，是两人在方言学上，都未做出令人令己都满意的工作。

近些年，郭熙的主要学术精力放在华语教育上，我对汉语国际传播的兴趣也与日俱增。汉语国际传播和华语教育存在明显交集，于是两人又多了华语这个新话题。《华语研究录》的许多文章，未发表我就有幸拜读过；许多思想，未入文我就有幸分享过。尽管如此，把这些篇什韦编成集，连着读来，对我仍形成了强大的学术冲击。

据郭熙研究，称说汉语有"汉语、普通话、中文、华语、国语、中国话、官话"等七种方式，这源自历时与共时诸多因素的加合交叠，且在一个时期内仍"各称各叫"，多名并用。他特别用心地梳理"华语"这一概念使用的历史与现状，指出"华语"早期多在海外使用，20世纪80年代以来，华人社区频繁交往，"华语"使用范围逐渐扩大，使用频率不断提高，其内涵其外延也在不断嬗变。华语，应看作"以普通话为基础的全世界华人的共同语"。如此定义华语，其实体现着作者一个重要理念，那就是域内外汉语的协调，对海内外华语做统一规划。

他谙熟新加坡、马来西亚等地的华语教学状况，明确提出华侨、华人的华语教育是文化认同教育：华侨是国家认同和民族文化认同，华人是民族文化认同。的确，华语教育属于母语教育，其性质大不同于一般的海外汉语教育。华语教育在汉语纵向传承和横向传播中地位重要，关乎汉语的生命活力，理应受到祖语国的足够重视，理应得到祖语国的鼎力支持。

郭熙还研究了华文教学专业的性质，认为它是一种师范专业。依此为据，讨论了华文教育专业的人才培养模式，课程体系构成，指出华文教育专业的学生实际上就是师范生，需要具有很强的华语能力、一定的语言分析能力和多种语言教学能力。

这些研究，几乎涉及华语和华语教学的方方面面，处处有新见,时时闪智光。能够达此境界,自然需要学术天分;但与其说是具有学术天分,还不如说是下了学术功夫。翻开《华语研究录》,大量的数据便涌入眼帘:

从唐代刘知几《史通》《隋书》到《新唐书》,再到民国以来"华语"的使用情况;

海内外众多学者关于华语的论述;

各种辞书对"华语、汉语、中文、普通话、国语"的解释;

《人民日报》1946年至2005年60年语料中使用"汉语、普通话、华语"的数据统计;

现代语料中"华语、汉语"分别作定语、宾语的句法组合数据;

"国、中、汉、华、唐"等与中华相关的5个语素,与"—人、—族、—商、—工、—侨、—语、—音、—话、—文、—字、—乐、—剧、—画、—学、—术、—医、—药、—服、—装、—餐、—资、—茶、—亩、—里、—式"等25个语素组合的情况;

互联网上相关语料的跟踪观察;

华人在世界各地的分布人数;

世界各国的华文传媒、华文网站(包括华文教育与研究的网站)名录;

2005—2008年各国传播汉语的大事记;

世界各地华语教育情况,特别是新加坡、马来西亚等地华语教育的各种数据,包括华语教学的历史、政府的现行政策、各级各类教学机构、学生数量及发展趋势、学习成绩等。

阅读这些数据,也许读者已经心烦,那么搜集这些数据呢?一定是更为艰辛,需要专心致志,需要长期留心。但数据是学术之基础,是思想之根源。《华语研究录》的诸多新发现新见解,相信得益于这些数据。《华语研究录》能够发生学术反响,相信不仅因为有论,而且因为有据。

　　此时,我想起了唐人虞世南,想起了他的咏蝉诗:"垂緌饮清露,流响出疏桐。居高声自远,非是藉秋风。"华语和华语教学,是当今语言学研究清疏高挺之梧桐,居高而歌,便可传远,勿需借秋风之力。

2010年端午

[原载郭熙《华语研究录》,商务印书馆,2012年]

提升中华语言文化的国际魅力

子曰:"三十而立,四十而不惑"。其实人到"不惑之年"而能不惑者不多,除非大智大贤,皆难有"不惑"之精神境界。然而,一个学会,能够持续四十年,不管是海涌波澜,还是天生风雨,皆能矢志不渝地倡中华语文研究,推华文教育发展,促华文学术的世界交流,实属不易。故而应向"四十而不惑"的世界华文教育学会,表示由衷的敬意!

世界上,凡语言能流行者,皆因其所属的文化有魅力;当某语言由盛而衰,背后多是其所属的文化由盛而衰。希腊语之与古希腊文化,拉丁语之与古罗马文化,阿拉伯语、法语、德语、俄语等在国际上的舒展卷缩,根源在于其文化的舒展卷缩。英语在二战后风靡全球,已经成为人类交际的"通天塔",这断非偶然,其根本原因,就是这一时期的美国文化科技在领跑世界。欲了解先进文化,欲拥有先进文化,就必须学习其语言,获得其语言。

中华语文的魅力来自古老的中华文化。儒墨老庄等诸子百家的光辉思想,"天下为公、讲信修睦"的大同理想,大汉盛唐的武功文治,领先世界的四大发明,赋予了中华语文的无穷魅力。当今之世,文化竞争,语言竞争,其激烈程度不亚于秦汉之际的"逐鹿中原"。要提升中华文化和中华语文的国际魅力,必须在弘扬传统的基础上,努力发展新文化,特别是以计算机网络为标志的信息时代的新文化。

欲让人信，先要己信。欲提升中华语言文化的国际魅力，首先自己须笃爱中华语言文化。这种笃爱不仅在庙堂上，在学林里，在经卷中，而且更在市井里，在乡村间，在生活中。这种笃爱不仅在老年一代，在读着报纸成长的一代，在听着广播成长的一代，在看着电视成长的一代，更在"趴"在网上成长的一代。这种笃爱甚至不仅在大陆、台湾、香港、澳门，也在海外华人华侨社区。现在，世界各种文化的纵向传承，似乎都遇到了点麻烦。我们应当寻找对策，使中华文化的纵向传承不应因年龄代沟、地域隔阂而消减。

文化有魅力虽是根本，但向外传播还须有章法。语言文字既是文化之根基，又是文化之舟楫，华文国际教育直接关乎中华文化的国际传播。懂华文方可深入了解中华文化，懂华文方可内化中华文化。因此可以说，华文传播有多广泛，中华文化传播就有多广泛；华文教育有多深入，中华文化的影响就有多深刻。华文的魅力不仅体现着中华文化的魅力，传递着中华文化的魅力，也在不断增加着中华文化的魅力。这也正是华文教育之于华文教育者的魅力。

海峡两岸同根脉、同声息，都有华文教育的经验，也充溢着华文教育的热情，而今又恰逢华文国际教育的"窗口期"，世界目光开始关注华语区。两岸乃至全世界华人皆应戮力同心，创新合作模式，建构协作平台，促进华语华文化的国际传播。有些事情当然需要"坐而论"，有些事情则应当"起而行"，例如：

一、推进同行交流合作。华文教育的同行交流，几十年来涓流不断。在以往交流的基础上，应疏浚注水，汇百涓而成洪流。首要者当是探讨较为固定的交流合作方式，比如筹建两岸华文教育的协作组织，构建华文教育的长效协作机制，合作研究华文教育的学术课题，共同举办同行的系列学术会议，共同出版同行的论文论著，共同举办教师研修活动，甚至相互聘任教师以促进教学合作等。

二、协调华文教育标准。现代教育由一系列标准体系作支撑，华文教育标准体系由语言、教师、教材、测试等多个层面所构成，这些标准的系统性和科学性，决定着华文教育的威望与效率。世界各地华文教育的发展，都重视了标准问题，值得肯定。但各地制定标准时缺乏相互沟通，不同的标准有可能成为教育的鸿沟，亟待加强协调，扩大共识，取长补短，渐行渐近。

三、共建教育资源平台。在此平台上，所有华文教育者都可以共享共建教育资源，分享经验及情感，探讨问题与对策，集聚信息与智慧。现在的信息化已经发展到"云时代"，教育资源平台也需具有"云理念"，运用"云技术"，获得"云效益"。

华文国际教育魅力无穷，任重道远。完成这一民族伟业需要有一种精神，一种如同董鹏程先生的精神。董先生数十年如一日，执着于华文教育事业，办会办班办组织，出书出刊出标准，促人促学促交流，与世界华文教育学会诸同仁协力共进，取得了一系列功可勒石的成果。我久慕董先生大名，相见却是近几年的事情，然一见便成忘年交。次次交往，历历在目：

他与数位先进促成世界华语文教学研究生论坛，曾邀我多次出席，给我陈述陋见以机遇；《全球华语词典》在北京举行新闻发布会，他千里迢迢奔波来京，精神感人，高见迪人；我现在服务的北京语言大学50年校庆，他一身唐装出席会议，十分重视贵我两家单位在华文教育领域的深层合作；去年岁尾，我有幸受邀赴台，出席第11届"台湾华语文教学年会暨国际学术研讨会"，期间他曾召集台湾教育界贤达耆老，圆桌宴谈，使我心受教益，身感似家。半月之后，我与先生又在华侨大学"第五届世界华语文教学研究生论坛"上相见，董先生已是杖朝之年，依然为华文教育和两岸交流操劳……，这就是我所仰慕的董鹏程先生的"精神"，可谓"董氏精神"。

子曰:"五十而知天命"。北京语言大学已经是"知天命"之年,世界华文教育学会也在向着"知天命"之年迈进。我们所知之"天命",就是提升中华语言文化的国际魅力。有"董氏精神"的鼓励,"不惑"而进,一定不辱使命。

2013年9月19日,中秋节

[原载《世界华文教育》2013年第4期]

南洋华语：汉语国际传播的历史先遣队

——序吴英成《汉语国际传播——新加坡视角》

五十岁是个颇为奇妙的年龄。年轻之时，觉得五十岁就老了，委婉点说，成熟了；而人真到了五十岁，其实仍然雄心勃发，毫不觉得老将至矣。读英成先生的著作，便能感到这种奇妙：成熟而又雄心勃发。他对新加坡华语的精妙分析，显示着东西兼通的学者的成熟；对汉语国际传播中新加坡地位的阐发，对新加坡华语教育策略的新思考，透露出一位华人语言学家勃勃的学术雄心。

我喜欢读英成先生的文章。因为我常怀着几分好奇，想了解新加坡的华语、华语政策和华语教育，想了解新加坡学者对华语的各种看法，这种学术欲望从英成先生的文章中能够得到不少满足。我更喜欢与英成先生谈天说地。他会以翩翩儒雅的风格，谈他1987年以来每一次登陆中国兴奋而新奇的感受，谈新加坡华语政策制定的始末原委，谈新加坡领导人刻苦学习华语的动人情景，谈汉语国际传播的宏伟方略。同英成先生聊天，可谓是"倾耳有得"。

汉语自古就不停地向四周扩散，还曾渡东洋，到西洋，下南洋。与去东洋、西洋不同的是，汉语下南洋是随着华人脚步走的，是实实在在用于华人社团的交际。在现实交际中，在与当地语言的接触中，南洋汉语逐渐发生变异，并在现代汉民族共同语和南洋汉语方言的多重影响下，逐渐形成了有特色的华语。

海内外华人的交往从未停止过，而且随着中国的快速发展，这种交往越来越频繁，越来越密切，越来越有意味。海内外华人的交往，必然伴随着海内外华语的交流，在交流中相互吸收，取长补短，差异渐减，共性更强。普通话源源不断向各地华语输送语言营养，同时也从各地华语中汲取养料，丰富自己。这种交往的结果是，以普通话为基础的全世界华人的共同语正在新的世界背景中形成。

最近十几年，汉语走向世界的脚步空前加快。汉语的国际传播具有客观基础，行家已有分析；与之同时，也需制定科学的语言传播规划，学人亦早有论述。在制定汉语国际传播规划时，学界的慧眼又投注到南洋。南洋华语是汉语国际传播的历史先遣队，从这支先遣队身上，语言规划者会获得何种启迪？在当今汉语全球化的进程中，怎样定位南洋华语？南洋又可能扮演什么样的角色呢？

我带着这些问号拜读英成先生这部大著时，许多问号竟伸展为感叹号了！"开卷有益"，此之谓也！

2009年9月9日

［原载吴英成《汉语国际传播——新加坡视角》，商务印书馆，2010年］

成功的语言传播

——序王建勤等《全球文化竞争背景下的汉语国际传播研究》

《全球文化竞争背景下的汉语国际传播研究》，是我所见最为系统的关于汉语国际传播的研究。全书五个部分相辅相成，通过古今方国大量语言传播（包括汉语传播）案例的深入考察，总结出语言传播的若干动因和规律，对汉语国际传播的战略、对策、产业发展等提出了许多真知灼见。

第一部分放眼西方，研究历史上英国、美国、法国、西班牙等国语言传播的战略与方式，得出了语言传播的机遇总是青睐国力强盛的国家、语言传播最有效的方式是语言教育等结论。

第二部分纵观历史，汉语在日本、韩国、东南亚以及欧美等地的传播表明，一个强国的文化对语言传播的影响力最为久远，汉语在东南亚的命运与华裔华侨祖语国的兴衰紧密关联，华裔华侨是汉语和中华文化的忠实传播者。

第三部分是实证性研究，发现语言转用是华裔汉语学习者面临的最大挑战，母语的保持和文化认同是东南亚汉语传播的永恒主题，父母的态度和家庭的作用是母语保持的关键。应鼓励华裔学习者"双向认同"，使华裔学习者成为"附加式"双语人。

第四部分是专题性研究，指出在殖民时期，殖民者通过坚船利炮强行传播其语言，二战之后，英美国家靠"钱"来传播其语言，在新世纪,则要靠"标准"来传播自己的语言。汉语国际传播必须在标准的竞争中提高学术竞争力,让汉语真正走向世界。

第五部分颇具创意,提出汉语国际传播必须加强制度设计和安排,处理好政府、企业和非营利组织的关系,加快汉语国际教育产业的发展。作者从语言经济学的角度指出,应借力中国经济的快速发展,进一步拉动世界各国汉语学习需求,整合民间力量,实现资源配置方式的多元化,促进汉语国际传播的健康发展。

越是深入的研究,越能促使人去思考一些问题,使读者成为"积极消费者"。阅读这部著作,不仅增闻获益,而且也一直促使我思考一个问题:什么是成功的语言传播?我当前的粗浅看法是,成功的语言传播,应该是语言在传播地"扎下根"来,长久发挥作用。其主要表现有五:

一、成为传播地的第一语言。如英语在北美、澳大利亚、新西兰等地的传播,法语在加拿大魁北克省的传播,西班牙语在南美的传播,葡萄牙语在巴西的传播,阿拉伯语在北非的传播等。这种情况多以殖民、移民作基础。

二、影响传播地的文字体系,特别是字形或字母表。如汉字对日文、谚文、越南字喃的影响,俄文对蒙古国文字的影响,阿拉伯文对乌尔都文的影响,法文对现行越南文的影响等。

三、成为传播地的官方语言。如英语在印度、巴基斯坦、菲律宾、新加坡、中国香港等地的传播,法语在非洲的法国原来的殖民地的传播。这种情况与殖民统治多有关系。

四、成为传播地的主要外语。如英语在马来西亚、中国大陆、韩国、泰国、中东、非洲一些地区的情况,法语在世界法语区的情况,荷兰语和日语在菲律宾、印度尼西亚的情况等。

五、在某一特定领域发挥作用。如希腊文、拉丁文在科学领域的作用,意大利语在音乐领域的作用,梵语在佛教国家宗教事务中的作用等。

语言之"根"有深浅之别，从第一到第五，语言传播的时空影响力依次递减。就这五种情况看，汉语的传播具有前两种：

其一，汉字影响了日文、谚文、越南字喃的形体。日文的假名脱胎于汉字，假名使用还要夹用汉字。谚文的方块形借鉴于汉字，韩国的谚文也夹用一定数量的汉字。越南的字喃模仿汉字创制，13世纪开始流行。

其二，海外华人社区，汉语以第一语言的身份在使用。但是要看到，在华人所在国，华语并不是官方语言，甚至还受到或大或小的压抑。

汉语的这些影响都是传统形成的，而这些传统形成的影响在20世纪出现了弱化趋势：越南在1945年用17世纪法国传教士的拼音文字扫盲，字喃和汉字废止。日文减少夹用汉字。朝鲜废除了汉字。东南亚华裔子弟的母语保持也遇到不小麻烦。只是近些年汉语对世界的影响力重新提升，汉语在传统影响地区才又有了转机。今日谋划汉语国际传播战略，应当充分重视汉语的"扎根"问题，除了加强在传统区域的影响之外，在其他区域要首先争取其主要外语的身份，努力进入其国民教育体系。此外，在国际的多边组织、多边会议、多边事务中，还要尽力争取汉语作为官方语言、工作语言的地位。

当前，关心文化走出去者众，关心语言的国际影响者少，了解如何扩大汉语影响者更少。语言是文化的主要载体，语言走不出去，文化岂能走出去？语言走出去了，文化自然而然也就"载"出去了。就此而言，包括本书在内的汉语国际传播研究，应是具有特别的社会意义。

2014年3月22日

[原载《国际汉语教学研究》2015年第2期]

一变学路　一新学风

——序赵蓉晖主编《外语战略研究丛书》

近些年来，不少学者一直在研究中国走向世界的外语战略，并进而提出了"国家外语能力""国家语言能力"等概念。衡量国家语言能力的标准，就是国家在处理海内外事务时，能否及时得到合适的语言援助；国家在经济社会的发展中能否获取足够的语言红利。

在处理双边和多边的国际关系中，在国际经贸活动中，在处理人类共同面临的问题中，在反恐、维和、救灾的国际合作中，在睦边戍边中，在为来华外国人员的服务与管理中，都需要外语。因此，在努力将"本土型"国家转变为"国际型"国家的现代中国，在努力争取本应拥有的国际话语权的时代，外语已经成为国家语言能力的十分重要组成部分。

我国是一个外语学习大国，但是国家所拥有的外语能力，却远远不能满足国家发展之需，特别是在语种布局、复合型外语人才培养、各领域精英人物的外语水平等方面，存在较大不足。解决这些问题，亟待在国家层面进行具有远见卓识的外语规划。

一个好的外语规划，首先需要摆正外语在国家发展中的位置，制定有利于提升国家语言能力的外语政策。要特别注意处理好外语同中华语言之间的关系，不能因为加强外语教育而损伤国人的语言感情，同时也要有大国气度，能够包容外语，重视外语，尊重外语

| 短文**杂记**

人才。其次,要深入开展调查研究,充分考虑国内、国外各领域的外语需求,有计划地培养各种外语人才,建立并不断更新完善外语人才库。第三,要研究外语人才成长规律,完善教学体系,创新教学模式,提高教学效率。此外,还要鼓励高校和科研院所研究国际问题,例如某地区、某国家的政治、历史、经济、法律、宗教、文化、教育、科技等,某国际组织和国际会议的宗旨、架构、工作语言等。在研究国际问题时,应依据各自的学科优势和地缘优势有个大致的分工,并注意据此分工来培养不同的外语人才,发挥不同语种、不同类型的外语人才的作用。

上海外国语大学早在2007年12月就成立了中国外语战略研究中心。中心成立以来,一直关注我国的外语生活、外语战略研究,关注国际语言政策研究,创办了具有资政惠学作用的《外语战略动态》,召开了多次颇具影响的学术会议,形成了一支充满生气的研究队伍。现在,中心又组织编写《外语规划研究丛书》,体现了我国外语学界的国家意识,体现了学者对国家外语规划的战略思考。外语学界侧重于、擅长于研究语言教学,而这套丛书关注现实语言生活,从当今中国社会需求出发,显然一变学路,一新学风。相信它的出版,对我国的语言规划学大有裨益,对我国的外语规划实践亦大有裨益。

今天是农历端午,三闾大夫"路漫漫其修远兮,吾将上下而求索"的话语,久萦不去。而今,国家融入世界的道路更是漫漫修远,吾辈学人更应上下求索,为国家的长远发展做出语言学应做的贡献。

2011年端午节

[原载鲁子问等《外语政策研究》(中国外语战略研究中心《外语战略研究丛书》,曹德明总主编,赵蓉晖主编),北京大学出版社,2012年]

"知识富豪"的社会义务

——序《新编语言的故事》

上学,也叫读书,因为上学就是读书。但是我,也许可以说我这一代人,曾经经历过上学没书读的时期。

我老家地处豫南的穷乡僻壤,方圆几十里没有出过大文化人。小学和中学时代,除课本外几乎就没有课外书。初中和高中,正赶上"文化大革命",学校的图书室本无多少藏书,那时也贴上了封条。偶尔能从学友处借得《烈火金刚》《保定外围神八路》《红岩》《野火春风斗古城》之类的小说,也只能躲到宿舍里伴着灰暗的煤油灯偷偷地贪婪地阅读,常常熏得两鼻孔都是煤油灯的烟墨,但感觉却如同偷吃"禁果"。

1977年,是20世纪教育史永远都会提到的年份。那年恢复了高考,我侥幸跨入大学门,但仍是没有什么书读。上课没课本,老师讲,学生记。暑假、寒假常不回家,从图书馆借来"文革"前出版的文学史等教科书,一部一部地抄下来。后来书店开始有书卖了,像王朝闻的《美学概论》、李泽厚的《美的历程》,大家听到新书消息,夜里三四点爬起来,跑到书店门口排长队。拿钱买了书,嘴巴得受苦,两三天得忍着只吃馒头不吃菜。但心里却洋溢着幸福。

我现在仍然认为,饥饿能够产生幸福感。肚子饥饿,有点吃的就幸福;精神饥饿,看本小说、看场电影就幸福。

| 短文**杂记**

　　就是在这种"幸福"中，我买到了一本名为《语言漫话》的书，1981年上海教育出版社出版的。用报纸包上书皮，凑着桌沿在书脊上写上书名，翻开扉页写上某某藏书、何时何地购书等字样，然后就幸福地读起来。书中语言的故事深深吸引了我，并使我对枯燥的语言学产生了兴趣，以至于后来走上语言学道路。

　　后来才知道，写这些故事的，竟是我国屈指可数的一批语言学家，发起者就是中国社会科学院语言研究所的于根元、张朝炳、韩敬体、杨耐思等先生。他们当年在班车上聊天，希望为青年人写点东西，激发他们学趣，点旺事业薪火。坐而能谈，起而即行。1980年出铅印本《语言的故事》，之后改名《语言漫话》出版，之后复名《语言的故事》重版。现再增补修订，成《新编语言的故事》，以崭新面目再次面世。一部讲语言故事的普及读物，30余年不断修订再版，有人珍藏而不弃，还引导多人走上学术研究道路，奥妙何在？

　　语言乃人类须臾不能离开之物，语言能力乃人类最为重要之能力。人人对语言熟悉而充满兴趣，言谈交际中常常迸发出语言智慧的火花。看看现今的网络语言和网民行为，就知道人们对语言兴趣有多浓厚，人们的语言智慧有多发达。而故事，是最具魅力的通俗文学，用故事讲语言，自然是闻者喜见者乐，有读者，有销路。此可谓奥妙之一。

　　语言学曾被人称为玄学，也有人说是无用之学。北京女作家叶广芩，写了一部长篇小说《采桑子》，之后拍成电视连续剧。小说讲述满族贵胄后裔民国以来的生活，有一人物是金家二格格，其子女有教员，有工程师，还有个当了语言研究员，都被人嘲笑说是"啃死工资的穷酸"。语言研究员作为"穷酸"的典型之一，虽是小说，也窥露出社会的态度。做语言学也许苦些、穷些，但语言学对社会确实有用。有位市教委的朋友告诉我，她在澳大利亚的女儿要生孩子，而她恰好刚退休，就去帮女儿带孩子。母女俩有个困惑，不知道让刚出世的小家伙先学好汉语呢，还是先学好英语？其实她们这是在做家庭语言规划，语言学能够帮她们解困释惑，做出合适的语言规划。语言学有用，这本用故事讲语言学的书，自然就有历史的延伸力。此可谓奥妙之二。

科学知识的社会化，就是科普。科普不是谁都能做、谁都能得好的。要把专业性很强的科学知识通俗地讲出来，实非易事。《语言的故事》是大家做科普，讲得生动，说得到位。讲得生动能吸引人，说得到位就读后有得。此可谓奥妙之三。

2010年9月，媒体热炒世界两大巨富比尔·盖茨、巴菲特来中国，将与50名中国富豪共赴"慈善晚宴"，有人承诺死后"裸捐"以响应"巴比宴"，有人担心"劝捐"而惧怕"巴比宴"。一时间，有了财富应如何回馈社会，成为社会热议的话题。这使我联想到知识分子的社会义务。知识分子是知识拥有者，高级知识分子是"知识富豪"，知识富豪如何用知识回馈社会，尽社会义务，也是值得思考、值得议论的。

《语言的故事》和《新编语言的故事》的作者们，用行动给出了他们的答案。我们应当向这些语言学的"知识富豪"学习。

2011年10月29日

[原载于根元主编《新编语言的故事》，商务印书馆，2012年]

后　　记

本书与此前在商务印书馆出版的拙著《中国语言规划论》《中国语言规划续论》，性质相同，故名《中国语言规划三论》。《三论》收录2009年以来笔者发表的有关语言规划的文章。其中论文29篇，分为语言规划理论、语言文字工作、语言生活状况、语言教育与传播四个专题。"语言教育与传播"这一专题，包含了汉语国际教育、华文教育和汉语母语教育的内容。将某篇归入某专题，并不严格，只是有所侧重而已，因为一篇论文常涉及多个论域。比如收入"语言文字工作"专题的论文，也可能涉及语言生活状况和语言规划理论的问题，其他亦然。

除此29篇之外，《三论》还收录了序言、短文等22篇。其内容，或前面29篇论文没有提及；或有所提及，但这里论述得更系统、更深入一些，对前面的有关内容形成支撑。这些序言等，多数发表在有关著作里，不及杂志、报纸的读者面广，不是所有需求者都能看得到、找得到的。故而还是把这些"碎片化"的思想编进书中。

《三论》汇集了近六年来我的主要学术研究，记录着我在语言规划领域的学术思考，呈现出学术思想的发展踪迹。由于论文发表的杂志书籍不同，文章的体裁不同，故而文章间的体例、风格不尽一致。不过，这也可以显示一个人著文码字的多个侧面。此次选文编集，对每篇文章进行了通读校验，为体例一致做了些技术处理，删除了一些重复的内容，更正了一些技术性失误，但基本上还是保持了文章发表时的原貌。

近些年，常听到一些学友对我为人为学为事的评点。友言如鉴，从中不断鉴照自己，鼓励自己，也带来许多自省。

有朋友说，你到国家语委，多了一个干事的官，少了一个语言学家。

感谢这些朋友对我学术研究的肯定，他们对我抱有学术期待，觉得我如果持续努力的话，是有望成为一名语言学家的。对投笔从政，深感惋惜。其实，在2000年夏季，教育部对我进行干部考察之时，我、我的家人、我的近友，也有此虞，然而十几年下来，我自认为行政工作还是有益于学术的。其一，通过语言文字工作与科学研究的巧妙结合，能够推进语言学的学术研究，特别是应用语言学研究。其二，我这些年的学术研究，带有家国情怀的明显印记，较多思考语言生活的问题，探讨语言规划与国家进步、民族发展的关系，与个人成长、家庭幸福的关系。若不是做了一段行政工作，有国家部委的工作经历，很难赋予我的学术研究如此多的实践色彩，如此多的社会使命，也难以对国家的应用语言学研究发挥如此的推进作用。由此来看，从政有失，亦有所得，得失相依，难较锱铢！

有朋友问，在教育部工作累，还是在学校累？

2012年4月，我卸下教育部语言文字信息管理司司长之任，来到北京语言大学，马上有一种"无官一身轻"的解脱感。其实后来明白，身置何处，都不会轻松。在武汉生活时，曾到归元寺数五百罗汉。罗汉在全国各地的庙宇中都有塑像，观察各地的罗汉塑像发现，站着的罗汉，在哪里都是站着；坐着的罗汉，在哪里都是坐着。秉性使然，是忙是闲，累与不累，不因工作变动而有多大不同。其实，科学工作者，都是把劳动作为第一需要的人，时时要用脑思考，要动手写作，时时要紧盯学术前沿和现实需求；体会着或渴望体会科学发现的愉悦，不用扬鞭自奋蹄。也许，只要身体能够动弹，脑子还不糊涂，注定还是要累下去的。

有朋友好奇地问，现在你已回归学界，为何还做语言规划研究？

语言规划本身也是一门学问，其研究素材是古今中外的语言规划实践，研究对象是语言功能及其运作机理，研究价值是为语言规划做学术支撑。经过十余年的学术积累，"语言规划学"在我国即将破茧而出，以"语言生活"为基本概念、以构建和谐语言生活、提升语言能力为主要目标的语言规划研究，正在形成中国风格甚至是中国学派。对于这样一门新学科，理当尽心尽力去发展它。而且，支持国家的语言文字工作，是学界之责。要有科学的语言规划，必须建立起"政、学、社会"之间的"旋转门"。亦即政府要多听学界意见，建立各种智库；学界要了解语言生活状况，了解政府需求。当然，握权柄者如果能够自己做些面向工作的学术研究，建立脑内的思想"旋转门"，对做好本职工作、发展学术研究很有好处。建立了"政、学、社会"之间的"旋转门"和脑内"旋转门"，学术才更有实践的品质，国家的语言规划才能够科学有效。

还有朋友说，你有那么多政务，那么多家务，为何还能出那么多学术成果？

其实我并未能充分有效地利用时间，形式主义浪费了人不少时光。要说有点体会的话，就是：1. 把工作当学术做，工作就成了科研课题；2. 不拷贝自己，同一观点不天天絮叨，相同话题也要努力出新；3. 一切皆可浪费，唯有才华不可浪费。在我看来，科研才华犹如"天物"，珍惜它而无权暴殄。

《礼记·学记》："独学而无友，则孤陋而寡闻。"十几年来倾心于语言规划研究，幸运与一批自称"语言生活派"的学人为伍，切磋琢磨，身心两怡。特别感谢陈章太先生拨冗为拙著作序，他是语言规划的理论家，也曾是中国语言规划的领导者，伴先生游，常受教益。

也感谢商务印书馆，她为语言学界做了许多推进学术发展的事情。比如举办一年一度的中青年语言学者沙龙、海内外语言学者联谊会，编纂出版《中国语言生活状况报告》等。我有缘参与策划这些活动，下面把中青年语言学者沙龙和海内外语言学者联谊会的年度话题、《中国语言生活状况报告》的序言标题列举于此：

中青年语言学者沙龙的年度话题：

2006年，语言学各领域研究动向与研究生教材教参推荐书目；

2007年，中国语言问题蓝皮书：中国语言发展战略研究；

2008年，本土意识与世界眼光；

2009年，语言资源与语言产业；

2010年，中国语言学的话语权问题；

2011年，虚拟语言生活；

2012年，当今社会发展中的语言学问题；

2013年，数字化时代的语言学；

2014年，双语双言问题与当代中国。

海内外中国语言学者联谊会的年度话题：

2010年，留学潮与中国语言学；

2011年，中国的语言学教学：过去、现在和将来；

2012年，何谓语言学事实；

2013年，中国周边语言状况。

《中国语言生活状况报告》历年序言：

2005年，《构建健康和谐的语言生活》；

（2006年、2007年没有序言）

2008年，《保护和开发语言资源》；

2009年,《关注中国城市化进程中的语言问题》;
2011年,《过好虚拟语言生活》;
2012年,《科学保护各民族语言文字》;
2013年,《唤起全社会的语言意识》;
2014年,《双言双语生活与双言双语政策》。[1]

由此,可以从一个侧面反映出语言生活研究者近年来关注的话题,也可以看出语言生活研究的发展轨迹。

最后还要感谢国家社科基金。本书的多篇研究及本书的集成整理,都得到了该基金重大项目"新时期语言文字规范化问题研究"(12&ZD173)的支持。

李 宇 明
2015年五一国际劳动节

【1】2015年中青年语言学者沙龙的话题是:语言学与新媒体。
2015年海内外中国语言学者联谊会的话题是:语言与认同。